高等学校人力资源管理系列精品教材

人力资源管理心理学

赵 路 ◎ 主 编
张雅丽 ◎ 副主编

电子工业出版社
Publishing House of Electronics Industry
北京·BEIJING

内 容 简 介

本书将心理学的理论和方法应用于人力资源管理实践，详细阐述了人力资源管理心理学的理论基础——个体差异与个性心理；人力资源管理心理学的实践，包括人-职匹配的基础——工作分析心理、人员招聘心理、人员培训心理、工作动机与人员激励心理、绩效考评心理、员工沟通与人际关系等；员工心理维护和发展，如心理健康管理与员工援助计划、跨文化人力资源管理心理等。本书还介绍了中外心理学家关于人力资源管理心理学的最新理论、方法和技术。本书既有深入浅出的理论分析，又有具体生动的案例，融理论性、实用性和操作性于一体。本书体例灵活，方便教师教学与学生学习，每章都附有章节测验和实训练习。

本书既可作为高等院校人力资源管理、应用心理学等专业的教材，也可作为各单位人力资源管理领域相关人员的学习资料，还可作为人力资源管理学研究者的参考书。

未经许可，不得以任何方式复制或抄袭本书之部分或全部内容。
版权所有，侵权必究。

图书在版编目（CIP）数据

人力资源管理心理学 / 赵路主编. —北京：电子工业出版社，2024.3
ISBN 978-7-121-47340-1

Ⅰ. ①人… Ⅱ. ①赵… Ⅲ. ①人力资源管理－管理心理学 Ⅳ. ①F241-05

中国国家版本馆 CIP 数据核字（2024）第 041492 号

责任编辑：刘淑敏
印　　刷：北京雁林吉兆印刷有限公司
装　　订：北京雁林吉兆印刷有限公司
出版发行：电子工业出版社
　　　　　北京市海淀区万寿路 173 信箱　邮编：100036
开　　本：787×1092　1/16　印张：14　字数：350 千字
版　　次：2024 年 3 月第 1 版
印　　次：2024 年 3 月第 1 次印刷
定　　价：59.00 元

凡所购买电子工业出版社图书有缺损问题，请向购买书店调换。若书店售缺，请与本社发行部联系，联系及邮购电话：（010）88254888，88258888。
质量投诉请发邮件至 zlts@phei.com.cn，盗版侵权举报请发邮件至 dbqq@phei.com.cn。
本书咨询联系方式：（010）88254199，sjb@phei.com.cn。

前言 Preface

人才既是国家的宝贵财富，又是地区经济发展和企业壮大的第一资源、核心要素。党的二十大报告提出要实施人才强国战略、科教兴国战略，强化现代化建设人才支撑，充分体现了党和国家对人才的高度重视，其理论依据就是人才是第一资源、科技是第一生产力、创新是第一动力。只有坚持长远眼光，全面提高教育质量，才能不断培育拔尖创新人才，实现人尽其才、才尽其用又用有所成。坚持尊重知识、尊重人才，将选人、育人、用人摆在更加重要的位置，更好地发挥人才的创造力和价值，不仅是一种良好的管理智慧，更是推动组织发展、促进社会进步的必然选择，也是新时代对广大教育工作者和人力资源管理者的新要求。

人力资源管理心理学是一门研究人力资源管理与开发活动中人的心理活动和行为规律，并致力于将心理学的理论和方法应用于人力资源管理实践的学科，是应用心理学的一个分支。随着知识经济的发展和人才强国战略的深入实施，企业间的竞争更多地表现为人才竞争，如何获取人力资源并保持竞争优势是企业关注的焦点。因此，人力资源管理心理学已成为人们研究和学习的一个重要学科，受到社会各界广泛重视。

为了满足高校培养新时代复合型管理人才及人力资源业务专家的需要，我们编写了《人力资源管理心理学》一书，本书可作为高校人力资源管理、应用心理学、社会心理学等专业"人事心理学"课程的配套教材。

本书以将心理学的理论和方法应用于人力资源管理实践，发现、识别员工差异并解决人力资源管理问题为导向，以人力资源管理的各项职能为主线，系统研究人力资源管理心理学的理论基础（第1~2章）、人力资源管理实践中员工的心理活动及其规律（第3~8章），以及员工心理的维护和发展策略（第9~10章）等内容。本书具有以下鲜明特色：

第一，体系完整，科学严谨。本书结构清晰，构建了一个包括人力资源管理心理学的理论基础、管理实践、员工心理维护和发展的完整框架。

第二，内容新颖，注重实践操作，方便教学。书中案例和知识点丰富，具有启发性，注重互动性和应用性，激发学生学习兴趣，培养创新能力。本书体例灵活，每章都有章节测验和实训练习，并与线上拓展资源相结合，既便于学生自学，也便于教师选择教学方法和布置作业，以提高教学效果。

第三，反映时代特点，融入课程思政内容。本书充分考虑了经济、社会和文化等各方面的关键性变化及其对人力资源管理心理学的影响，通过融入本领域的最新研究成果和实践，促进学生从家国情怀和整体战略层面更好地提升综合素质，拓宽科学视野。

本书建议学时为36课时，实践或实验教学不少于8课时。本书配套的拓展资料可通过华信教育资源网（www.hxedu.com.cn）获取。

  本书由赵路担任主编，负责编写全书；由张雅丽担任副主编，参与第1章、第2章思政材料的收集，并负责全书的审校。隋东旭老师对本书进行了细致的审读。感谢付文雅、白雅梦、王嘉欣和康国文四位同学，他们参与了第1章、第2章、第5章、第9章和第10章的文献资料与案例收集整理工作。

  本书在编写过程中参考、借鉴和引用了国内外众多专家学者的相关著作和文献，在此向各位作者表示衷心感谢和崇高的敬意！同时，本书获得西安财经大学2022年度校级规划教材项目资助，得到学校及商学院领导和教师的大力支持，在此一并致谢！也非常感谢电子工业出版社及相关工作人员，他们对我们工作的支持和有益的建议是我们编写本书的动力。

  鉴于编写时间及编者水平有限，书中难免有疏漏或不妥之处，敬请专家、读者批评指正，提出宝贵意见。编者邮箱为 zwzhao789@126.com。

编 者

目录 Contents

第1章 人力资源管理心理学概述 ········ 1
1.1 人力资源管理心理学的发展 ···· 2
    1.1.1 西方人力资源管理心理学的发展 ················· 2
    1.1.2 我国人力资源管理心理学的发展 ················· 5
1.2 人力资源管理心理学的概念与研究内容 ······················· 8
    1.2.1 人力资源管理心理学的相关概念 ················· 8
    1.2.2 人力资源管理心理学的研究内容 ················ 11
1.3 人力资源管理心理学的研究意义与研究方法 ················ 13
    1.3.1 人力资源管理心理学的研究意义 ················ 13
    1.3.2 人力资源管理心理学的研究方法 ················ 14
章节测验 ·································· 16
实训练习 ·································· 16

第2章 个体差异与个性心理 ············· 18
2.1 个性心理概述 ························ 19
    2.1.1 差异心理学的研究与发展 ····················· 19
    2.1.2 个性心理的理论基础 ··· 21
2.2 兴趣差异 ······························· 24
    2.2.1 兴趣的含义与分类 ······ 24
    2.2.2 兴趣的作用及影响 ······ 25

    2.2.3 职业兴趣在人力资源管理中的应用 ················ 26
2.3 气质差异 ······························· 27
    2.3.1 气质的含义与分类 ······ 27
    2.3.2 气质的识别与测量 ······ 28
    2.3.3 气质在人力资源管理中的应用 ················ 29
2.4 性格差异 ······························· 31
    2.4.1 性格的含义与分类 ······ 31
    2.4.2 性格的评价 ················ 34
    2.4.3 性格在人力资源管理中的应用 ················ 36
2.5 能力差异 ······························· 37
    2.5.1 能力的含义与分类 ······ 37
    2.5.2 能力的个体差异 ········· 41
    2.5.3 能力的形成与发展 ······ 42
    2.5.4 能力在人力资源管理中的应用 ················ 43
章节测验 ·································· 44
实训练习 ·································· 44

第3章 人-职匹配理论与工作分析心理 ······························ 46
3.1 人-职匹配的心理学基础 ······· 47
    3.1.1 人-职匹配理论概述 ··· 47
    3.1.2 工作设计的心理基础 ··· 49
3.2 工作分析的作用与内容 ········ 54
    3.2.1 工作分析的基本含义 ··· 54
    3.2.2 工作分析的作用 ········· 54

3.2.3 工作分析的内容……55
3.3 工作分析的实施与员工心理……55
 3.3.1 工作分析的阶段……55
 3.3.2 工作分析中的常见问题……58
 3.3.3 工作分析中的员工恐惧心理及应对……60
章节测验……62
实训练习……63

第 4 章 人员招聘心理……64
4.1 人员招聘概述……65
 4.1.1 人员招聘的重要性……65
 4.1.2 人员招聘的基本程序……65
4.2 人员选拔的过程与方法……66
 4.2.1 人员选拔的过程……66
 4.2.2 人员选拔的方法……67
4.3 个性测评与心理测验……69
 4.3.1 个性测评的理论基础……69
 4.3.2 个性测评的作用……70
 4.3.3 心理测验的科学应用……71
 4.3.4 心理测验的类型与方法……73
4.4 胜任力理论与模型……79
 4.4.1 胜任力理论……79
 4.4.2 胜任力模型……81
4.5 人际认知与人员选拔的误差心理……82
 4.5.1 人际认知……82
 4.5.2 人员选拔的误差心理……84
 4.5.3 误差心理的应对策略……88
章节测验……90
实训练习……90

第 5 章 人员培训心理……92
5.1 人员培训概述……93
 5.1.1 人员培训的概念……93
 5.1.2 人员培训的内容与流程……93

5.2 人员培训的学习心理……94
 5.2.1 学习的概念……95
 5.2.2 学习的特点与分类……95
 5.2.3 学习理论及应用……97
5.3 培训迁移与培训效果评估……101
 5.3.1 学习迁移与培训迁移……102
 5.3.2 促进培训迁移……105
 5.3.3 培训效果评估……106
章节测验……111
实训练习……112

第 6 章 工作动机与人员激励心理……113
6.1 需要、动机与激励……114
 6.1.1 需要……114
 6.1.2 动机……115
 6.1.3 激励……117
6.2 激励的模式与影响因素……118
 6.2.1 激励模式……118
 6.2.2 激励的影响因素……120
6.3 激励理论概述……121
 6.3.1 内容型激励理论……121
 6.3.2 过程型激励理论……127
6.4 激励的原则与方法……131
 6.4.1 激励的原则……131
 6.4.2 激励的方法……132
章节测验……134
实训练习……134

第 7 章 绩效考评心理……135
7.1 绩效考评概述……136
 7.1.1 绩效与绩效考评的概念……136
 7.1.2 绩效考评的作用……136
 7.1.3 绩效考评的内容与步骤……137
7.2 绩效考评的方法与误差心理……138
 7.2.1 绩效考评的方法……138
 7.2.2 绩效考评的误差心理……143

  7.2.3 归因理论与归因偏差 ····· 144
 7.3 绩效反馈与员工情绪管理 ····· 147
  7.3.1 绩效反馈 ····· 147
  7.3.2 员工情绪管理 ····· 149
 章节测验 ····· 154
 实训练习 ····· 155

第8章 员工沟通与人际关系 ····· 156
 8.1 员工沟通概述 ····· 157
  8.1.1 沟通的过程与要素 ····· 157
  8.1.2 沟通的作用 ····· 158
  8.1.3 沟通的类型 ····· 158
  8.1.4 工作中的人际沟通网络 ····· 161
  8.1.5 沟通中的障碍 ····· 163
  8.1.6 有效沟通的理论 ····· 164
  8.1.7 有效沟通的策略 ····· 166
 8.2 人际关系与人际吸引 ····· 168
  8.2.1 人际关系的实质 ····· 168
  8.2.2 人际关系的基本倾向 ····· 168
  8.2.3 人际关系的形成与发展 ····· 170
  8.2.4 人际吸引的主要因素 ····· 171
 8.3 人际冲突与处理 ····· 173
  8.3.1 人际冲突的基本概念 ····· 173
  8.3.2 人际冲突的类型与原因 ····· 174
  8.3.3 处理人际冲突的策略 ····· 175
 章节测验 ····· 176
 实训练习 ····· 177

第9章 心理健康管理与员工援助计划 ····· 178
 9.1 心理健康概述 ····· 179
  9.1.1 心理健康的相关概念 ····· 179
  9.1.2 职业心理健康的重要性 ····· 180
  9.1.3 职业心理健康问题 ····· 181
  9.1.4 职业心理健康的鉴定 ····· 182
 9.2 职业压力与压力管理 ····· 184
  9.2.1 职业压力的概念 ····· 184
  9.2.2 职业压力源 ····· 184
  9.2.3 职业压力的影响 ····· 186
  9.2.4 职业压力管理 ····· 188
 9.3 挫折与挫折管理 ····· 190
  9.3.1 挫折与挫折感 ····· 190
  9.3.2 挫折产生的原因 ····· 190
  9.3.3 挫折的影响 ····· 191
  9.3.4 挫折的管理方式 ····· 192
 9.4 员工援助计划 ····· 194
  9.4.1 员工援助计划概述 ····· 194
  9.4.2 员工援助计划的实施程序 ····· 195
  9.4.3 员工援助计划在中国的发展 ····· 196
 章节测验 ····· 198
 实训练习 ····· 198

第10章 跨文化人力资源管理心理 ····· 199
 10.1 文化与文化差异心理 ····· 200
  10.1.1 文化与跨文化概述 ····· 200
  10.1.2 文化差异的识别维度及内容 ····· 201
  10.1.3 不同国家的企业文化差异 ····· 204
 10.2 跨文化人力资源管理概述 ····· 204
  10.2.1 跨文化人力资源管理的重要性 ····· 205
  10.2.2 跨文化人力资源管理的内容和要求 ····· 205
  10.2.3 跨文化人力资源管理面临的挑战 ····· 206

  10.2.4　跨文化人力资源管理
     差异分析……………208
10.3　跨文化人力资源管理策略…209
  10.3.1　跨文化冲突管理策略
     及整合同化理论……209

  10.3.2　跨文化人力资源管理
     措施……………………211
章节测验………………………………215
实训练习………………………………215
参考文献……………………………**216**

第1章 人力资源管理心理学概述

【学习目标】
- 了解人力资源管理心理学的发展历程；
- 掌握人力资源管理心理学的定义和研究内容；
- 理解人力资源管理心理学的研究意义；
- 熟悉人力资源管理心理学的研究方法。

【关键词】
人力资源管理　心理学　人力资源管理心理学　工业与组织心理学　人事心理学　霍桑实验

 引例

两位成功企业家的经验对比

福特的积极心理管理——福特汽车公司的创始人老亨利的儿子亨利·福特二世对员工的心理状况十分重视。他曾经进行了有关演讲："我们应该像过去重视机械要素取得的成功那样重视人性要素和员工的心理状况，让员工以积极的心态面对工作，这样才能解决当前的工业问题。"他说到做到，任命贝克为总经理，以改变员工消极怠工的局面；亲自听取员工的意见，并积极、耐心地着手解决每个问题，让员工感到企业的温暖，同时给予员工袒露心声的机会。福特二世还和工会主席一起制订了"员工参与计划"，在各车间成立由工人组成的"解决问题小组"，并鼓励员工共同解决问题，以激发员工的智慧和自我效能感。工人有了发言权，不但解决了他们自己的问题，更重要的是对整体的生产工作起到了积极的推动作用。

华为的差别报酬制——任正非曾经提出，将华为公司的员工分为三类，第一类是普通劳动者，第二类是一般奋斗者，第三类是有成效的奋斗者。华为要将公司的剩余价值与有成效的奋斗者分享，因为他们才是华为事业的中坚力量。"我们在报酬方面从不羞羞答答，坚决向优秀员工倾斜。工资分配实行基于能力主义的职能工资制；奖金的分配与部门和个人的绩效改进挂钩；安全退休金等福利的分配，以工作态度的考评结果为依据；医疗保险按贡献大小，对高级管理和资深专业人员与一般员工实行差别待遇。"

从引例可以看出，员工的积极心态和差异化管理对企业的长期发展有举足轻重的作用。两位成功企业家在人力资源管理方面都有值得称道之处，显示了他们独特的管理智慧和识人、用人理念。他们将"增人数"和"得人心"有效结合，不仅为组织的持续发展打造了稳定的员工队伍，而且极大激发了员工的潜能和创造力，实现了人与组织的良性发展。企业应该如何从人力资源的选、育、用、留各环节加强员工的心理管理，采取科学有效的措施，促进人与组织的共同成长？本章将对人力资源管理心理学的发展、研究内容和研究意义等相关问题进行全面阐述。

1.1　人力资源管理心理学的发展

人力资源管理心理学主要经历了从科学心理学、工业与组织心理学、人事心理学到人力资源管理心理学的逐步发展与演变过程。结合组织管理理论和人力资源管理实践中从人事管理到人力资源管理的转变，本节将人力资源管理心理学的发展分为萌芽期、孕育期、形成期和成熟期四个阶段，着重从人力资源管理心理学在西方的发展、在我国的发展两方面介绍。

1.1.1　西方人力资源管理心理学的发展

人力资源管理心理学在西方的发展可以分为萌芽期、孕育期、形成期和成熟期四个阶段。

1. 人力资源管理心理学的萌芽期

早期的人力资源管理心理学还没有独立成形，仍包含在哲学母体之中，但哲学家们对这一概念已经进行了很多讨论。两千多年前，亚里士多德提出社会源于人性，人性不能为理想国的建立所更改，并从政治学的角度探讨了"劳动分工"、"领导者选拔"和"权力分化"等概念。柏拉图认为，人性受到教育的深刻影响。到了中世纪，霍布斯主张通过集权化领导来消除"人制造出的混乱"，从而为权威式管理寻求哲学辩护。卢梭在《社会契约论》中强调，人生而平等，自由高于一切。

在工业革命时期（1700—1785 年），大量社会组织的出现催生了许多新的组织行为。亚当·斯密在《国富论》中提出了劳动分工的概念，强调了劳动分工产生经济优势的观点。

工业革命早期的工厂管理中出现了人事管理的实践。早期的典型研究者是罗伯特·欧文，他也被称为英国的"空想社会主义者"。欧文的一系列思想和实践注重在生产活动中对劳动者的心理需求的满足，并解除机器对工人的个性压抑，创造条件发挥劳动者的创造力和积极性。他在自己创办的工厂中建立了他自己设想的、也是日后普遍公认为最早的工作绩效评价体系。他用不同颜色的木块向劳动者反馈工作业绩，同时建立申诉制度。他强烈批判了许多资本家重视机器、轻视人的行为，并试图改善工人的劳动和生活条件。他通过改善工厂的设施和卫生条件，尽可能让工人在工作场所感到舒适；把工人的劳动时间由13～14 小时缩短到了 10.5 小时；还为工人设立了业余康乐中心，供工人放松。这些方法在他的工厂管理中非常有效，因此，欧文也被认为是人力资源管理的先驱。

在萌芽期，关于人力资源管理心理学的大多数思想都无法进行实验和验证，这些思想虽然相对零散，却促进了孕育期"人事心理学"的诞生。

2．人力资源管理心理学的孕育期

19世纪末到20世纪初，随着工业革命的推进和大机器设备的使用，企业组织规模逐渐扩大，企业的竞争和发展凸显了生产管理及员工管理问题。问题产生的主要原因在于人的价值和机器的价值没有区别，社会生活两极分化，工人生活条件艰苦，劳资关系紧张，进而出现了工人消极怠工和人为破坏机器的行为。这些问题引发了实践领域和学术界的广泛关注。当时的人事管理职能侧重于人员招聘、工资和福利等事务性管理；企业主和工厂管理者开始了早期致力于提高劳动生产率的"时间动作研究"，制定了福利人事制度，试图改善企业员工的工作生活条件，缓和劳资矛盾。

1903年，德国心理学家斯特恩提出"心理技术学"这一概念，最先把心理学的知识应用于工业企业管理中。这一时期，两方面的成就促进了"人事心理学"的形成：一是以美国管理学家弗雷德里克·温斯洛·泰勒为代表的科学管理思想的提出和应用，泰勒也因此被称为"科学管理之父"。当时的科学管理思想宣扬管理分工、建立劳动标准和注重员工培训，引发了人们对人事管理和个体的关注，从而为人事管理职能的独立提供了依据和规范。因此，泰勒的研究成为对人事心理学的孕育和形成影响最大的力量。二是科学心理学的诞生。1879年，冯特在德国莱比锡大学建立第一所心理学实验室，将心理学与哲学和生理学分离并独立，并将其逐步应用于工业生产领域。心理学迈向企业管理导致了工业与组织心理学的兴起，而人事心理学也成为工业与组织心理学体系中产生最早的心理学分支。

冯特的心理学实验用心理仪器测量个体心理机能和反应速度，研究人的心理与能力差异，开启了个体差异的研究，这标志着科学心理学的诞生。随后，心理学的研究领域不断扩大和细分，最终导致大量分支学科的产生，形成了许多应用心理学研究领域。泰勒与另一位心理学家弗兰克·吉布莱斯在这一时期进行的研究，就是重新设计工作职务，制订员工培训方案，并倡导采用科学的方法来甄选员工。他开展了一系列科学实验研究，希望通过精确地测定人的劳动行为过程，将其工作的无效部分去除，并对生产技术加以改进，以提高生产效率。泰勒的研究开创了科学管理时代，引起了人们对合理化劳动的重视，并使对劳动活动中心理学问题的研究兴起。

这一时期最早从事人事心理学研究并做出重要贡献的学者有两位：一位是闵斯特伯格，他首先把心理测验的方法运用于职业选拔和培训，并于1913年出版了《心理学与工业效率》一书。另一位是斯科特，他最早从事人事选拔的心理学研究，并于1919年创立了专门从事工业心理学咨询的斯科特公司，致力于人员选拔、提高工作效率及改善劳动条件的研究。

闵斯特伯格开创了工业心理学领域。他认为，心理学应该对提高工人的适应能力与工作效率做出贡献。他探讨了用心理测验方法选拔合格员工，以及疲劳与劳动合理化等问题；提出了创造心理条件，使每个工人获得最满意的产量，以及满足人的需要，符合个人与企业双方利益的观点。管理史学家雷恩把他的研究概括为三句话："最最合适的人""最最合适的工作""最最理想的效果"。其中，"最最合适的人"，就是研究不同工作岗位对人员素质的要求，识别和评价不同人员的心理品质，为他们找到最恰当的工作岗位。"最最合适的工作"，就是研究并确定从每个人那里获得最大、最令人满意产量的"心理条件"。"最最理想的效果"，就是研究对人的需要施加符合企业利益的影响的必要性。闵斯特伯格的研究方向与人力资源管理心理学中的人-职匹配思想是完全一致的。虽然其研究范围还比较狭窄，缺乏社会心理学与人类学的观点和论据，但是他在职业指导和培训、心理测验等方面都做出了巨大的贡献。因此，闵斯特伯格也被称为"工业心理学之父"。他的研究方向和路线在组织管理中也有诸多应用，现在许多有关甄选技巧、人员培训、工作设计及激励方面的理论，都是建立在其研究基础之上的。

人事心理学的另一位重要研究者斯科特是那个时代的先驱性人物，他是第一位将心理学应用于广告的学者，还是教育行政管理的专家。其杰出成就之一就是用可控的实验方法来进行心理测验，并将其应用于职业选拔和培训。从人事心理学出发，斯科特的研究向更广阔的人类行为动机方向扩展。1911年，他发表了代表作之一《增进人们在企业中的效率》，由此成为用心理学理论和知识研究工作场所中的动机的第一位实践者。在这一阶段，人事心理学涉及的基础领域和研究课题的讨论主要围绕"如何使员工更好地适应工作"展开，其目的在于解决一些现实问题。

3. 人力资源管理心理学的形成期

随着工业与组织心理学的兴起，在这一时期相继有一些心理学家根据人的个性心理差异，对员工的选拔、使用和培训、考核的问题进行研究，逐步形成了"人事心理学"。从1917年到1945年，两次世界大战使工业与组织心理学获得了迅速成长与发展。战争中士兵的挑选、军工企业生产的轮班制、工作疲劳和事故分析等，都需要应用心理学的介入，由此凸显了人事心理学的价值，也使更多领域的研究者认识到了心理测验手段的巨大作用。

第一次世界大战中，美国心理学会主席罗伯特·耶克斯在这方面进行了卓有成效的研究。他从事为美国军队招募、选拔士兵的工作，并与其他心理学家一起编制了一系列智力测验，如非常著名的团体智力测验：α智力测验（适合母语为英语的士兵）和β智力测验（适合母语非英语的士兵）。据统计，大约有170万人接受了这种军队团体智力测验。除了智力测验，心理学家还研究士兵的动机、士气、心理健康及军纪等问题。心理学家斯科特为军队进行人员配备方面的研究，在详细工作分析的基础上为500多种军队职务建立了工作（岗位）规范，包括岗位的工作内容、责任、所需的能力素质等。1917年，《应用心理学》杂志创刊，成为工业心理学领域的权威期刊。

第二次世界大战推动了人事选拔、安置方面的研究。美国陆军的分类测验就是在这一时期建立的较为系统的人事选拔安置测验。该测验成功地使用了团体测验形式，对心理测验的应用起到了推动作用。心理学家还建立了情境应激测验，服务于高级军事指挥人员的选拔。

两次世界大战促进了工业与组织心理学的形成和发展。1946年，美国的工业与组织心理学家创建了美国心理学会第十四分会——工业与组织心理学会。这标志着组织与人力资源管理心理学领域的研究有了稳定的组织与交流的阵地。

【专栏1-1】　　　　心理测验在第二次世界大战中的发展与成就

自从法国心理学家比奈于1905年为鉴别智力低下儿童建立第一个智力测验，心理测验已从智力测验扩展到一般能力测验、个性测验和成就测验。有两个重大事件使人们认识到心理测验的巨大作用，并促进了心理测验的迅速发展。一是第二次世界大战期间，美国选拔飞行员曾只采用传统的生理指标作为选拔的依据，这样选拔的人员在地面训练时成绩都很好，而到实际飞行训练时，合格率仅为 35%。后来军方请来心理学家，在选拔程序中加入了心理测验，使实际飞行训练合格率迅速提高到 72%。二是美国将心理测验的方法引入教育考试，产生了客观化测验运动，极大地提升了美国教育考试的科学性。由于心理测验在军事上和教育上的成功运用，其在战后被广泛应用于工商企业、医疗机构和政府等人才评价、选拔、诊断、安置等实际工作中。

4．人力资源管理心理学的成熟期

20 世纪 30 年代，由哈佛大学心理学教授梅奥领导进行的霍桑实验使人们开始关注人性的社会面和行为面。早在 1924—1927 年，美国国家研究委员会就与西方电器公司合作开展了一项研究，以确定照明和其他条件对工人和生产率的影响。1927—1932 年梅奥和他的研究团队进行了持续的研究，并得出了不同于前人的结论——对生产率变化起作用的其他因素。他们认为生产率的提高是一些社会因素在起作用，如士气、集体成员之间的相互关系、归属感及有效的管理。该研究也成为工业组织管理与工业心理学的转折点。

20 世纪 40 年代末至 50 年代初，工作中的人性假设发生了变化，工业社会学、人际关系学和组织行为学等新学科应运而生，推动了人力资源管理心理学的成熟。同时，组织管理领域对心理行为的研究及对人的需要、情绪、动机和工作满意度等问题的研究，产生了一系列著名的激励理论，如马斯洛、赫兹伯格、麦格雷戈等学者的理论，这些理论为人际关系运动提供了强有力的理论支撑，也促进了西方管理理论的大发展。

1946 年以后，在工业生产领域中，人事心理学研究已成为专门化的学术领域和职业领域。许多大学都开设了相关课程，并培养该领域的专业研究人员。1948 年，《人事心理学》杂志在美国创刊，标志着人事心理学成为一个独立的研究领域。

1954 年，著名管理学家德鲁克在其著作《管理实践》中针对传统人事管理观念，提出新的"人力资源"概念，并认为其具有能动性、可再生性、高增值性、时效性等特征。由此，人事心理学转向"人力资源管理心理学"，进入发展的成熟期。1955 年，吉塞利和布朗在《人事与工业心理学》一书中，对相关内容用专门的章节进行了研究。

1.1.2 我国人力资源管理心理学的发展

1．中国传统文化中的人力资源管理心理思想

中国历史源远流长，在历史文化典籍中，充满了丰富的中国古代管理思想和智慧，其中蕴含的人力资源管理心理学的思想主要有以下几个方面。

首先是关于人性的争论。战国时期儒家学派的代表孟子主张"性善论"，他认为："人性之善也，犹水之就下也。"人天性善良，而天性善良的人做出恶的行为，是因为人的良知、良能被蒙蔽。因此孟子强调人要注意反省，以保持善良的天性；要注意在反思中遏制自己的私欲，做一个守礼的社会人。主张人性本恶的荀子则认为："今人之性，饥而欲饱，寒而欲暖，劳而欲休，此人之情性也。"在荀子看来，人的本性都是相同的，都有趋利避害、好荣恶辱的特点。所以人性本恶，他强调通过教育"化性起伪"，使人能够克服自身弱点，学习和遵守道德礼仪。他还强调后天的学习、环境与实践对人性、人的思想道德、

个人品质的影响。

其次是"以人为本""以德为先""以和为贵"等思想的阐述。这些思想在中国古代诸子百家的学说中，以及在《尚书》《孝经》《黄帝内经》《孙膑兵法》等文化典籍中都有体现，既反映了中国古代先哲对治国理念、管理目标、管理者道德素质的基本认识，也体现了他们高度重视人在管理中的作用，追求和谐管理的理想境界，如古代军事家孙膑所说："间于天地之间，莫贵于人。"同时，他们认为在管理国家、家族或群体等活动中，和谐是管理成功的标志。例如，《孟子·梁惠王下》提出"天时不如地利，地利不如人和"思想，强调社会与组织中和谐管理的理想目标；《孙子兵法》提出"不战而屈人之兵，善之善者也"的思想，主张通过"攻心"的方式使敌方心悦诚服，避免因对抗和伤亡而造成不必要的损失。我国古代管理智慧追求和谐管理，以政通人和、国家安定团结为目标，这些哲学思想在今天看来也是十分重要的人力资源管理心理学原则。

最后是人才选拔、任用与激励方面的思想。中国古代的管理智慧在人员甄选、识人用人方面早有著述。《尚书》提道："知人则哲，能官人。"意为只有知人善任，才能用人得当，人尽其才。对于知人的困难，《庄子·列御寇》指出："凡人心险于山川，难于知天。天又有春秋冬夏旦暮之期，人者厚貌深情。"对于识人的方法，《吕氏春秋·论人》提出一套"八观六验"的心理鉴定法，系统归纳出鉴定人的心理行为的两种基本方法，其中"八观"属于观察法，"六验"则带有实验法的性质。具体包括："凡论人，通则观其所礼，贵则观其所进，富则观其所养，听则观其所行，止则观其所好，习则观其所言，穷则观其所不受，贱则观其所不为。喜之以验其守，乐之以验其僻，怒之以验其节，惧之以验其持，哀之以验其人，苦之以验其志。八观六验，此贤主之所以论人也。"大意是通过观察一个人在通达、显贵、富有时，在听取他人意见、闲暇无事、学习时，或在贫穷、贱等处境下的行为表现，以了解其个人品质。在人员任用上，中国传统管理思想非常重视"用长避短""因材施教"；在人员激励心理方面，孔子有"用人则为虎，不用则为鼠"之说；诸葛亮提出"为人择官者乱，为官择人者治"，并指出"赏不可不平，罚不可不均"，强调惩罚要公平的思想。

我国古代的组织管理心理学思想已受到人力资源管理心理学研究与实践领域的广泛重视，这些典籍也成为一些国家培养管理人员和干部的必读书目。虽然我国传统文化蕴含着丰富的人力资源管理心理学思想，但这些思想还比较零散，大多停留在朴素的经验和认识上。

2. 现代人力资源管理心理学的发展

20 世纪初期，我国人力资源管理心理学的研究主要体现在指导学生选择职业领域，以及在学校中开展就业指导活动等初步探索，同时，在入学人员测试中也开始使用一些职业心理测验工具。这一时期旧中国工业发展比较滞后，只在机械、纺织等行业开展过一些关于工作环境的调研活动，并介绍了一些国外的研究成果。在此期间，陈立教授于 1935 年出版了《工业管理心理学》，尝试把科学心理学原理与中国的企业管理实际联系在一起。该书系统地讨论了环境因素、疲劳、休息、工作方法及事故等与工作效率有关的因素，详细分析了工厂中的组织问题及工作激励的问题。这部著作为中国的组织管理心理学乃至整个工业心理学的研究与应用体系提供了较为全面的理论框架。此后，人事管理方面的心理学研究开始发展，如杨时雨在 1941 年开展了人员选拔、职务分配、职业测验，以及人员培训、考核方法和环境因素等一系列研究。

20世纪50年代以来，我国人力资源管理心理学发展经历了从引进、停滞到恢复、发展的转变。随着社会经济的复苏与发展，以及中国心理学研究的发展，人力资源管理心理学方面的研究出现了许多新发展，如李家治、徐联仓对生产活动中安全与事故的分析研究，陈立、朱作仁等对细纱工技能培训的研究，徐联仓等对创造性思维与自动化方面的研究。这些早期的研究虽然零散、不系统，却为现在我国工业企业中心理学的应用奠定了重要的基础。

20世纪70年代末，我国转向以经济建设为中心，随着工业与组织管理心理学的传播范围与影响力不断增大，基于调动企业管理者和员工积极性的需求，我国工业与组织心理学的研究与实践也不断丰富和拓展。1980年中国心理学会工业心理专业委员会的成立，标志着中国工业与组织心理学的起步；1985年中国行为科学学会成立。这些活动使工业组织领域的心理学研究成果对中国企业的管理产生了较为重要的影响。

改革开放以来，中国心理学的研究与应用进入全面发展时期。一方面，许多学者相继编写了组织心理学、人事心理学等方面的著作，如陈立的《工业管理心理学》、王重鸣的《劳动人事心理学》等；另一方面，许多院校也开设了有关这一领域的课程。在上述教学研究背景下，企业人力资源管理的实践也不断拓展人力资源管理心理学的研究领域。目前，人力资源管理心理学的研究内容主要包括人员选拔心理学、员工培训心理学、工作动机、领导行为、组织变革与发展等方面的相关理论、问题和方法研究。然而，与西方发达国家相比，我国人力资源管理心理学领域在从业人员数量、研究成果的数量和创新性，以及社会影响等方面还存在一定差距。

3. 当代人力资源管理心理学展望

20世纪80年代末，随着当代心理学研究的发展和管理理念的转变，人事心理学逐渐被人力资源管理心理学的概念替代，管理科学的发展也迫切要求心理学家不断提出适应现代科技发展和社会进步的新知识、新理论，因此，我们需要从新的视角开展人力资源管理心理学问题的研究。

当代人力资源管理心理学的发展呈现以下重要特点：一是注重采用系统论的观点和方法进行人力资源管理心理学的研究。现代人力资源管理心理学以整体、系统论的观点研究组织中的个体工作行为，强调组织与个体的相互影响。二是实现从人事管理到人力资源管理观念的转变。20世纪60年代以来，人事管理领域提出了人力资源管理的新观念，提倡把人看成一种资源，这种"人力资源"不同于财力、物力等其他资源，具有可再生性，并随着有效使用还具有能动性、创造性和高增值性等特点。三是人力资源管理决策技术不断创新，并日益精细化和定量化。在互联网、大数据等现代信息技术推动下，现代人才测评方法与技术广泛应用，不断提升人员选拔、安置、考核等人事决策的科学性和客观性，并提升组织管理的质量与效率。

在21世纪，随着知识经济的发展，以互联网、大数据为代表的现代信息技术广泛应用，全球政治经济格局迅速变化，"不确定"已成为常态，组织变革向纵深发展，"人才是第一资源、创新是第一动力"的观念深入人心。未来的人力资源管理心理学研究将面对全球竞争格局下的组织结构调整、信息化和跨国公司迅猛发展带来的大变局。在这种新条件下，如何发挥人的积极作用，提高组织绩效，实现人和组织的共同进步与全面发展，已经成为世界各国在竞争中考虑的首要问题，也将成为现代人力资源管理心理学的重要课题。

因此，我国人力资源管理心理学研究的总体发展趋势和目标定位是：根据经济全球化和信息化发展的要求，开展新时期我国人力资源管理心理学问题的研究；构建适应社会发展需求的心理行为解释框架和预测模型，为我国政府、企业及其他组织的人力资源管理决策和发展提供科学依据和对策。

1.2 人力资源管理心理学的概念与研究内容

1.2.1 人力资源管理心理学的相关概念

1．人力资源管理

人力资源管理是根据客观规律，运用现代管理技术和方法，对人力资源进行合理获取、培育与开发、组织、调配等，通过人与工作的有效匹配，最终实现组织战略目标的活动。企业人力资源管理与生产管理、营销管理、财务管理一样，是组织的一项必不可少的基本管理职能。

人力资源作为组织中不同于其他物力资源的第一资源，具有重要价值和特殊性，使人力资源管理在现代经济管理体系中处于核心位置，并逐步获得战略地位。人力资源在经济活动中具有主动性、能动性。20世纪60年代以来，传统的人事管理发展为人力资源管理。其深受社会进步、经济发展、技术水平和国家政策的影响，作为一个崭新、重要的组织管理学领域，已远远超出传统人事管理的范畴。

人力资源管理具有五项功能，即获取（招聘）、整合（激励）、保持（薪酬与晋升）、评价（考核）与发展（培训与开发），也可以简单概括为选（选人）、育（育人）、用（用人）、留（留人）四个环节。人力资源管理的内容包括人力资源规划与工作分析、员工招聘与选拔、绩效管理、薪酬管理、培训与开发、劳动关系管理六大基本模块。

人力资源管理的目标是通过人与事的合理匹配，做到人尽其才、才适其职、职尽所用，最充分地发挥和利用组织的人力资源，提高员工的工作效率。要做到这一点，就要求人力资源管理人员对人的心理和行为活动规律有充分的了解和认识，并善于运用这些知识来调动员工的积极性，发挥他们的才能。所以，人力资源管理心理学成为现代人事管理工作者必须掌握的一门基础学科。

2．心理学

心理学是在现代科学实验中发展起来的。19世纪末期，心理学被界定为研究心理活动的科学；20世纪70年代后，心理学被定义为研究心理现象与行为的科学。心理现象和行为内外兼顾，成为现代心理学的特征。

心理学是研究心理现象的科学。心理现象的本质是人脑对客观现实的主观能动反映，是神经系统特别是脑的机能。心理作为脑的机能是以活动的形式存在的，脑的神经活动是生理的、生化的过程，在这些过程中发生的对外部环境刺激作用的反映活动即心理活动。心理活动是对客观现实的反映。客观现实与环境刺激事件是心理活动的内容和源泉，没有客观现实就没有心理，而心理的内容也是客观的，反映的都是外界事物和现象，是由外部客观现实决定的；同时，心理的反映形式是非物质的观念反映。这种观念反映可为主体所知觉，成为意识，因而观念反映构成了人的精神世界，使人适应环境并改造环境、组织社会生活，创造新的世界。因此，一切心理活动都是以神经活动过程为载体的对客观现实的反映。

心理学是研究心理现象与行为的科学。其研究范围广泛，既研究人的心理，也研究动物的心理，其中以人的心理为主要研究对象；既研究个体心理，也研究群体心理。个体心理是心理学的主要研究对象，也是人力资源管理心理学的重要理论依据。个体心理的研究包括个体心理现象的研究，如认知、情绪和动机、能力和性格等方面；还包括个体心理现象与行为、个体意识与无意识、团体心理（社会心理）等研究。

个体心理现象的研究是本书的重点。个体心理现象包括心理过程和个性心理两个方面，其主要内容体系如图1-1所示。

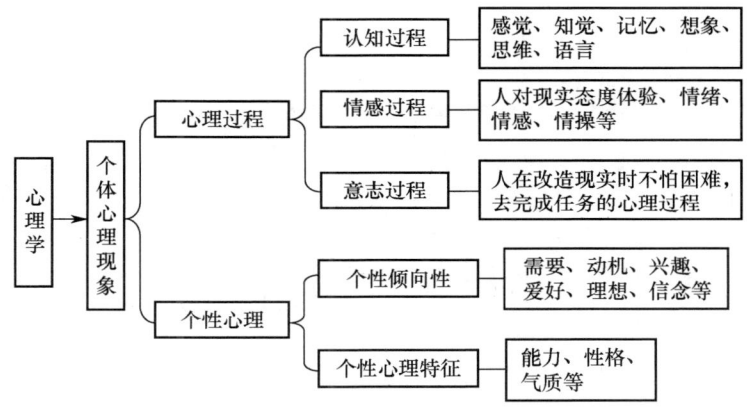

图 1-1　个体心理现象的内容体系

1）心理过程

心理过程就是人的心理活动过程，包括认识过程、情感过程和意志过程。

（1）认知过程。认知是指人们获得知识或应用知识的过程或信息加工的过程，是人的最基本的心理过程。认知过程包括感觉、知觉、记忆、想象、思维和语言六个部分。

感觉是对事物个别属性和特性的认识。知觉是对事物的整体及其联系的认识。记忆是一种积累和保存个体经验的心理过程，人通过感觉、知觉所获得的知识经验，在刺激物停止作用后，被保留在人脑中，并在需要时再现出来。想象是人脑对已有表象进行加工改造而创造新形象的过程。思维是运用已有的知识和经验间接地、概括地认识事物，揭露事物的本质及内在联系和规律，形成对事物的概念，进行推理和判断，解决面对的问题。自己认识活动的成果通过语言与别人交流，接受别人的经验，传达自己的感情。

（2）情感过程。情感或情绪发生、发展的过程就是情感过程。人们在认识客观事物时，并不是无动于衷的，不仅能认识事物的属性、特性及其关系，还能产生对事物的态度，引起满意或不满意、愉快或不愉快、喜爱、厌恶、憎恨等主观体验，这就是情感或情绪。情感在认知的基础上产生，又对认知产生巨大的影响，成为调节和控制认知活动的一种内在因素。所谓"良言一句三冬暖，恶语伤人六月寒"的体验，就是情感或情绪。

（3）意志过程。意志是一种自觉地确定目的，并为实现目的而自觉支配和调节行为的心理过程。人不仅能认识事物，并反映出一定的态度，而且能根据对客观事物及其规律的认识自觉地改造环境，包括确定目标、制订计划、克服困难、予以实施，所谓"不到长城非好汉""不达目的誓不休"。这种自觉地确定目标并力求实现目标的心理过程就是意志过程。意志与认知、情感有密切关系。人对自己行为的自觉调节和控制是根据自己的认识和情感来实现的，而人的意志的坚强或懦弱又对人的认知和情感产生巨大影响。

认知过程、情感过程、意志过程并不是各自孤立、互不联系的，而是作为一个统一整体相互依存、相互渗透、相互作用的。"知之深、爱之切、行之坚"，说的就是知、情、意三者的关系。例如，企业管理者帮助、指导下属的过程，就包含这三个心理过程：首先了解情况、分析原因，这是认知过程；其次端正态度、转变感情，由陌生或厌烦变为熟悉或喜爱，这是情感过程；最后制定教育措施，下定决心、不怕反复，耐心地做好转化工作，这是意志过程。在统一的心理过程中，认知是基础，情感和意志是行为的动力，它们是相互促进、相互影响的。

2）个性心理

个体的先天素质、所处环境、所受教育及从事的实践活动各不相同，因而个体的心理活动总是表现出强弱、快慢、指向与否等个别差异，这就是个性心理。这是决定个体差异的深层次特质，是一个人区别于其他人的特殊性所在。心理过程与个性心理是人的同一心理现象的两个方面，它们都是心理学的研究对象。

个性心理在日常生活中经常用"个性"或"人格"来概括。目前广泛运用的个性定义是：个性是在先天生理的基础上，在一定条件和社会实践活动中，一个人经常地、稳定地表现出来的心理特征的总和。

个性包括个性倾向性和个性心理特征两个有机联系的组成部分。

一是个性倾向性，是指人进行活动的基本动力，是个性结构中最活跃的因素，决定人们对客观事物的意识倾向和选择。个性倾向性包括需要、动机、兴趣、爱好、理想、信念等。其中，动机是指推动人的活动，并使活动朝向某个目标的内部动力，其基础是人类的各种需要，即个体在生理上和心理上的某种不平衡状态。人类的认知和行为是在动机的支配下进行的。动机与心理活动过程中的情感共同形成心理、行为的调节与控制系统。

二是个性心理特征，是指一个人身上经常地、稳定地表现出来的心理特点，是人在信息加工的过程中产生的稳定的个体心理差异，是个性结构中比较稳定的成分。个性心理特征主要包括能力、性格和气质。其中，能力是指人们成功地完成某种活动所必须具备的个性心理特征；气质与性格是一个人的思想、情感及行为的独特模式，这个独特模式包含一个人区别于他人的稳定而统一的典型心理品质。这些心理特性使不同个体的心理活动和表现有所区别。良好的个性心理是事业成功的决定因素。

3）心理过程与个性心理的关系

从心理学的研究内容来看，心理过程和个性心理是相互联系的，而不是彼此孤立的。一方面，没有心理过程，个性心理就无法形成。例如，没有对客观事物的认识，没有随着认识而产生的情感，没有改造客观事物的意志，则兴趣、动机、性格等个性心理就无法形成。另一方面，个性心理也制约着心理过程，并在心理过程中表现出来。例如，兴趣不同的人，对同一事物会有不同的认识；需要不同的人，对同一事物会有不同的情感；性格不同的人，对同一行为会有不同的意志特点。

因此，既没有不带个性特征的心理过程，也没有不表现在心理过程中的个性特征。二者是同一现象的两个不同方面。二者通过相互联系与作用，就形成了人们千差万别的心理特征，反映着丰富多彩的客观世界。

3．人力资源管理心理学

人力资源管理心理学是研究人力资源管理与开发活动中人的心理活动和行为规律，并致力于将心理学的研究成果和理论应用于人力资源管理实践的学科，是应用心理学的一个分支。人力资源管理心理学是心理学研究理论在组织人力资源管理中的应用，也是心理学与人力资源管理学相结合而形成的一门交叉学科。

20世纪70年代至21世纪初期，该学科在我国一直被称为"人事心理学"，是心理学应用于工业与组织管理领域的一个应用心理学分支。随着工业与组织心理学在多个方向迅猛发展，人事心理学已经成为工业与组织心理学家所关注的众多领域中的一个重要内容。在工业与组织管理领域，人事心理学致力于提高组织的效率，使其成为更令人满意的工作场所。

在以知识经济为特征的21世纪，"人事心理学"的名称逐渐被"人力资源管理心理学"所替代，以凸显人力资源在新世纪的价值和重要性。获取人力资源并提升竞争优势是企业赢得竞争的关键。因此，如何认识个体差异，识别员工的特质、能力和真实意愿，以及关注员工的身心健康，使员工从工作中获得心理满足，实现自身价值，激发出最大潜能，以提高工作成效，成为当前人力资源管理心理学研究者与实践者的重要课题。

1.2.2　人力资源管理心理学的研究内容

人力资源管理心理学的研究领域涵盖人力资源管理过程中的人的各种心理活动和行为规律。其研究的基本内容包括以个体差异与个性心理理论为基础的人-职匹配理论与工作分析心理、人员招聘心理、人员培训心理、工作动机与人员激励心理、绩效考评心理、员工沟通与人际关系、员工心理健康管理与员工援助计划等理论和策略。其体系框架如图1-2所示。

人力资源管理心理学注重应用性和操作性，聚焦于研究和解决人力资源管理领域中员工的心理和行为问题，并运用心理学的规律和方法对其进行描述、解释、预测和调控。例如，个性的研究是人力资源管理心理学中的重要内容之一，每个人的个性既是在社会中形成的，又影响社会发展。世界上没有两个个性完全相同的人。因此，要使组织中每个员工人尽其才，发挥作用，就必须了解其个性，识别个体差异，预测员工心理及能力发展趋势，引导员工的个性和行为向预期的方向发展。再如，根据求职者以往的经历和成就将其安置到合适的岗位；根据员工过去的工作表现和业绩给予认可、奖励或晋升；通过对员工心理、行为和绩效的测评给予及时反馈、支持和鼓励；对员工的不良表现和消极思想给予必要关注、预测与引导，重视员工心理管理和心理调控，将激发人的潜能和提高组织绩效有效结合。

心理学是一门研究内容极其复杂的科学，依据研究内容的差异，心理学产生了许多分支。从宏观上看，除了人力资源管理心理学，工业与组织心理学体系还包括工程心理学、劳动心理学、管理心理学、消费心理学等几个分支学科；同时，与人力资源管理心理学相关的其他心理学分支包括人格心理学、发展心理学、普通心理学、差异心理学、学习心理学、心理测量学和社会心理学（见表1-1）。

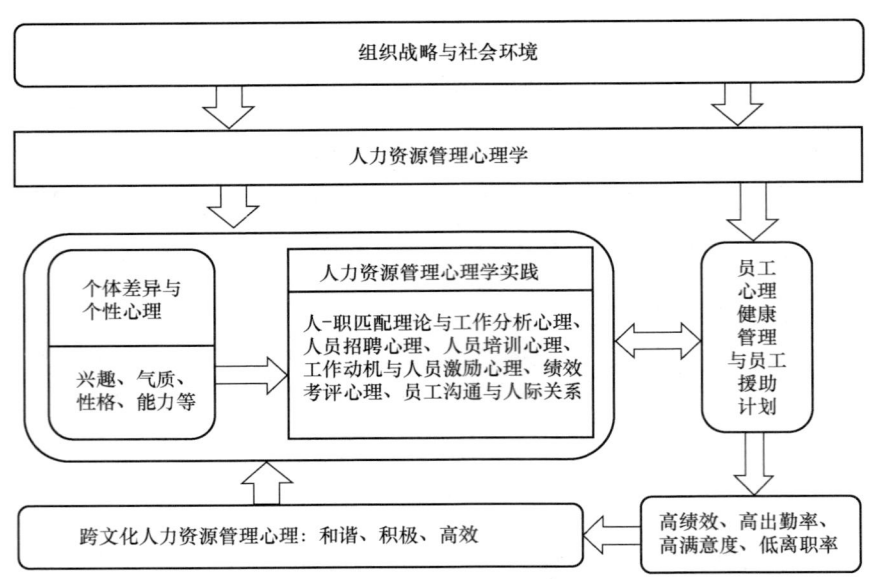

图 1-2 人力资源管理心理学的体系框架

表 1-1 人力资源管理心理学及相关分支学科简介

分 类	学科名称	简 介
工业与组织心理学的分支学科	人力资源管理心理学	对人力资源获取、培育及开发、使用与保留等过程中人的心理活动和行为规律进行研究，目的是提高人-职匹配效率，促进企业战略目标的实现
	工程心理学	以人-机-环境系统为对象，研究系统中人的行为及人与机器和环境的相互作用，目的是使工程技术设计与人的身心特点相匹配，以提高系统效率和生产效率，保障人机安全
	劳动心理学	从人与劳动工具、劳动过程和劳动环境的关系入手，研究人的心理活动规律。主要研究疲劳问题、工作环境、工作合理化及生产流程、工具改进等内容
	管理心理学	研究组织管理活动中人的行为规律及其潜在的心理机制，并用科学的方法改进管理工作，不断提高工作效率与管理效能，最终实现组织目标，并促进个人全面发展
	消费心理学	研究消费者在消费活动中的心理现象和行为规律，重点研究消费者的心理活动过程、个性特征及影响因素等，以提高营销效率和经营效益
相关的其他心理学分支	人格心理学	以人格的构成与发展为主要研究内容，探求影响个体人格构成与发展的各种因素
	发展心理学	立足于不同年龄段，研究人的个性的变化与发展，分别从个体心理及生理发展的不同角度，从认知、情感和行为的不同方面来认识个性发展的整体特征，以适应不同个体人格发展的需要
	普通心理学	是研究人的心理活动一般规律的科学，是一切应用心理学的基础
	差异心理学	主要关注个体差异、群体差异及其成因，研究人们在活动中表现出来的较稳定的个体心理的特殊性，以区别于一般的心理活动。例如，结合员工的资质、能力差异和需求变化有针对性地管理，以提高人员配置效率
	学习心理学	是研究人类学习规律的科学，研究目的是提高学习效果，促进学习结果的产生
	心理测量学	是研究如何数量化描述个体心理差异的科学，重点是测量理论的构建和测评量表的编制与实施
	社会心理学	是研究个体、群体与社会相互作用的心理规律的科学，即研究个体与个体之间、群体与群体之间、个体与群体之间在心理上的相互作用与相互影响

1.3 人力资源管理心理学的研究意义与研究方法

1.3.1 人力资源管理心理学的研究意义

在当今这个高速发展的网络信息时代，企业比任何时候都明白，人是保持竞争优势的最关键的资源。掌握了一定知识和技能的人力资源是一切生产要素中最重要的资源；人有思想、有情感、有创造力，是生产力中最活跃的因素，是最宝贵的"第一资源"。但是人只有在特定条件下才能最大限度地发挥自身的潜力，因此，如何开发和利用人力资源，激发出人的最大潜能，并有效地整合人的潜能与组织绩效，是当前人力资源管理心理学领域面临的重要课题，其研究意义如下。

第一，有助于扩大心理学的应用范围，关注人性的需求，谋求人与职位的优化配置。早期的人事心理学是应用心理学的一种，其作用就是将心理学研究的结果运用到人力资源管理之中。在以互联网为代表的现代信息技术条件和不确定环境下，人力资源管理心理学日益重视社会心理、文化及组织因素对工作和管理的影响，特别是组织文化、管理政策、管理者的态度和团队（及群体）的作用。现代人力资源管理心理学更加关注人性的需求和个性的发展，使人事管理扩大到动态管理、心理研究、员工工作意愿的激发与潜能的发挥。通过人力资源规划和工作分析，使人与事相互促进，达到人尽其才、才有所用的双重目的，是人力资源管理心理学的首要目标。

第二，扩充人力资源管理的新知识、新技术，促进人事相宜，提高人力资源管理的质量和效率。传统的人事管理以法规管理为主，一个熟悉人事法规的人就是一个优秀的人事干部。但人力资源管理的对象是人，要使各种人事问题得到妥善解决，除制定人事法规外，还需借助人力资源管理心理学的研究成果，运用本学科领域的新理念、新技术，弥补人事法规的不足。组织不仅要选拔优秀者任职，还要对其加以培养和训练，使员工不断学习知识和技能，为组织做出更大贡献；组织的目标也要不断更新，要发展新业务、实现新目标。根据发展心理学的研究，职场人士从刚毕业的大学生到快退休的员工，年龄跨度达 40 岁，各年龄段的员工的性格与心理及生理发展都有不同的特点和影响因素。为提高人力资源管理的质量和效率，在人力资源管理实践中，对这些不同年龄段的员工应有不尽相同的认识和管理措施，以适应不同个体人格发展的需要，这也是现代人力资源管理心理学关注的重点和研究价值所在。

第三，拓展人力资源管理心理学研究领域，提高人与事匹配的科学性和有效性。传统的人事管理多为静态的、表面的、限定的管理，如根据各种证书确定员工的资历，依其服务的年限与学历确定其应得的报酬与奖赏，以考核的分数代表其工作成效。但是，利用现代信息技术和心理测量学等研究成果，人力资源管理心理学更加注重员工心理行为研究，以了解员工心理、激励员工士气、发挥员工潜力，由消极的限制与预防转向积极的启发与激励，通过满足员工需求和对员工积极心态的引导，促进个人成长和组织绩效的双赢。管理学大师德鲁克认为："无法测量之，就无法有效管理之。"为了有效实现人尽其才、才尽其用，就需要借助心理测量学等方法和技术进行人才测评和考核，提高人与事匹配的科学性和有效性，提升匹配效率、降低用人风险，充分利用组织的人力资源。

第四，实现因事择人和量才使用，充分发掘人的潜能和积极性。根据工作需要选拔人才，招聘时注重员工个性与职位的匹配，雇用后大力发掘员工潜能，以使员工在工作上有成绩、在事业上有建树，帮助其努力实现个人愿望。人力资源管理心理学就是将心理学的研究成果和一般规律运用到人力资源管理实践中，在对人的管理中，依据人的需要、兴趣、理想、气质、能力、性格等心理特点来做出人事决策。例如，用心理测验的原理和方法对人员进行选择、聘用及岗位培训；用奖惩激励过程中的心理效应激发人的内在动机，对行为产生强化作用，以达到调动积极性的目的；运用记忆、想象、思维、情感、意志等基本规律，加强对员工的思想教育和管理。人力资源管理心理学更加注重个体之间的差异和不同层次的需求，做到因事择人、量才使用，充分发挥员工的聪明才智，使其获得心理满足，圆满完成工作任务。

【专栏1-2】
《泾野子内篇》中《西邻五子》的寓言故事说，西邻有五子，"一子朴、一子敏、一子盲、一子偻、一子跛"。西邻安排质朴老实的儿子种地，机敏伶俐的儿子经商，双目失明的儿子卜卦，驼背的儿子搓麻，跛足的儿子纺绳。结果，五个儿子都不愁吃穿了。西邻用其所长、各得其所的做法，就是今天所说的能位匹配原则。

1.3.2 人力资源管理心理学的研究方法

人力资源管理心理学是对组织管理活动中人的行为规律及心理活动进行研究的学科。其研究对象是人，而人的行为和心理具有复杂性，因此人力资源管理心理学的研究方法也多种多样，如实验法、案例分析法等。问题的性质不同，研究的方法也不一样，选择何种方法，通常取决于研究目标和任务。

现代心理学理论的产生和发展大多来自实验室实验，而非现实中的组织及其行为。在20世纪30年代至70年代末，这种实验室研究方法在人事心理学研究中较为盛行。20世纪80年代后，以实验室实验为基础的传统方法论体系受到质疑和挑战，人们开始强调研究的现实意义，探索更多能够直接与现实组织相关联的研究方法。目前，人力资源管理心理学的具体研究方法除了实验室实验或现场实验等传统方法，还包括案例分析法、观察法、研究者与实践者相互参与的准实验方法、现场研究法、测验法等。以下主要对实验法、案例分析法、现场研究法和测验法加以介绍。

1. 实验法

实验法是研究者有目的地在严格控制的环境中（或创造具有一定条件的环境），诱发被试者产生某种心理现象或行为，以研究人的心理活动规律和行为规律的一种方法。按实验地点的性质，实验法可分为实验室实验法和现场实验法。

实验室实验法是在专门的实验室内，运用一定仪器和设备严格地控制实验条件，以研究心理现象的方法。其优点是能够严格控制各种无关变量对实验结果的影响，研究结论具有可重复性，所得数据具有精确性；缺点是人为性强，脱离实际生活情境，因此不宜用于研究复杂且多元的社会活动。

目前，人们较多使用现场实验法。其主要操作步骤如下：①进行实验设计，主要包括明确研究目的和假设，确定研究对象，并将其分为实验组和控制组，拟定实验程序；②进行实验，主要观察和收集由自变量引发的心理现象（因变量）等方面的数据；③对从实验组和控制组获得的有关数据进行统计分析，得出结论，并写出实验报告。例如，梅奥在霍桑工厂进行的福利实验就是通过提供或取消某些福利措施，探究其对生产总量的影响，这是典型的现场实验法。该方法的优点是能够结合日常生活和工作进行，使研究结论更具备可推广性；缺点是不容易严格控制现场的无关变量，研究得出的结论可能存在偏差。

2. 案例分析法

案例分析法是对个案或组织进行研究的方法。个案分析法又称经验总结法，是根据实际工作者的经验，用管理心理学的理论和知识对其进行归纳，使之科学化，再加以推广的一种研究方法。组织分析法是对一个组织进行详尽分析，比较若干案例后得出一般性结论的研究方法。该方法的优点是呈现的内容丰富，有助于人们发现新问题，为研究者发现和提出新的理论假设奠定良好的基础；缺点是研究一般都是描述性的，不容易在较短时间内做出有关因果关系的推论。

3. 现场研究法

现场研究是在现有组织的环境范围之内进行的研究，通常与实际工作者合作完成。现场研究的资料包括观察者记录的组织成员行为、组织成员填写的问卷、谈话记录或录音、书面文件、各种有关产量和质量的报表等。现场研究也包括研究者出于具体任务而进行的调研或工作分析等行为，如研究者作为某层次的真正管理者进行挂职或实地访谈，参与企业的员工满意度调查、薪酬水平状况分析等具体管理实践调研，从而在基层或管理一线获得全面深入了解的机会，并预测和解决人力资源管理过程中的员工心理问题。

该方法的优点是简单易行，便于迅速取得第一手资料，因而使用范围较为广泛；缺点是仅凭受访者的口头回答而得出的结论往往缺乏可靠性和真实性。因此，这种方法一般不单独使用，而是经常与观察法、访谈法等其他研究方法结合使用。

4. 测验法

上述各种方法都可能结合使用测验法，即采用标准化的心理量表或精密的测量仪器测量被试者有关心理品质的一种方法。运用测验法需要使用标准化的测验工具，用文字或图形等形式表达内容的测验工具称为"量表"。测验法常用于人员测评。通常，测验法还可用于探求个体、群体和组织心理之间的关系。从目前国际上流行的实证研究方法来看，许多变量需要通过具有一定信度和效度的量表加以测量。例如，用智力量表测定组织成员的一般和特殊能力状况，用个性量表测定组织成员和领导者的性格特征等。

该方法最大的优点是简便易行，测验内容广泛，具有较强的科学性，在时间和经济上都比较合理，能够对研究目标进行定量分析。其缺点是心理测验工具的运用有一定难度，测验者必须经过专门的训练；量表的设计、取样技术等也有较高要求，使用不慎会使测验结果产生较大误差。

综上所述，以上研究方法各有其应用价值，同时都存在一定局限性。在具体研究过程中，选择哪种方法最恰当，应视研究任务的要求和具体情境而定。人力资源管理心理学研究往往以某种方法为主，并与其他方法相结合，取长补短，以便更准确、客观地反映人的行为特点和心理活动规律。

章节测验

1. 选择题

（1）（单选题）1927 年到 1932 年，哈佛大学心理学教授梅奥在美国西方电器公司进行的一系列实验称为（　　）。

　　A．群体实验　　　B．福利实验　　　C．访谈实验　　　D．霍桑实验　　　E．梅奥实验

（2）（单选题）与人际关系理论相关的人性假设是（　　）。

　　A．"社会人"　　　B．"经济人"　　　C．"复杂人"　　　D．"自我实现人"

（3）（单选题）在人力资源管理心理学发展史中，最早从事人-职匹配研究并出版《心理学和工业效率》的学者是（　　）。

　　A．泰勒　　　B．斯科特　　　C．闵斯特伯格　　　D．冯特

（4）（多选题）从人力资源管理心理学的角度来看，"人人是人才"说明（　　）。

　　A．人的潜能是无穷的

　　B．要关注人性的需要

　　C．强调人事相宜和量才使用

　　D．要提高人力资源素质

（5）（单选题）采用标准化的心理量表测量被试者有关心理品质的研究方法是（　　）。

　　A．访谈法　　　B．测验法　　　C．实验法　　　D．现场研究法

2. 简答题

（1）简述人力资源管理心理学的研究内容。

（2）简述人力资源管理心理学的研究意义。

（3）人力资源管理心理学有哪些研究方法？举例说明某种研究方法的优缺点。

实训练习

请根据以下量表测试自己的积极情感程度，并总结测验法的操作要点。

积极情感量表

（1）一般来说，我认为我自己：

1　　2　　3　　4　　5　　6　　7

是一个非常快乐的人　　　　　　　　　　不是一个很快乐的人

（2）与我的大多数同伴相比，我认为我自己：

1　　2　　3　　4　　5　　6　　7

更快乐　　　　　　　　　　　　　　　　更不快乐

（3）一些人常常很快乐。无论发生了什么，他们都很享受生活，最大限度地从每件事

中获得快乐。你与这种特征的符合程度是：

1　　2　　3　　4　　5　　6　　7
根本不符合　　　　　　　　　　　很大程度上符合

（4）一些人常常不是很快乐。虽然并不很抑郁，但他们从来不会像他们本来可能的那样快乐。你与这种特征的符合程度是：

1　　2　　3　　4　　5　　6　　7
根本不符合　　　　　　　　　　　很大程度上符合

第 2 章 个体差异与个性心理

【学习目标】
- 了解个体差异及个性心理的概念;
- 理解兴趣的含义、分类及职业兴趣;
- 掌握气质的含义、分类及识别方法;
- 掌握性格的含义、特征、分类及评价方法;
- 掌握能力的含义、分类及差异;
- 熟悉兴趣、气质、性格、能力在人力资源管理活动中的应用。

【关键词】
个性　个性倾向性　个性心理特征　差异心理学　兴趣　气质　性格　能力
智力　知识　技能　能力结构

 引例

能力差异与绩效

　　两个同龄的年轻人小王和小李同时受雇于一家社区超市,并且拿同样的工资。可是过了一段时间,老板给小王增加了一倍的工资,小李却一分钱都没有加。小李不服,便去找老板理论。

　　老板说:"别着急,你先到集市上看一下今天早晨有卖什么东西的摊位。"过了一会儿,小李从集市回来,告诉老板:"今早集市上只有一个农民拉了一车土豆在卖。"老板问:"有多少土豆?"小李赶紧又跑到集市上打听清楚,回来后告诉老板:"共有40袋土豆。"老板又问:"多少钱一斤?"于是小李第三次跑到集市上问清了价钱。老板说:"你搬把椅子坐在这儿,看看别人怎么做。"

　　接着,老板喊来了正在干活的小王,让他到集市上看看有卖什么东西的摊位。小王很快就从集市回来了,并向老板汇报:"到现在为止,集市上只有一个农民在卖土豆。一共40袋,价格是5分钱1斤。土豆质量很不错,我带回一个样品。那个农民说,过一会儿他家里还会送来几箱西红柿,质量很好,价格和昨天一样。我们超市昨天西红柿卖得不错,今天是不是再进点货?我把那个农民带来了,他正在外边等着回话呢。"

　　老板回头告诉小李:"这回你知道小王的工资为什么比你高了吧!"

　　(根据网络资料整理)

　　从引例可以看出,个体存在差异,个体能力的差异可导致绩效的差异。不同能力的个

体，其绩效可以差几倍，甚至几十倍。人力资源管理心理学的出发点与归宿就是承认差异、发现差异、识别差异，从而为组织合理选拔人才、配置人才、使用人才和绩效奖励等人力资源管理工作提供科学依据。

人是一种高级动物，不是现代化工厂批量生产的产品，个体之间有明显差异。个体差异不仅体现于外在形体，而且体现于"内心"，即心理品质。人的心理过程不是外在的，而是深藏在内心深处的。每个人都有自己的心理活动，彼此之间都不相同。因此，识别人的心理品质差异更加重要。

个体的心理品质差异主要表现在，人的心理或行为会因人、事、时、地的差异而表现出不同的规律。例如，感知觉、注意力、记忆力、想象力、思维力、理解力、操作力、创造力、意志力等认知、情感、意志的心理过程，以及能力、气质、性格等个性心理特征，兴趣、爱好、动机、理想等个性倾向性都千差万别。

德国哲学家莱布尼茨曾说过，世界上没有两片完全相同的树叶。同样，世界上也不存在两个完全相同的人。每个人都与别人有所不同，都有独特的风格，有生理上的，更多的是心理上的。人力资源管理心理学通过预测和分析个体差异并鉴别差异，为人员招聘与安置、培训开发、绩效考核等实践活动提供科学参考，目的是使工作与人达到最佳配合，以正确地选拔、使用和培育人才，并科学测评、考核其能力、素质及绩效表现，促进其潜能开发和全面成长。

2.1 个性心理概述

2.1.1 差异心理学的研究与发展

1. 差异心理学的含义

美国著名差异心理学家安纳斯泰司认为："差异心理学研究个体差异的性质和根源。"个体差异不仅存在于人类中，也存在于动物界，具体表现为，个体在学习特征、情绪反应、动机和行为等方面都存在个体差异；个体差异是"通过行为表现出来的遵循常态分配的个体变量"；物种内的差异非常显著，有时甚至超过物种之间的差异。苏联出版的《心理学辞典》认为，个体心理差异是指"人们彼此区别的心理过程、心理状态和个性心理特征的综合"。它们是差异心理学的研究对象。

差异心理学是一门年轻的学科。1911 年，斯腾出版了第一本专著《差异心理学》。但差异心理学的思想古已有之。早在 2500 多年前，我国古代教育家孔子就曾根据自己的观察评定学生的个体差异，把人分为中人、中人以上和中人以下，这实际上相当于测量学中的命名量表和次序量表。比孔子稍晚的孟子也说过："权，然后知轻重；度，然后知短长。物皆然，心为甚。"目前，我国差异心理学的科学研究和应用还处于起步阶段。

2. 差异心理学的起源与发展

差异心理学是心理学分支学科，主要研究个体差异、群体差异及其成因。差异心理学是适应社会的需要，随着经济的发展而发展的。其研究始于 19 世纪末，先后出现了以下四个代表性学派。

1）高尔顿和英国的差异心理学

英国心理学家高尔顿被尊称为差异心理学之父，他对个体差异的调查有突出贡献。他设计了测量感觉运动和其他简单能力的测验，收集了不同环境下关于个体的各种数据，发展了数据分析的统计技术，并于1869年出版了《遗传的天才》一书，提出人的能力是遗传的，并设想人的能力的分布是正态的，其差异是可以测量的。

2）卡特尔和美国的差异心理学

美国心理学家卡特尔在测验的发展中扩展了高尔顿的工作，并把这种方法引入实验心理学领域。

3）斯腾和德国的差异心理学

德国心理学家斯腾于1911年出版了《差异心理学》，这是第一本差异心理学的专著。关于差异形成的原因，斯腾提出了"辐合说"，即个体差异是由环境和遗传造成的，并提供了较完善的论述和研究结果。

4）比奈和法国的差异心理学

1895年，法国心理学家比奈和亨利在《个体心理学》的论文中，对个体差异心理学的目标、范围和方法做了第一次系统描述。比奈提出，心理测量的根本原理在于将个人的行为与他人比较以归类，这是近代测验理论的基本思想。他主张用测验法去辨别有心理缺陷的儿童，并在其论文中介绍了第一个智力量表——比奈量表。

3．差异心理学的研究内容

差异心理学研究的是人们在活动中表现出来的较稳定的个体心理的特殊性，与一般的心理活动有所不同。其研究内容主要包括智力差异、风格差异、性别差异三大类。

1）智力差异

首先，从主要研究学派来看，以日内瓦学派的皮亚杰为首。他们认为，智力是有机体对环境持续不断的适应过程，这种适应过程是通过其内部的认知结构与环境不断同化和调节实现的。人们通过这种同化和调节作用更好地适应环境，即不断认识周围世界的过程。日内瓦学派侧重解决智力的发展问题，对智力做质的研究。另外，美国的差异心理学家也有零星研究。他们侧重对智力进行因素分析研究，主要探索各种能力是怎样组织的、有哪些因素，进而提出明确的智力元素及其结构，对智力做量的研究。两者相互结合，更能取长补短。

其次，从智力差异的研究内容来看，集中于智力的超常与低常两个方面。智力差异的两个极端问题就是智力发展的超常和低常。根据统计研究，在全部人口中，智力分布基本上呈常态分配，即智力发展水平特别高的和特别低的（常态分配曲线的两端）都是极少数。①对智力超常问题的研究。除了能够早出人才、快出人才这一层意义，通过对超常儿童的研究，还可以发现促进智力超常发展和个性健康成长的规律，以指导普通教育，因此有更广泛的现实意义。这个领域的研究越来越引起人们的关注。②对智力低常问题的研究。智力低常儿童（智力障碍者）是指在智力发展上显著落后于同年龄儿童或有严重障碍的儿童。这种情况一般属于病理范围。

最后，从影响智力发展的非智力心理因素研究来看，人们越来越注意非智力心理因素的作用，即人的个性因素。有研究结果显示，以下六项非智力心理因素对智力的发展起直接作用：抱负、独立性、好胜心、坚持性、求知欲、自我意识。

2）风格差异

美国心理学家泰勒认为，个体差异有三大方面：能力差异、性格差异及位于两者之间的风格差异。然而风格差异在国内尚未引起人们的注意，国内外学者对风格差异的研究不尽相同。

把风格这个概念引入心理学的是精神分析学派之一"个人心理学"的创始人阿德勒。他认为风格有积极的，也有消极的，风格的改变是非常难的。阿德勒对风格的理解影响了后来的研究者。有的研究个性风格，与个性研究的不同方面相联系，成为了解个性差异的重要方面。有的研究认知风格，即认知过程中的个体差异。以美国心理学家魏特金为首的一批学者对此进行了更广泛深入的研究。

3）性别差异

美国心理学家麦考比和杰克林在 1974 年出版的《性别差异心理学》一书中，总结了 20 世纪 60 年代到 70 年代初美国和西欧的心理学家研究性别差异的成果，包括三类情况：第一类是研究者公认的客观存在的性别差异。这主要表现在四个领域：言语能力（女性优于男性）、数学能力（男性优于女性）、空间能力（男性优于女性）、攻击性（男性大于女性）。第二类是比较模糊的性别差异。这些特点虽然常常被人们认为是有性别差异的，但是缺乏足够的科学证据，如触觉活动性恐惧感、怯懦性焦虑行为、竞争性等。第三类是研究结论相互矛盾的，如有的研究认为女性容易受别人影响，但有的研究结论正相反；有的研究指出女性善于交际，但有的研究认为男性善于交际等。

现代性别差异心理学认为，从人的个性和行为表现来说，没有绝对的男性和女性差异，只有程度上的差别，即性度差异。这种性度是由各种性度量表测定的。推孟-迈尔斯测验就是这类测验中的一种，影响较大，主要从态度和兴趣方面来测定性度差异。但是由于性度标准主要受社会文化的影响，其具有很大的局限性。不同群体和个人对性度标准的理解不同，测验结果也不同。所以这类量表一定要根据自己的社会文化传统和背景来编制，在使用量表时一定要注明是根据哪类群体的性度标准编制的。我国已有人尝试编制中国大学生性度量表。

2.1.2 个性心理的理论基础

1．个性的定义

个性即个性心理，又称人格，是一个人经常地、稳定地表现出来的心理特征的总和，这种心理特征使他和任何另外的人有所区别。个性也是个人所具有的和经常表现出来的特征性的行为模式。从这种意义上说，个性也是一个人精神面貌的反映。

个性由相互联系的两个部分组成：一是个性倾向性，指个人对客观事物的意识倾向性，包括兴趣、需要、动机、信念、理想、爱好等；二是个性心理特征，主要包括气质、能力和性格。良好的个性心理是事业取得成功的决定性因素。

2．个性的基本特性

1）整体性

个性虽有多种成分和特质，如能力、气质、性格、情感、意志、认知、需要、动机、态度、价值观、行为习惯等，但在真实的人身上，它们并不是孤立的，而是密切联系的，构成一个有机组织。可以将精神分裂症患者的心理和行为比喻为一个失去指挥的管弦乐团。患者的感觉、记忆、思维和习惯等心理机能虽不至于丧失，但已无法作为一个整体协调运作。由此可见，正常人的心理是多样性的统一，是有机的整体。

个性是一个统一的整体，某种个性心理特征只有在个性的整体中才具有确定的意义。例如，固执在第一个人身上可以表现为墨守成规、顽固偏执；在第二个人身上却可以表现为坚韧不拔、顽强勇敢；而在第三个人身上则可表现为忍辱负重、埋头工作。

2）稳定性

个性的稳定性主要表现在两个方面：一是跨时间的持续性；二是跨情境的一致性。

3）独特性

人心不同，各如其面。例如，有的人粗枝大叶，有的人细致入微，有的人坚毅果断，有的人优柔寡断。在人事管理中认识、把握个性的独特性有很重要的意义。

4）社会性

人类的婴儿具有一种与生俱来的对社会生活的需要和适应此种社会生活的能力。如果出生后由于某种原因，婴儿的社会接触被剥夺，他就会丧失人性，不能成为真正的人。印度发现的"狼孩"，在17岁去世时，仅具有相当于正常儿童四岁时的心理发展水平。注意，个性的社会性并不排除个性的自然性，即个性受个体生物性的制约。个性是在个体的遗传和生物性基础上形成的。个性是个体的自然性和社会性的综合。

5）倾向性

人的个性具有一定的意识和行为上的倾向性，这种倾向性体现为个体的兴趣、爱好、动机、需要、信念、理想和世界观等的差异，实际上是一个人对事物不同的态度、体验和特定的行为模式。

3．个性的形成

早在2000多年前的春秋时期，伟大的思想家孔子就说过"性相近也，习相远也"。个性是在先天素质的基础上，在家庭、学校、社会环境条件的影响下，在实践活动中逐渐形成的，是各种因素综合作用的结果。

1）遗传因素

遗传因素的影响主要指染色体和基因。一个独特的个体具有来自父母的23对遗传的基本单位，即染色体。这些染色体中含有2万多个基因，它们是决定和影响个体特征的物质。染色体与染色体结合，基因与基因结合，按概率计算，其可能的组合形式有1600多万种。因此，两个人要具有相同的遗传因素是不大可能的，即使同父母的兄弟姐妹也很不同。唯一的例外是同卵孪生，他们由同一受精卵发育而来，具有相同的染色体和基因，遗传因素相同。但其行为和认知风格仍可能有差异。

2）生理因素

身体生理因素是个性形成和发展的必要条件。身体器官的构造和机能、身体的外表都直接或间接地影响个性的形成和定型。其中，大脑与个性的关系最为密切。一个人的人格和行为，无论多么复杂，都是大脑工作的产物。个人的大脑是个性的主要物质基础。许多研究都表明，大脑的局部受伤会导致人格和行为的改变。

【专栏 2-1】　　　　　　　　　盖奇的"改变"

1848 年 9 月，美国工人盖奇在施工的过程中被铁杆从左眼下穿入，额顶穿出，脑部受到严重损伤。经过治疗，盖奇奇迹般地活了下来。从此之后，盖奇的个性发生了变化。在受伤之前，他是一位思维机敏、彬彬有礼的人。但在受伤以后，他变得粗俗无礼，对事情缺乏耐心，既顽固任性，又反复无常、优柔寡断。他似乎总是无法计划和安排自己将要做的事情。他的性格完全变了，正如他的朋友们所说，"他不再是盖奇了"。

人体内的生物化学物质的变化也会影响个性。例如，甲状腺功能亢进会导致神经系统兴奋性增高，表现为易紧张、失眠、烦躁、多言、情绪不稳定；而甲状腺功能减退则导致智力和记忆力下降、联想和言语活动减少、嗜睡、性欲减退。如果胰腺分泌胰岛素的过程受到干扰则可能导致精神错乱。有研究表明，某些精神分裂症是神经递质多巴胺分泌过多导致的；而多巴胺分泌过低则会引起帕金森综合征，其特征是严重的肌肉颤抖和行动失调等。这些都表明生化物质会影响个性。

另外，对于身体外貌与个性的联系，古今中外都有人做过推测。但是，现代研究表明，此类观点缺乏科学依据。

3）环境基础

个性的形成和表现离不开个体生存的环境。在一定的场合下能被个体感觉器官感知的那部分环境称为情境。有些环境影响着所有个体，有些则仅影响特定的个体或某些个体。

（1）母亲胎内环境的影响。每个婴儿都是遗传与环境的共同产物。从受孕那一天起，环境因素就对个性的形成起作用。有的母亲很健康，有的则营养不良或受药物影响。母亲健康的差异会深刻影响子宫环境，从而影响新生儿的某些特征。例如，母亲血液中锌含量严重偏低会导致婴儿患各种先天畸形；有毒瘾的孕妇会使婴儿天生染上毒瘾。这些特征虽然出生时便已存在，却不是由遗传决定的。

（2）家庭环境的影响。个体出生后最早接触的环境是家庭。家庭的各种因素，如家庭结构（包括残缺家庭、寄养家庭等）、家庭气氛、父母教养方式、家庭子女的多少等都会对儿童个性的形成起重要作用。从小与父母分开或失去父母，会对儿童的人格和行为有重大影响。不少研究表明，体贴、温暖的家庭环境能够促进儿童成熟、独立、友好、自控和自主等特征的发展。

（3）学校教育的影响。学校教育对个性形成有深远的影响。例如，学校的德育、智育、体育、美育、劳动教育、校风、教师等因素对学生的思想品德、人生观、价值观、智力发展、运动技能、意志力、审美能力、劳动观点、态度，习惯的树立、形成、提升都有重要影响和促进作用。

（4）社会阶层的影响。几乎每个社会都存在社会阶层（或社会阶级）。较高阶层的人比较低阶层的人拥有更多的物质财富和个人声誉，享受更多的教育资源，并较能控制自己的命运。研究发现，心理疾病与社会阶层显著相关，贫穷、歧视、失业、缺乏医疗服务等都是影响心理健康的重要原因。

（5）社会文化和民族文化的影响。社会文化和民族文化是形成个性的决定性条件。一个身体健全的儿童，如果被剥夺了与人类社会接触的机会，就不可能形成人的心理和行为及个性。"狼孩"的事例充分说明了这一点。民族文化是一个民族世代积累起来的，陶冶着一个人的民族性。民族性是指在一个民族或一个国家的国民中常见的独特性格，并且异于其他民族或其他国民，如德国人冷静、法国人热情、日本人勤奋等。每种文化为了自己的延续和发展，都崇尚它所需要的人格特征。有研究表明，以渔猎为生的群体需要坚定、独立、敢于冒险的性格，因此以仁慈宽大的方式管教孩子并鼓励其发展个性；而以种植粮食为生的群体则显示出老实、服从、保守的性格。不同地区的饮食文化和习惯也会影响个性的形成。

（6）重大事件的影响。人的个性一旦形成，便具有稳定性，很难改变，但这不是绝对的。在实际生活中也不乏一夕之间个性改变的例子。

总之，一个人的个性是在各种内外因素的影响下形成和发展变化的。

2.2 兴趣差异

2.2.1 兴趣的含义与分类

1. 兴趣的含义

兴趣是个体力求认识某种事物或从事某项活动的心理倾向。兴趣使人对有趣的事物给予优先注意，积极探索，并带有情绪色彩和向往的心情。

许多心理学家指出，需要和兴趣存在密切关系。瑞士心理学家皮亚杰指出："兴趣，实际上就是需要的延伸，它表现出对象与需要之间的关系，因为我们之所以对一个对象发生兴趣，是由于它能满足我们的需要。"从这一观点看，人的兴趣是在需要基础上和在活动中产生和发展起来的，需要的对象就是兴趣的起点。

个体兴趣的形成有一个从萌芽、产生到稳定发展的过程，会经历从有趣、乐趣到志趣的发展阶段。人们对某项事物感到有趣，会通过实践和亲身体验，从中得到乐趣；最后持续深入，与某项具体活动紧密联系，将其发展为爱好，并保持相对稳定的状态，即志趣，又称职业兴趣。例如，喜欢读书的人会经常读书，并从中得到乐趣，无论春夏秋冬，都对读书乐此不疲，如此循序渐进，接触与读书相关的写作、设计、策划或研究工作，最终将其发展为职业兴趣。"兴趣是最好的老师"，这说明在兴趣的指引下人们可以实现目标、获得成就，并最终实现人生价值。

2. 兴趣的分类

人类的兴趣是多种多样的，包括用不同标准进行的一般分类，以及结合一定外部环境进行的职业兴趣分类，即职业兴趣类型理论。

1）一般分类

（1）根据兴趣的内容，可以分为物质兴趣和精神兴趣。物质兴趣表现为对食物、衣服和舒适的生活等的兴趣。个人的物质兴趣必须加以正确指导和适当控制，避免畸形发展。精神兴趣主要指认识的兴趣，如对学习和研究哲学、文学、数学等学科的兴趣。

（2）根据兴趣指向的目标，可以分为直接兴趣和间接兴趣。直接兴趣是指对活动过程本身的兴趣，如对学习过程本身的兴趣、对劳动过程本身的兴趣。间接兴趣是指对活动结果的兴趣，如对通过学习取得好成绩的兴趣、对工作后获得报酬的兴趣。

直接兴趣和间接兴趣在生活中都是不可缺少的。如果没有直接兴趣的支持，活动就会变得枯燥无味；如果没有间接兴趣的支持，活动就不可能长久持续。只有直接兴趣和间接兴趣正确地结合，才能充分发挥人的积极性。

2）职业兴趣类型理论

1974 年，美国心理学家坎贝尔在斯特朗职业兴趣量表的基础上，将其修订为斯特朗-坎贝尔兴趣量表（Strong Campbell Interest Inventory，SCII）。该量表综合使用了美国职业心理学家霍兰德在 20 世纪 60 年代创立的职业分类理论体系，将兴趣与职业分类对应，把涉及的职业兴趣分为六大类：现实型（如机械师、农民等）、研究型（如各领域科学家）、艺术型（如音乐家、画家等）、社会型（如社会工作者、教师等）、企业型（如法官、经理、推销员等）、常规型（如会计、档案管理员等），如表 2-1 所示。

霍兰德的职业兴趣分类理论系统阐述了兴趣与职业的相互关系、职业兴趣测验结果的使用等，经过长时间的修订与施测，信度和效度都很稳定。具体内容参见第 3 章。

表 2-1 霍兰德的职业兴趣类型

类 型	偏 好	个 性 特 点	职业/岗位
现实型	需要技能、力量、协调性的体力活动	真诚、持久、稳定、顺从、实际	机械师、农民、钻井操作工、装配线工人等
研究型	需要思考、组织和理解的活动	分析、创造、好奇、独立	生物学家、经济学家、数学家、新闻记者等
艺术型	需要创造性表达的模糊且无规则可循的活动	富于想象力、无序、杂乱、理想、情绪化、不实际	音乐家、画家、作家、室内设计师等
社会型	能够帮助和促进他人发展的活动	社会、友好、合作、理解	社会工作者、教师、临床心理学家等
企业型	能够影响他人和获得权力的活动	自信、进取、精力充沛、盛气凌人	法官、经理、推销员、公共关系专家、小企业主等
常规型	规范、有序、清楚、明确的活动	顺从、高效、实际、缺乏想象力和灵活性	会计、档案管理员、银行出纳员等

2.2.2 兴趣的作用及影响

美国心理学家斯特朗把兴趣比喻为一艘船上的"舵"，这是因为兴趣在某种程度上决定了一个人成就的方向及成就的大小。各种职业都有与之相适应的独特兴趣类型，也需要由符合该职业兴趣的人来承担，这样才能达到最优的人-职匹配。

1. 兴趣的作用

人的兴趣不仅是在活动中发生和发展起来的，而且是认识和从事活动的巨大动力。它是推动人们去寻求知识和从事活动的心理因素。兴趣对于人的活动的作用有下列几种不同情况：对未来活动的准备作用；对正在进行的活动的激发与推动作用；对活动的创造性态度的促进作用。

兴趣是引起和保持注意的重要因素，对于感兴趣的事物，人们总是愉快、主动地去探究它。研究表明，无论是有意注意还是无意注意，都和兴趣有关。兴趣会使人集中注意力，产生愉快、紧张的心理状态，对认知过程产生积极影响。同时，兴趣对智力发展起着促进作用，是开发智力的钥匙。皮亚杰指出："所有智力方面的工作都依赖兴趣。"美国拉扎勒斯等人的研究表明，兴趣比智力更能促进学生努力学习。

２．兴趣对职业的影响

人与人之间在兴趣的倾向性上差异很大。所谓"兴趣的倾向性"是指个体对什么产生兴趣，如有人喜欢文学，有人喜欢数学；有人有高尚的兴趣，有人有低级的兴趣。个体有些兴趣倾向表现得较早，如幼儿时已表现出倾向于某种活动，但职业倾向要到高中或高中后才稳定下来。

在兴趣的范围上，人与人之间差异也很大。有人兴趣广泛，对许多事物和活动都兴致勃勃，乐于探求；有人则兴趣范围狭窄，容易把自己局限于狭小圈子之内。个人兴趣越广泛，知识越丰富，就越容易在事业上取得成就。历史上许多卓越人物都有广泛的兴趣和渊博的知识。但是，当兴趣发展到爱好阶段，只有专注于某个目标，并投入大量时间和精力，才可能突破障碍，最终获得成就。

人们对某事物的兴趣，可能比较稳定，也可能变化无常。稳定的兴趣对一个人的工作和学习具有重大意义。人们只有有了稳定的兴趣，经过长期钻研，并持之以恒，才能获得系统而深刻的知识，获得创造性的成就。

根据兴趣的效能水平，一般可将兴趣区分为积极的兴趣和消极的兴趣。积极的兴趣能够成为推动工作和学习的动力，把工作和学习引向深入。消极的兴趣不能产生实际效果，仅仅是一种意向。积极的兴趣是推动人们掌握知识和技能、发展能力并促进个性发展的动力。

2.2.3 职业兴趣在人力资源管理中的应用

职业兴趣在人的职业活动中起着重要作用，主要表现为影响人的职业定向和职业选择、开发人的潜能、激发人的探索精神与创造力、增强人的职业适应和稳定性。有研究表明，如果一个人从事的工作与其职业兴趣相吻合，就能够发挥其全部才能的80%～90%，并能够长时间地保持高效率的工作而不疲劳；反之，则只能发挥全部才能的20%～30%，还容易感到疲劳和厌倦。因此，人力资源管理者了解并开发员工的职业兴趣是非常必要的。

现在越来越多的管理者认识到差异化管理的重要性，而差异化管理的前提是尊重每个人的个性，因材适用，根据每个人的兴趣，安排能发挥其天赋的工作任务，这样才能充分发挥每个人的能力，调动其积极性。这个观点可以体现在选人、用人、培训、晋升等组织人力资源管理的各个方面。因此，在人力资源管理中应该注意以下几点。

第一，选人的标准首先是职业兴趣，其次才是知识和技能。因为前者较难改变，而知识和技能是可以通过培训、学习获得的。

第二，应该把培训的时间和经费主要用于帮助员工了解自己的职业兴趣和强化天赋，而非克服弱点，以提高人力资本投资的收益和效果。

第三，对员工的提拔和任用，应该根据其职业兴趣和价值观，设计或安排不同的晋升通道，而非盲目提拔到管理岗位。注重激发员工兴趣和挖掘潜能，以调动其积极性，最大限度地提高人才开发与使用效率。

2.3 气质差异

2.3.1 气质的含义与分类

1. 气质的含义

气质是人的个性心理特征之一，类似于人们通常所说的脾气、秉性、性情。现代心理学对气质的定义是：气质是指人的高级神经活动类型在行为方式上表现出的典型的心理活动的动力特征，具体表现为个体心理活动过程的速度、强度、稳定性和指向性。气质与人的其他心理特征相比有更高的稳定性，"江山易改，本性难移"说的就是气质较多地受个体生物组织的制约，是天赋的心理特征。一个人的气质在不同的活动中会有近似的表现，一般与活动的内容、动机和目的无关。例如，一个稳定、沉着，具有内向气质的人，无论是参加研讨会还是参加庆祝活动，无论是受到表扬还是受到批评，都会沉稳有度，不会表现出情不自禁的举动。在生活中，气质是一个人的自然特征、精神风貌的集中表现。

首先，气质是先天的心理特征。它是由遗传的、先天的因素决定的，是与生俱来的，不因人的动机、活动的内容而转移。人的气质特点在任何时间、场合都会表现出来，具有个人独特的色彩，形成个人风貌。例如，慢性子的人说话、办事、走路都慢腾腾的，而急性子的人说话、办事、走路都显出急脾气。

其次，气质是人的心理活动的动力特征。心理活动的动力特征是指心理活动过程的速度、强度、稳定性和指向性。速度是指知觉的速度、思维的敏捷性及情感发生的快慢、情绪经验的快慢等。强度是指情绪和情感的强弱程度、意志力的强弱程度等。稳定性是指注意力集中时间的长短。指向性是指人的反应与活动是主要依赖外部印象，还是依赖内部已有的印象和思想。

最后，气质虽然具有较大的稳定性，但也不是一成不变的。气质为每个人增添了独特的色彩，但在环境的影响下，也会发生某些变化，只是同其他心理特征相比，其变化要迟缓得多。例如，气质会随着年龄的变化而产生阶段性的变化；遭遇生活的坎坷或事业的挫折，可能导致行为习惯发生重要的改变，并伴随性格的发展而发生某些变化等。

2. 气质的类型

气质类型是指某类人身上共同具有的各种心理特征有规律的组合，也就是依据某些心理特征对人的气质做出的分类。关于人的气质类型及其特征，很多学者从不同角度提出了不同的见解，因而形成了不同的气质学说，如体液说、高级神经活动类型说、血型说、体型说、激素说等。常见的主要有以下三类。

1）体液说

最早研究气质类型的是古希腊医生希波克拉特，他认为人体内有血液、黏液、黑胆汁、黄胆汁四种体液，分别对应身体的不同部位，血液对应心脏，黏液对应大脑，黑胆汁对应脾胃，黄胆汁对应肝脏。不同的人这四种体液的配置不同，血液占优势者为多血质，黏液占优势者为黏液质，黑胆汁占优势者为抑郁质，黄胆汁占优势者为胆汁质。500年后，罗马医生盖伦以这四种分类为基础，提出了"气质"的概念，一直沿用至今。

2）高级神经活动类型说

苏联著名生物学家巴甫洛夫通过对动物的实验研究发现，高级神经活动的兴奋与抑制过程具有强度、平衡性、灵活性三个基本特性，这三个基本特性的不同匹配，可以组成四种典型的高级神经活动类型，即强、不平衡的兴奋型，强、平衡、灵活的活泼型，强、平衡、不灵活的安静型，弱型。巴甫洛夫还发现，这四种神经活动类型在人的行为表现上与希波克拉特提出的四种气质类型有很好的对应关系（见表 2-2）。这种对应性为气质类型的生理机制提供了依据和解释。

表 2-2 高级神经活动类型与气质分类的对应

高级神经活动类型	气质类型	内外向/情绪稳定性	行为特征
强 不平衡（兴奋型）	胆汁质	外向/不稳定	暴躁、好动、兴奋、善于社交、冲动、乐观、积极、有领导能力、无忧无虑、活泼、逍遥自在、敏感、健谈、开朗、善于社交
强 平衡 灵活（活泼型）	多血质	外向/稳定	
强 平衡 不灵活（安静型）	黏液质	内向/稳定	被动、谨慎、有思想、温和、能控制、脾气好、安静寂静、不擅长社交、保守、悲观、严肃、刻板、忧虑
弱 （抑制型）	抑郁质	内向/不稳定	

上述传统的气质学说一直沿用至今，在现实社会或文学作品中还可以找到这些气质类型的典型代表人物。例如，《水浒传》中的李逵就是胆汁质的典型，《红楼梦》中的王熙凤则是多血质的典型，林黛玉属于抑郁质，薛宝钗则属于黏液质。因此，上述体液分类和高级神经活动类型相结合所形成的气质分类理论具有很大的参考价值。

3）血型说

随着心理科学的发展和社会科学的进步，其他分类方法不断出现，如根据人的血型有 A 型、B 型、AB 型和 O 型四种，相对应的气质类型也有以下四种。

A 型——温和、老实、稳妥、多疑、顺从、依赖性强。

B 型——感觉灵敏、镇静、不怕羞、喜欢社交、好管闲事。

AB 型——A 型与 B 型的混合型。同时具有 A 型和 B 型的气质特征，并表现出细心、思考周全、适应性强、易伤感、脆弱等特质。

O 型——意志坚强、好胜、霸道、有胆识、控制欲强、不愿吃亏。

在现实生活中，只有少数个体是某种气质类型的典型代表，而绝大多数个体只是近似某种气质，同时具有其他气质的一些特点，或者属于多种气质类型的混合型。不过，气质类型的划分仍能够帮助我们更好地理解个体心理，以充分调动人的积极性。

2.3.2 气质的识别与测量

由于气质的复杂性，有时个体的行为表现会"掩盖"真实的气质特征。因此，在识别气质时应该综合运用观察、实验、问卷等方法，多方面收集信息，然后从中综合判断一个人的气质类型。以下主要介绍气质测量常用的三种方法：观察法、实验法和问卷法。

1. 观察法

观察法是识别人的气质的基本方法。人格心理学家奥尔波特曾把观察法作为识别人格的核心方法。观察法是指在自然条件下或预先设置的情境中对人的行为进行观察、记录，然后进行分析、研究，以便获得研究结果。

观察时可以利用各种仪器。有时为了不影响被试者，可以使用单向透明玻璃。在进行观察前，可以先设定一些观察指标，如面部表情和眼神、参与活动是否积极、是否容易激动但情绪表现不强烈等。要有目的、有计划地观察，且反复进行，以得到规律性的资料，得出观察结果。由于气质的复杂性，一般对个体气质的观察要长期进行，这样对气质的观察才更精确，论据才更有力，结果的科学性才更强。

2．实验法

实验法是指人为地、有目的地控制和改变某种条件，使参与实验的被试者产生一定的心理活动，从而进行识别。在研究气质时，一般采用自然实验法，即一方面利用自然情境，减少被试者的紧张情绪；另一方面，采用实验手段来验证和补充。

气质特征与神经过程的基本特性有关，因此，通过实验了解神经过程的基本特性（强度、灵活性、平衡性等）有助于识别人的气质特征和气质类型。感受性、耐受性、速度与灵活性、可塑性与稳定性、不随意反应性、内向与外向、情绪兴奋性、情绪和行为特征被认为是构成气质类型的心理特性。通过实验测定这些心理特性有助于了解人的气质特征和气质类型。

实验操作可自行设计并借助心理学设备进行，如注意分配实验、注意力集中度测试、反应时长测试、多项反应时测定、动觉方位辨别实验等，通过观察、记录被试者的注意力、反应速度及准确性、空间知觉及持久性等状况，测量并判定不同个体的气质特征及差异。还有学者通过对个体言语活动特性的实验研究，确定个体神经过程的特点和气质类型，如利用言语电波描记法测定被试者言语的反应时、强度和意义内容。实验时，要被试者大声朗读名著中的三句诗歌或名句，用言语电波描记器记录他们朗读的时间，分析每个词的发音长度、间隔和发音强度，以此识别被试者的气质特征。

3．问卷法

在设计问卷之前，应先选择和了解一些比较著名的气质量表，以使问卷更加客观、有效。瑟斯顿气质量表是最早建立在因素分析基础上的多变量气质量表。之后，吉尔福特等人对自己掌握的素材进行因素分析，于1956年发表了吉尔福特-齐默尔曼气质调查表。巴斯和普洛明于1984年编制了适合成年人的EAS气质问卷，按五级记分，把情绪性划分为三个部分：悲伤、恐惧和生气；把每个亚结构得分加起来，可以得到五个分数（活动性、交际性、悲伤、恐惧和生气）。斯特里劳根据巴甫洛夫学派关于神经过程基本特性的理论编制了斯特里劳气质调查表。我国学者薛崇成等根据中医的气质理论，编制了测量气质的五态性格测验量表。在设计问卷时可将每个指标附上相应的分值，根据得分来确定气质类型。这样在分析问卷调查结果时更加简便，信度和效度也比较高。

2.3.3　气质在人力资源管理中的应用

尽管气质与心理活动内容没有直接联系，但它对心理活动是有影响的。因此，了解和掌握气质的特点，对组织管理是有一定意义的。

（1）气质没有好坏之分，应扬长避短，注重每种气质类型的积极面。气质是心理活动的动力特征，它只能使个性带有独特的色彩，并不决定具体个性特征的内容和好坏，即气质类型一般只影响心理活动的表现形式，不涉及心理活动的方向和内容，没有好坏之分。各种气质类型都有积极的一面，也有消极的一面。例如，胆汁质的人积极、热情，但暴躁、任性、感情用事；多血质的人灵活、机敏，但轻浮、情绪多变；黏液质的人沉着、冷静、坚毅，但冷漠、缺乏活力；抑郁质的人思想敏锐，情感深刻、细腻，但多疑、羞怯、孤僻。因此，不能用好坏去评价每种气质类型，应该多发现和肯定其积极面。

（2）气质类型不能决定一个人的社会价值和事业成就。在现实社会中，各种气质类型的人都可能具有创造才能，并取得较高成就。每个人的世界观、信仰、道德品质和兴趣、爱好等也并不依赖各自的气质类型。气质类型相同的人中，有成绩卓著者，也有一事无成者，有伟人，也有罪犯。

（3）根据气质差异优化人的职位安排。气质不影响人的成就，但可影响人的智力活动类型，进而影响人的行为方式和活动效率，因此，在选拔人才和安排岗位时应考虑员工的不同气质，如表2-3所示。应重视气质类型对工作效率的影响，对于不同的工作，安排不同气质类型的人来承担，往往能取得事半功倍的效果。例如，要求反应迅速、机敏灵活的工作，多血质和胆汁质的人比较适合，而黏液质和抑郁质的人则较难适应；要求持久、细致的工作，黏液质和抑郁质的人比较适合。高空作业、坑道抢险等工作，对胆汁质的人来说很有刺激性，干得很开心，而抑郁质的人由于胆小，则无法胜任。有些岗位对心理品质的要求特别高，如运动员、飞行员、宇航员等，对这类人员要认真选拔并加以训练。对气质类型无特殊要求的工作，各气质类型的人都可用取长补短的方法提高工作质量和工作效率。总之，人事管理者应考虑员工的气质类型，以扬长避短，使人和工作、人和机器保持协调，从而保证工作质量，提高工作效率。

表2-3　气质类型与岗位的匹配

气　　质	多　血　质	胆　汁　质	黏　液　质	抑　郁　质
气质特点	活泼、好动、敏感	热情、直率、外露、急躁	稳重、自制、内向	安静、情绪不易外露、办事认真
适合的岗位	政府及企事业管理者、外事人员、公关人员、驾驶员、医生、律师、运动员、警察、服务员等	导游、推销员、勘探工作者、节目主持人、外事接待人员、演员等	外科医生、法官、财会人员、统计员、播音员等	机要员、秘书、编辑、档案管理员、化验员、保管员等
不适合的岗位	单调或过于细致的工作	长期安坐的细致工作	环境多变的工作	环境热闹而繁杂的工作

（4）根据气质互补和气质相容原则，优化领导班子和组织结构，增强团体战斗力。在组建团队和选人用人时，要注意人的气质特征的互补性，合理搭配不同气质类型的人员，形成一个互补融合的集体，以发挥气质的积极作用，克服气质的消极影响，从而达到增强凝聚力、战斗力的目的。例如，一个领导班子要做出一个重大决策，既需要胆大心细、果断决策的人，也需要冷静理性、善于调查分析的人，还需要机智灵活、富有激情和创新意识的人。很少有人同时具备上述所有品质，这就要求气质互补的团体组合。

（5）在开展思想教育工作时，应把气质差异和气质发展原则相结合，采取多种方式进行。不同气质类型的人都有各自的性情特点，对挫折、压力、批评、惩罚的容忍程度不同，对思想教育的接受程度也不同。所以，应根据人的气质差异，一把钥匙开一把锁，做有针对性的思想教育工作。例如，对于胆汁质的人，由于他们对工作有热情，精力充沛，完成任务快，应多给予鼓励；但他们暴躁易怒，忍耐性差，在这方面应多提醒和批评。同时在批评教育方式上，最好采取既对其毛病严厉批评，又"冷处理"的办法，给他们一定的考虑时间再进行教育。对于抑郁质的人，由于他们容易有挫折感，批评教育时要格外注意方式方法。对于他们在工作中取得的微小成绩，要及时给予表扬和鼓励；对于他们的缺点，批评时应尽可能做到热情、平等、自然，并避开公共场合，以免挫伤其自尊心。同时要鼓励和引导他们多参加集体活动，帮助其克服忧郁、猜疑、孤僻等消极心理。总之，管理者在做员工的思想教育工作时，应把握他们的气质类型，因人而异，才能起到更好的管理效果。

2.4 性格差异

2.4.1 性格的含义与分类

性格是个性中最重要、最显著的心理特征，在个性中起着核心作用，是一个人区别于其他人的集中表现。人的性格千差万别，文学家更是善于抓住一个人最本质的性格特征形象化描绘，使读者感到一个个生动鲜明的人物就在自己面前。在日常生活中，人们常把性格和个性混为一谈，用性格来代替个性，也搞不清气质和性格的区别。事实上，性格与其他心理特征如气质、能力密切相关，相互影响，交融渗透。它们之间既有区别，又共同形成一个人完整的个性或人格。

1. 性格的含义

性格是一个人在对现实的态度和习惯化的行为方式中表现出来的较为稳定的心理特征。简单地说，性格是人对现实的稳定态度和习惯化的行为方式，具体包括以下几个含义。

第一，性格是个体在社会环境中较稳定的态度和行为方式。每个人对人、对事、对社会总有自己的态度和行为方式，经过长期社会生活实践和人的心理认知活动，这种态度与行为方式逐渐巩固，并在以后的社会生活中自然地、反复地表现出来，形成了个人的习惯方式。性格是一个人现实态度和行为方式的统一。

第二，性格是稳定的、独特的心理特征。社会中没有两个性格完全相同的个体，性格总是某个个体的性格，即使性格特征相同，不同的人表现也不同。例如，同是勇敢、鲁莽的性格，张飞粗中有细，李逵横冲直撞、不顾后果。性格一旦形成就比较稳定，并在个体生活实践中经常表现出来。

第三，性格是个体的本质属性，是个体心理特征的核心。气质是心理过程的动力特征，能力是个体完成某项活动必备的心理特征，只有性格才能使它们带有一定的意识倾向性，作用于客观现实。性格对气质和能力的影响很大，它使三者结合成个体心理特征这一有机整体。

气质和性格反映了人的本质属性的不同侧面，二者既有区别，又相互联系。其区别在于，气质更多地反映了人的自然属性，而性格反映了人的社会属性；性格可塑性比气质大。在意义的评价上，气质无好坏之分，无论哪种气质类型的人都能取得显著成就；而性格则有好坏之分（如勤奋比懒惰好，真诚比虚伪好），对事业有显著影响。性格与气质的对比如表2-4所示。

表 2-4　性格与气质的对比

性　　格	气　　质
后天形成，可以改变	先天遗传，比较稳定
内容侧重于社会意义，有好坏之分	内容侧重于生理意义，无好坏之分
有阶段性，没有性格相同的人	无阶段性，有气质相同的人

气质和性格又相互影响，密切联系。首先，气质可以影响性格的表现方式，使同一性格有不同的表现。例如，助人为乐的性格特征在不同气质类型的人身上表现形式不同：胆汁质者表现为热情、豪爽、快速、有力地助人；多血质者能灵活、机动地帮助想出解决问题的办法；黏液质者不露声色，脚踏实地地给予支持；抑郁质者从细枝末节发现对方的难处，给予细致的关怀。虽然表现各异，但都有共同的性格特征。其次，气质可以影响性格形成的难易和速度。例如，胆汁质的人容易形成勇敢的性格；黏液质者容易形成有自制力的性格。另外，性格可以在一定程度上调控、掩盖和改造气质，使气质的消极因素得以抑制，积极因素得以发挥。例如，具有意志坚强的性格特征的人，胆汁质者能克制急躁，黏液质者能鼓起勇气，多血质者能尽力使自己脚踏实地，抑郁质者能减少自己的消极情绪。

2. 性格的结构特征

性格具有复杂的心理结构，即性格是由多种因素构成的一个统一整体。这些因素或特征在性格中所处的层次、轻重是有区别的。在现实中，一个人完整的性格是由彼此联系、相互依存的态度、意志、情绪、认知四个方面特征构建而成的（见表 2-5）。

表 2-5　性格的结构特征

维　度	类　　别	正向特征	负向特征
态度特征	对人（社会、集体和他人）	爱祖国、爱集体、大公无私、助人为乐、富有同情心、诚实、正直	敌视祖国、自私自利、损人利己、狡诈、虚伪、冷酷无情
	对事（工作、学习和劳动）	勤奋、认真、细致、富有创新精神	懒惰、马虎、粗心、墨守成规
	对物	节俭、爱护财物、廉洁等	铺张、奢华、贪得无厌
	对己	自信、自爱、自尊、自律、自强、谦虚、谨慎	自负、自满、自卑、自弃、轻浮、放任、狂妄
意志特征	行为的目的性和意义	计划性、主动性、持久性	盲目性、被动性、受暗示性
	行为支配和控制	主动控制、自制力、严于律己、闻过必改	被动控制、放纵情绪、放荡妄为、我行我素
	在紧急或困难条件下的反应	沉着、镇定、机智、果断、勇敢	惊慌失措、优柔寡断、胆怯畏缩
	坚持性和克服困难	持之以恒、顽强、坚忍不拔、善始善终	半途而废、见异思迁、松懈、顽固
情绪特征	强度	情绪反应微弱，易于控制	情绪反应强烈，难以调节和控制
	稳定性	情绪平稳，不受情境左右，不因小事而乱大谋，恬静、温和	情绪易于波动、起伏程度大，焦虑不安，容易激动且不能自控
	持续性	情绪体验深刻、持久	情绪体验肤浅且持续时间短
	主导心境	积极、情绪饱满、热情奔放、乐观开朗、善于调节情绪	消极、情绪低落、郁郁寡欢、多愁善感、萎靡不振

续表

维　度	类　别	正向特征	负向特征
认知特征	感知	主动积极，不易受环境干扰；观察细致；认知敏锐而精细	被动，极易受环境干扰；认知速度快，观察粗略，浅尝辄止
	记忆	记忆速度快，难以遗忘；善于形象记忆，长于整体概括	记忆速度慢，遗忘迅速；善于抽象记忆，长于逐一罗列
	思维	独立思考；善于分析	喜欢借用现成答案；善于综合
	想象	想象主动、丰富、奇特，有创造性	想象被动、贫乏，缺乏新颖性

性格的态度特征是指个体在处理各种社会关系方面或在对客观现实的稳定态度方面表现出来的心理特征。人对现实的态度特征直接体现着一个人对事物特有的稳定倾向，是一个人的本质属性的反映。态度特征可以分为对人、对事、对物、对己四个方面。这些方面的有机结合构成了个体起主导作用的性格特征，多属于理想、道德品质层面，是性格的核心。

性格的意志特征是指一个人在自觉调节自己的行为方式和水平方面表现出来的稳定的心理特征。它是性格的重要组成部分，包括行为的目的性和意义、行为支配和控制、在紧急或困难条件下的反应、坚持性和克服困难四个方面。

性格的情绪特征是指一个人在情绪活动的强度、稳定性、持续性及主导心境方面表现出来的稳定特征。

性格的认知特征是指人在感知、记忆、思维、想象方面表现出来的稳定的心理特征，也就是一个人的认知特点与风格。

3．性格类型

性格类型是指一类人身上共有的性格特征的独特结合，而性格有明显的个体差异。性格特征种类繁多，为了便于掌握人的性格，心理学家从不同的角度出发，在千差万别的性格中寻找共性，归纳出不同的性格类型。

1）按心理机能分类

英国心理学家培因和法国心理学家李波按照理智、情绪、意志在性格结构中所占的优势不同，把性格分为理智型、情绪型、意志型和混合型。理智型即理智占优势的人，这种人能冷静地思考、推理，凡事以理智权衡一切，并以此支配自己的行动。情绪型即情绪占优势的人，这种人情绪体验深刻，不善于思考，其言谈举止受情绪左右，处理问题时常感情用事。意志型即意志占优势的人，做事有较明确的目标，并能自觉、主动地采取行动。混合型又称中间型，是以上三种类型的过渡类型，如理智–意志型、情绪–理智型等。

2）按心理活动的倾向性分类

瑞士心理学家荣格最早提出按心理活动的倾向性或指向性划分性格类型。他认为，按照心理活动是倾向于内心世界，还是外部世界，可以将性格分为内倾型、外倾型和内外平衡型。内倾型的人心理活动倾向于内心世界，一般表现为沉静、多思、孤独、反应较慢、适应环境困难、不喜欢社交活动、对人冷淡、言语少、易羞涩、做事畏畏缩缩。外倾型的人心理活动倾向于外部世界，一般表现为开朗、活泼、善交际、情绪外露、不拘小节、独立性强、易于适应环境、关心外界事物、进取心强。内外平衡型介于内倾型和外倾型之间，属于这种类型的人由内部过渡到外部或由外部过渡到内部都比较容易且平衡。在现实生活中，绝大多数人属于内外平衡型，典型的内倾型和外倾型人都比较少见。

3）按个体独立程度分类

奥地利心理学家阿德勒根据个体独立程度，把人们的性格划分为独立型、顺从型和中间型。独立型的人善于独立思考、有坚定信念、不易受外来因素干扰，能够独立地发现问题和解决问题。顺从型的人独立性差、易受外来因素干扰，常不加分析地接受他人意见，应变能力较差，易受暗示、容易盲从、屈从于权势。中间型的人介于上述两者之间。

以上介绍的性格类型，虽然简单明了，但过于简单、绝对，忽视了性格的多样性、复杂性和发展变化的特点。在现实生活中，很多人的性格属于混合型，按照上述划分方法难以准确地归类。但是这样的性格类型划分对于人力资源管理工作仍然有重要的参考价值。

2.4.2 性格的评价

由于性格具有复杂性和多元性，性格评价往往需要结合多种方法。以下主要介绍行为评定法、自然实验法和测验法三种常用的方法。

1. 行为评定法

行为评定法主要包括观察法、谈话法、作品分析法、个案法四种方法。①观察法。该方法是在自然条件下通过观察一个人的行为、言语、表情、态度来分析其性格的方法。采用该方法必须使被观察者处于自然情境中，保持心理活动的自然性和客观性，这样获得的资料才会真实。②谈话法。该方法是通过与人谈话来了解其性格特征的方法。使用谈话法一定要事先确定谈话目的，对谈话内容加以分析，采取多种谈话方式，保持谈话气氛的融洽、和谐、温馨。谈话法在心理咨询中应用很广泛，它对了解人的性格、收集资料、确定解决问题的途径等方面具有重要意义。③作品分析法。该方法是通过对一个人的作品，如日记、命题作文、信札、传记、试卷及劳动产品等进行分析，以间接了解其性格特征的方法。该方法对研究人的性格具有辅助性意义。④个案法。该方法是通过收集一个人的家庭历史、社会关系、个人的成长历史等多方面的资料，以分析和了解其性格特征的方法，主要分为四步：计划准备、收集资料、提炼分析、概括总结。

2. 自然实验法

自然实验法是目前采用较多的方法。实验者根据研究目的创设实验情境，主动引起被试者的某种性格特征的表露，然后通过分析、概括来确定其性格特征。自然实验法最大的特点是简便、易行，获得的材料真实、可靠。例如，幼儿园老师的面试中设计"爱心实验"，设置小朋友在应聘者旁边哭闹的场景，由此测试应聘者对儿童的爱心和主动性。还可以在面试时设计一些有目的的场景，如楼梯上歪倒的垃圾桶、办公桌上混乱的文具等，由此测试应聘者的主动性、观察力和职场礼仪等。

3. 测验法

测验法包括问卷法和投射法两种，前者属于自评测验，后者属于他评测验。

1）问卷法

问卷法又称问卷测验法，一般是让被试者按一定标准化程序和要求一次性回答问卷中的大量问题，最后根据测验分数来推知被试者属于哪种性格类型。常见的性格问卷有明尼苏达多项人格测验（Minnesota Multiphasic Personality Inventory，MMPI）、卡特尔 16PF 人格测验、麦尔斯-伯瑞格斯类型测验（Myers-Briggs Type Indicator，MBTI）、大五因素人格测验等。前两种方法将在第 4 章学习，这里主要介绍后两种方法。

（1）麦尔斯-伯瑞格斯类型测验。该测验是美国心理学家伯瑞格斯母女根据瑞士心理学家荣格的心理类型理论建立的，包括四组维度、八个向度，即外向（E）—内向（I）、感觉（S）—直觉（N）、思维（T）—情感（F）、判断（J）—知觉（P），如图 2-1 所示。

```
(1) 外向（E）——内向（I）：指我们与世界相互作用的方式和运用能量的方式
(2) 感觉（S）——直觉（N）：指我们收集与获取信息的方式
(3) 思维（T）——情感（F）：指我们做出决策的方式
(4) 判断（J）——知觉（P）：指我们组织生活的方式
```

图 2-1　MBTI 性格测验维度

上述四个维度交叉组合，将人的性格分为 16 种类型。每种类型都有相应的行为特征和价值取向，为性格分析和个体发展提供了参考。MBTI 主要应用于测量并描述人们在信息获取、决策制定、生活取向等方面的偏好，了解被试者的性格特点、潜在特质、待人处事风格、职业适应性等。MBTI 信息量大，信度与效度高，因而成为世界上应用范围最广泛的识别个体性格差异的测评工具之一。在世界 500 强企业中有 80%以上的高层管理者和高级人事主管使用这一测试工具。

（2）大五因素人格测验。该测验是在大五因素模型（Big Five Factor Model）基础上编制的。大五因素模型是当前应用较广的一种有关个性的特质理论，认为任何个体都存在五个相对显著、独立且稳定的个性因素。这五个因素是指外向性、情绪稳定性、随和性、尽责性和开明性，如图 2-2 所示。

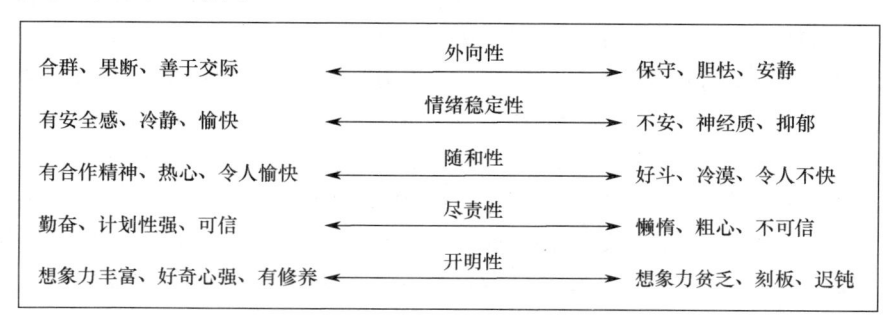

```
合群、果断、善于交际    ←—外向性—→    保守、胆怯、安静
有安全感、冷静、愉快    ←—情绪稳定性—→  不安、神经质、抑郁
有合作精神、热心、令人愉快 ←—随和性—→   好斗、冷漠、令人不快
勤奋、计划性强、可信    ←—尽责性—→    懒惰、粗心、不可信
想象力丰富、好奇心强、有修养 ←—开明性—→ 想象力贫乏、刻板、迟钝
```

图 2-2　大五因素模型

研究表明，这五个因素与工作绩效有较为密切的关系。人们在尽责性和情绪稳定性方面得分越高，其工作绩效可能越好。应当全面衡量一个应聘者的"大五"得分，并综合其他测评分数做出录用或晋升的决策。

2）投射法

早在 1921 年，一种经典的投射测验——罗夏墨渍测验就已经开始使用，但尚未引起人们的足够重视。投射技术这个名词首先是弗兰克在 1939 年明确提出的。他明确表述了投射技术的重要性：投射技术能够唤醒被试者的内心世界或个性的不同表现形式，从而在反应中"投射"出这种内在的需要和状态。投射测验主要有罗夏墨渍测验和主题统觉测验，将在第 4 章详细介绍。

2.4.3 性格在人力资源管理中的应用

性格是具有核心意义的心理特征，贯穿于人的全部行为，既表现出一个人对人、对事、对己的态度，又反映出他习惯性的行为方式，是一个人的道德品质和世界观的具体体现，也是一个人精神面貌的综合反映和社会本质的集中体现。在人的心理特征中，只有性格具有直接社会意义。人的本性虽难以改变，但是可以在一定程度上改善自己的性格，从而更好地为社会做出贡献，发挥自己的作用。

一项对 160 名成功者的跟踪研究表明，这些成功者的性格有以下共同点：有理想（目标）、有强烈的进取心、自信、有百折不挠的意志力、坚持不懈、刻苦、顽强和认真。这充分说明了塑造良好性格的重要性。在人力资源管理实践中，具体应注意以下几点。

（1）注重塑造良好性格的重要性，发挥优秀道德品质的积极引导作用。人的性格受世界观和人生观的制约与调节，坚定的人生目标与理想信念有助于塑造良好的性格，忠诚、乐观、坦荡、自信等优秀道德品质促进事业成功和人生价值的实现，能使人对社会、对组织做出积极贡献，并起到示范作用。这与教育心理学中"性格决定命运"蕴含的正念引导作用相同。

（2）注意培养良好的职业性格，提高个人创造力与工作效率。职业性格是各行各业的人们做好本职工作的心理动力。在现实的职业环境中，要善于把握个体的性格特征和其适用范围，如培养教师的热情、外倾、理智、独立的性格，培养运动员的顽强、自制、勇敢、果断的性格。结合各行业管理的具体要求，研究各领域相关岗位的职业性格，培养任职者良好的职业性格，以良好的性格品质，如事业心、责任心、恒心和勤奋好学精神，弥补个人能力的不足，提高其适应力和创造力，以推动工作效率和组织效能的提高。

（3）发挥性格优化对协调人际关系、优化领导班子结构和提高团队效能的重要作用。人的性格直接影响着人际关系、活动效果及团队合作，具有直接的社会意义，因而可以做出优劣评价。例如，热情、真诚、友善的性格有助于建立良好的人际关系，而冷酷、虚伪、狡猾却会让人际关系恶化。有良好性格的人勤奋好学，可以弥补能力的不足，并与他人友好合作、取长补短，在学习、工作方面取得成就；能正确对待自己、别人和社会及组织；能忍受孤单和寂寞，追求卓越目标，有创新力，有助于提高团队效率和人力资源管理效率。

（4）遵循性格适应的合理性，在人员选拔和任用时提高人岗匹配效率。人的性格复杂多样，不同职业对性格的要求也不一致。在了解和掌握人的性格差异的同时，也要了解职业对性格的要求，科学选拔并培养人才，如在选人用人时，要把独立性过强的人从协作要求高、配合要求严的岗位调离。同时要注意性格互补，对于有不同的良好性格的人，应发挥他们各自性格中的优势，克服其性格中的劣势，使他们互相促进、互相提醒、互相配合。

（5）根据性格差异和性格顺应原则，做好有针对性的思想教育和员工沟通工作。例如，对于理智型的人，可主动向其提供信息，让其自己通过思考改变思想认识；对于情绪型的人，应在"晓之以理"的基础上，更注意用典型事例"动之以情"地感化他，使其改变态度；对于独立型的人，要允许他独立思考，勿急勿躁，"以柔克刚"，切忌施加压力，强制其改变观点。

2.5 能力差异

就全人类来说，能力的个体差异呈正态分布。用斯坦福-比奈智力量表来测量一个地区全部人口的智商，其结果基本如下：智商在 100±16 范围内的人占全部人口的 68.2%；智商在 100±32 范围内的人占全部人口的 95.4%；智商高于 132 和低于 68 的人只占极少数。

智力远高于中等水平称为智力超常，一般把智商高于 140 的儿童叫作超常儿童，这类儿童大约占全人口的 1%；智力远低于中等水平称为智力落后，一般把智商低于 70 的儿童叫作智力障碍者，这类儿童大约占全人口的 3%。

不同能力的个体，其绩效可以差几倍，甚至几十倍。人力资源管理心理学的出发点与归宿就是承认差别、发现差别、确定差别的等级，因地制宜开展对员工的选拔、测试，并加强对员工能力的培养与开发，从而为人力资源开发与管理活动提供人力支持和准备。

2.5.1 能力的含义与分类

1. 能力的含义

能力俗称"本领""才干"，是指直接影响活动效率，使活动顺利完成的心理特征。能力是人成功地完成某种活动所必备的直接影响活动效率的心理特征。现代心理学中的能力，一种是指个人已经具备并在行为上表现出来的实际能力，又称成就，如某人会说英语，能操作计算机等。另一种是指个人将来可能发展并表现出来的潜在能力，又称能力倾向，如人们常说某人是"可造之材"，或某人具有文学、音乐等"天赋"。潜在能力是实际能力形成的基础和条件，实际能力是潜在能力的展现。二者有着密切联系。

在理解能力的含义时，要注意把握以下三点：一是能力总与各类具体活动相联系；二是只有直接影响人的活动效率的心理特征才是能力；三是能力与知识、技能不同，但又相互影响、相互促进。

能力和活动是紧密联系的。个体的能力是在活动中形成、发展起来的，并在活动中得以表现。因此，只有在分析特定的实际活动的基础上，才能揭示一个人的能力；不同个体能力的强弱，也只有在活动中才能加以比较。同时，能力是保证活动顺利完成的基本条件，是影响活动效率的基本因素。在知识、技能、时间及健康等条件基本相同的情况下，能力强的人比能力弱的人更能快速、有效地完成活动，并取得成功。不过，并非个体在活动中表现出来的所有心理特征都是能力。例如，认真、急躁等对活动任务的完成可能产生一定的影响，但它们并不是完成活动必需的心理特征。而观察敏锐、记忆准确、思维灵活等对于完成活动才是必需的心理特征。若缺乏这些心理特征，个体就难以顺利完成活动。可见，直接影响活动效率、完成活动必需的心理特征才是能力。

个体要成功地完成某种活动，单凭一种能力是不够的，必须依靠多种能力的有机结合。

例如，教师要很好地完成教学活动，仅有良好的口头语言表达能力是不够的，还需要有准确的记忆能力、敏锐的观察能力、严谨的逻辑思维能力、教学设计和组织管理能力及处理课堂教学中突发事件的应变沟通能力等。这些能力的结合就是教师的才能。同样，学生的解题思维能力与计算能力结合起来，就组成其数学才能。

各种能力最完备地结合和最高度地发展称为天才。天才是能力的独特结合，它使人能顺利地、独立地、创造性地完成某些复杂的活动。天才不是天生的，它离不开社会历史的要求、时代的需要。在特定的社会历史环境下，常常涌现出许多具有特定能力的天才人物。天才并不是什么天赋之才，而是在先天良好遗传素质的基础上，通过良好的环境影响和教育，再加上个人的勤奋努力逐渐形成的，正如爱迪生所说"天才是1%的灵感加上99%的汗水"。

2．能力的分类

1）按能力的活动领域，可以把能力分为一般能力和特殊能力

一般能力又称认识能力，就是我们平常所说的智力，是指完成各种活动都必须具备的能力。它由注意力、观察力、记忆力、思考力、想象力五个因素构成。其中，思考力是一般能力的核心，代表智力发展的水平。其他任何能力的发展和提高都和这种能力的发展分不开。特殊能力又称专业能力，是指在某种专业活动中表现出来的能力。它是顺利完成某种专业活动的心理条件。例如，画家的色彩鉴别力、形象记忆力；音乐家区别旋律曲调特点的能力、音乐表象与想象能力，以及感受音乐节奏的能力，均属于特殊能力。

一般能力和特殊能力紧密联系。一般能力是各种特殊能力形成和发展的基础，一般能力越发展，就越能为特殊能力的发展创造有利条件；特殊能力的发展同时能够促进一般能力的提高。在活动中，一般能力和特殊能力共同起作用。要成功地完成一项活动，既需要具有一般能力，又需要具有与该活动有关的特殊能力。

2）按能力的创造性，可以把能力分为模仿能力和创造能力

模仿能力又称再造能力，是指人们通过观察别人的行为、活动来学习各种知识，然后以相同的方式做出反应的能力。例如，学习绘画时的临摹，根据字帖仿效前人的书法，儿童在家庭中模仿父母的语言、表情，按照学习的数学定理来解决同一类型的题目等都是模仿。模仿不但表现为在观察别人的行为后立即做出相同的反应，而且在某些延缓的行为反应中表现出来。模仿是人和动物的一种重要的学习能力。创造能力是指在活动中创造出独特的、新颖的、有社会价值的产品的能力。它是成功地完成某种创造性活动所必需的心理条件。一个具有创造力的人往往能摆脱具体的知觉情境、思维定式、传统观念和习惯势力的束缚，在习以为常的事物和现象中发现新的联系，提出新的思想，产生新的产品。例如，科学发明、工具革新、小说创作、创造性地解决问题等。

模仿能力和创造能力紧密联系。创造能力是在模仿能力的基础上发展起来的，人们的活动一般总是先模仿，后创造。模仿是创造的前提和基础，创造是模仿的发展。模仿能力和创造能力又是相互渗透的，模仿能力中包含创造能力的成分，创造能力中也包含模仿能力的因素。

3）按能力的功能，可以把能力分为认知能力、操作能力和社交能力

认知能力是指人脑加工、储存和提取信息的能力。一般认为观察力、记忆力、注意力、思考力和想象力等都是认知能力。人们认识客观世界，获得各种各样的知识，主要依赖人的认知能力。操作能力是指人们有意识地调节自己的外部动作以完成各种活动的能力，如艺术表演能力、劳动能力、体育运动能力、实验操作能力等。社交能力是指人们在社会交往活动中表现出来的能力，如语言感染力、组织管理能力、决策能力、处理意外事故的能力等。这种能力对协调人际关系，促进人际交往和信息沟通有重要作用。

以上三种能力是相互联系的，操作能力和社交能力是在认知能力的基础上形成和发展起来的。同时，人们在操作和社交活动中，又进一步丰富和发展了认知能力。在有些实践活动中，只有这三种能力有机结合，活动才能顺利进行。

3．能力与知识和技能的关系

能力与知识和技能的关系密切，它们既有区别，又有联系。

1）能力与知识和技能的区别

一方面，能力、知识和技能属于不同的范畴。知识是对人类实践经验的概括和总结，属于经验系统。技能是指通过练习而获得的自动化的动作方式和动作系统，表现了一个人已经达到的成就水平。而能力是指顺利完成活动的心理条件，预示着一个人在活动中可能达到的成就水平。另一方面，知识和技能的掌握与能力的发展不是同步的，人的能力的发展要比知识和技能的掌握慢得多。通过掌握知识和技能而发展能力有一个从量变到质变的过程。人的知识在一生中可以随年龄增长而不断积累，逐渐丰富。但能力随着年龄的增长，表现为发展、停滞和衰退。

2）能力与知识和技能的联系

首先，能力是掌握知识和技能的前提。一个能力强的人较易获得某方面的知识和技能，付出的代价比较小，而一个能力弱的人可能要付出加倍的努力才能获得同样的知识和技能。其次，能力表现在掌握知识和技能的过程中。从一个人掌握知识和技能的速度与质量上可以看出一个人的能力大小，离开了人们掌握知识和技能的活动，能力就无从表现，也无从得到客观的鉴定。最后，能力是在知识和技能的基础上发展起来的。人们在掌握知识和技能的过程中同时发展了自己的能力。例如，人在观察自然与社会的过程中发展了观察力；在牢固掌握知识的过程中发展了良好的记忆力等。总之，能力是掌握知识和技能的前提，也是掌握知识和技能的结果。两者是相互转化、相互促进的。

明确能力与知识和技能的区别与联系，对人才的识别、任用和开发有重要意义。应明确知识和技能与能力的辩证关系，避免人才选拔与人才培养的片面性。应既重视传授基础知识和基本技能，又重视培养能力和其他个性品质，将个性品质的培养，尤其是能力的培养视为教育和培养人才的一项重要任务。

4．能力结构理论

能力结构理论是心理学家对能力的构成因素做出的系统性阐释。不同的能力因素构成了不同的能力类型。不同学者对能力因素及其结合方式的不同看法，形成了多种不同的能力结构理论。这里主要介绍几种影响较大的理论。

1）能力二因素论

能力二因素论是英国心理学家斯皮尔曼运用因素分析法对能力结构进行探讨，并于 1904 年提出的能力结构理论。他认为人的能力包括两种因素：一般因素（简称 G 因素）和特殊因素（简称 S 因素）；人在顺利完成某项任务时，必须既有一般能力，又有特殊能力，即能力=一般因素+特殊因素。其中，一般因素代表个人的一般能力，是一切智力活动的基础，显示个人能力的高低。特殊因素代表个人的特殊能力，是个人完成各种特殊活动所必备的能力。人要成功地完成任何一种活动，都需要一般因素和特殊因素的共同参与。能力结构中最重要的因素是一般因素。出现在某些专业活动中的一般能力形成特殊能力，即从事该专业的某项专业技术能力，又称职业能力。在特殊能力得到发展的同时，一般能力也在不断地提高。这一理论简单明确，为智力测验提供了理论依据。

2）多元能力倾向理论

多元能力倾向理论是由美国心理学家加德纳提出的。他认为能力的内涵是多元的，包括七种相对独立的能力。每种能力都是一个单独的功能系统，这些系统相互作用，产生外显的智力行为或天赋，常通过智商（IQ）衡量。心理学家塞斯顿也提出了类似的七种能力，如表 2-6 所示。

表 2-6 多元能力构成比较

加德纳的七种能力	塞斯顿的七种能力
语言能力	知觉速度
逻辑-数学能力	空间知觉
视觉-空间能力	推理能力
音乐-节奏能力	计算能力
身体运动能力	记忆能力
社交能力	语词理解
自知能力	语词流畅

其中，语言能力包括阅读、写文章或小说及日常会话的能力；逻辑-数学能力包括数学运算与逻辑思考的能力；视觉-空间能力包括认识环境、辨别方向的能力；音乐-节奏能力包括对声音的辨别与韵律表达的能力；身体运动能力包括支配肢体完成精密作业的能力；社交能力包括与人交往且与人和睦相处的能力；自知能力包括认识自己并选择自己生活方向的能力。

3）能力三维结构理论

能力三维结构理论是美国心理学家吉尔福特于 1959 年提出的。他认为能力是由内容、操作和产品三个心理向度构成的一个立体结构，如图 2-3 所示。能力的内容向度代表自变量，即能力活动的信息对象和材料，包括视觉的、听觉的、符号的、语义的、行为的五个成分。能力的操作向度代表中介变量，即能力的加工活动，包括记忆、认知、发散思维、辐合思维、评价五个成分。能力的产品向度代表因变量，即能力对信息材料加工的结果，包括单元、门类、关系、系统、转换、应用六个成分。能力活动就是人在头脑里加工（操作）客观对象（内容）以产生知识（产品）的过程。

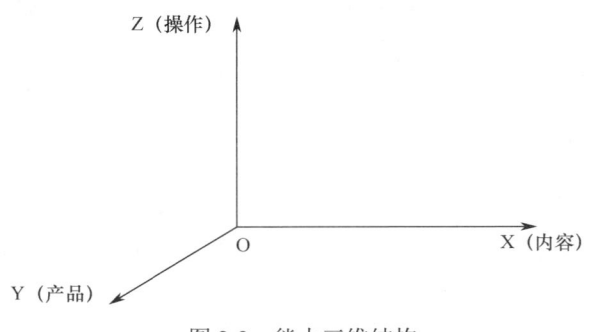

图 2-3　能力三维结构

2.5.2　能力的个体差异

1．能力发展水平的差异

个体在能力发展水平方面存在差异。在全部人口中，智力基本上呈正态分布。近期研究表明，智力分布曲线的两侧并不完全对称，智力低的一端范围较大（智力低的人比智力高的人略多）。这是因为人类智力除按正常的变异规律分布外，还有一些疾病可以损害大脑，导致智力低下。但是，智力是可以提高的，随着社会和科学的进步，智力高的一端范围将逐步扩大。

2．能力表现早晚的差异

1）人才早熟

人才早熟又称能力的早期表现或早慧，有些人在童年期就在某些方面表现出较高的能力水平。例如，诗人白居易五六岁就会写诗，骆宾王童年的诗作《咏鹅》流传千古。能力的早期表现固然缘于其良好的遗传素质基础，但也与环境的早期影响、家庭的早期教育和实践活动有密切关系。

2）中年成才

中年是创造发明的最佳年龄阶段，是人生的黄金时代。中年人年富力强、体格健壮、精力充沛、感知敏锐、少保守，既有较强的抽象思维能力和记忆力，又有较丰富的基础知识、实际经验和强烈的创新意识。美国心理学家莱曼认为，科学家、艺术家、作家成才的最佳年龄是 25～40 岁。有人调查了 325 位诺贝尔奖获得者，发现其中 301 人在 30～50 岁取得研究成果。一般认为，30～45 岁是人的智力最佳年龄阶段，峰值在 37 岁左右。

3）大器晚成

有的人能力表现较晚，即"大器晚成"。例如，齐白石在 40 岁才表现出绘画才能；李时珍在 61 岁才写出《本草纲目》；达尔文在 50 岁才开始有研究成果，写出《物种起源》；2019 年诺贝尔化学奖得主古迪纳夫当时已经 97 岁高龄，打破了诺贝尔化学奖最高龄纪录。

大器晚成的原因是多方面的。从主观看，可能是早期不够努力，后来加倍勤奋学习；从客观看，可能是环境没有及时提供学习和施展才能的机会，或者有些学科比较复杂，需要经过长期的努力奋斗才能取得一定成果。

3．能力的性别差异

能力差异在性别上表现明显。研究发现，一般来说，女性在知觉速度、语言理解、机械记忆、形象思维和模仿能力等方面有优势，而男性在空间想象、理解记忆、抽象逻辑思维和创造能力等方面有优势。

2.5.3 能力的形成与发展

能力是在先天遗传素质的基础上，通过后天的环境与教育，在学习与实践活动中逐渐形成与发展的。能力形成与发展的主要因素包括以下四个方面。

1）遗传素质

遗传素质是能力形成与发展的生理基础、自然前提和物质条件，为能力的形成与发展提供了某种可能性。遗传素质是人与生俱来的解剖生理特点，包括感觉器官、运动器官及神经系统的特性，特别是大脑的结构和机能。有了某方面的素质，就有了发展某方面能力的可能性。但是遗传素质只为能力的发展提供了可能性，它不能决定一个人能力发展的方向和水平。要把可能变为现实，还取决于后天的环境、教育和社会实践活动。

2）环境与教育

环境与教育是能力形成与发展的客观条件，规定能力形成与发展的现实水平。其中有三方面的影响尤为重要。

一是营养。营养是儿童智力发展的重要物质因素。在胎儿期和出生后，儿童的大脑和全部神经系统都处在迅速发展时期，因而营养状况直接影响着大脑的发育，缺乏营养的儿童缺乏好奇心和探索精神，记忆力差。因此，加强孕期和婴儿期营养供给是智力开发不可忽略的因素。

二是早期经验。在儿童成长的整个过程中，智力发展的速度是不均衡的。智力在早期阶段发展和变化非常迅速，而且对以后的发展影响重大，很可能在一定程度上影响着人一生的能力发展水平。苏联教育学家马卡连柯指出："教育的基础主要是在 5 岁以前奠定的，它占整个教育过程的 90%。"一般来说，生动的和社会性的刺激有益于儿童感知能力、思维能力和想象能力的发展，与成人交往频繁则有利于儿童语言的发展等。因此，应为儿童创造良好的家庭物质环境和心理环境，丰富其早期经验，促使儿童心理健康发展。

三是学校教育。学校教育是指在学校由专门从事教育工作的教师有组织、有计划、有目的地进行的一种培养人的社会实践活动。良好的学校教育对学生能力的发展起着主导作用，因为在教育活动过程中，学生在掌握知识和技能的同时发展了能力。例如，通过教学互动训练，学生的思维和语言能力都有明显提高。"严师出高徒"也说明了教育、训练对能力发展的重要作用。

3）社会实践活动

人的各种能力是在社会实践活动中最终形成的，社会实践活动在儿童智力发展中起决定作用。恩格斯指出："人的智力是按照人如何学会改造自然界而发展的。"因此，环境与教育的作用不是机械地、被动地被人接受，它对人产生作用必须通过人本身的实践，人的能力正是在实践中形成与发展起来的。活动和劳动是能力形成与发展的基本途径。活动和劳动本身要求具有相应的能力，因此同时提供了发展相应能力的机会。实践的性质不同，广度与深度也不同，就形成了各种不同的能力。

4）自我效能感和个性品质

自我效能感是个人对自己从事某项工作所具有的能力的主观评价和确信，它是深刻影响能力发展的一个重要的主观因素。自我效能感强者坚信只要努力，能力就能发展；自我效能感弱者常错误地估计自己的能力，只注意自己的不足，过分焦虑，觉得自己无力改变现实，能力难以发挥。优良的个性品质是能力发展的重要心理因素，现在也常被称为自我管理能力、适应能力或非智力因素。许多研究表明，远大动机、浓厚兴趣、顽强意志和坚强性格等是促进能力发展的重要条件。

2.5.4 能力在人力资源管理中的应用

有知识并不等于有能力，能力差异的原因之一是缺乏实际锻炼。不同的人可能具有相同的知识，但能力不一定相同。因此在人力资源管理中应注意以下几点。

（1）在人员选拔与任用环节，要做到量才适用、人尽其才。人力资源管理者研究员工能力的差异，目的是掌握员工各自的能力特点，合理选拔和使用人才。一个人所具有的能力低于实际工作要求的水平，就会表现出"无法胜任"，会感到力不从心，影响工作效率，其后果是带来极大的损失。反之，一个人所具有的能力高于实际工作要求的水平，客观上是"大材小用"，会表现出个人不满现状、感到工作乏味，导致工作效果不佳，造成人力资源的浪费。只有注重职能相称、能级对应，才能保证在把工作做好的同时，使每个人得到充分表现和自我成长。

（2）根据能力差异因材施教，培养员工。人力资源管理者同时是教育者，担负着培养下属或团队，并引导其不断成长的职责。首先，管理者要充分认识并发现个体差异。在能力发展上每个人不可能齐头并进，但任何个体都有其潜在的能力和独特之处。管理者可以通过观察、测验等方法了解不同人员在智力、特殊能力及创造力等方面的差异，从而因材施教。其次，管理者不应忽视或歧视在某些能力方面有缺陷的成员，任何人都有发展某种能力的可能性，要鼓励他们树立信心，扬长避短。因此，在能力的培养上，管理者既要一视同仁，又不能平均对待，应采取适当的方法长其善而救其失，使每个人都能在原有基础上得到更好的发展。

（3）在能力测评与考核中，要全面、科学地考察员工。对员工进行录用和考核时，应既考察其知识和技能，又考察其潜在能力。目前，很多组织把业务知识考核与技术操作考核的成绩作为招聘录用的唯一标准，这显然是不全面的。业务知识或技术操作的考核只代表一个人已经掌握的部分知识或技能的水平，并不等于一个人所具有的能力，更不等于一个人的内部潜力。所以，要克服这种片面性的做法，对人的能力进行全面了解，在选用员工时，既要看"文凭"，也要看分析问题、解决问题的能力和组织协调能力，还要考察工作绩效。一个能力强的人善于考虑工作效率和效果，在工作中有创新精神。只有综合考察，才能对一个人的能力做出全面、客观的判断，降低人事决策风险。

（4）在构建员工梯队和团队时，注重能力适当搭配与互补相容。将不同能力的员工按照工作要求进行适当搭配，保证员工技能互补和相容，不仅可以高效完成工作，而且有利于能力弱的员工向能力强的员工学习，进而提高能力。

总之，用人问题一直是组织成败的关键。人力资源管理者一定要在实际工作中掌握科学的方法，知人善任，合理用人，不断提高组织人力资源管理水平。

章节测验

1．选择题

（1）（单选题）表现为人对现实的态度和习惯化的行为方式的较为稳定的心理特征是（　　）。

A．气质　　　　　　B．性格　　　　　　C．能力　　　　　　D．兴趣

（2）（单选题）具有不爱与人交往、孤僻、多愁善感、富于联想等特征的人属于（　　）。

A．胆汁质　　　　　B．多血质　　　　　C．黏液质　　　　　D．抑郁质

（3）（多选题）性格具有复杂的心理结构，由相互依存的（　　）四个方面特征构建而成。

A．态度　　　　B．独立　　　　C．情绪　　　　D．认知　　　　E．意志

（4）（多选题）根据差异心理学的研究，个体之间的差异主要表现在（　　）。

A．心理过程　　　　B．心理状态　　　　C．个性心理　　　　D．外貌形体

（5）（单选题）以下判断正确的是（　　）。

A．性格类型有社会评价意义，有好坏之分

B．智力是一种特殊能力

C．兴趣是个性心理中对职业成就及方向影响较小的一部分

D．抑郁质气质类型的人思想刻板、内向、孤僻，因此这是一种不好的气质类型

2．简答题

（1）简述职业兴趣理论的内容。

（2）不同气质类型有何不同表现？

（3）简述性格的基本结构特征和类型。

（4）影响能力发展的因素有哪些？

实训练习

心理实验：能力差异及测试

通过小组合作学习，完成心理实验。实验前做好准备，包括心理学仪器及使用说明书的检查与整理，提前做好实验分组并准备好实验报告模板，按小组人数做好仪器分配和摆放。运用学校心理学实验室仪器（或软件）分别进行多项能力测试实验，如注意分配实验、注意力集中能力测试、反应时长测试、双手协调能力测试、光亮度辨别实验、多项反应时测定、动觉方位辨别实验、空间位置记忆广度测试等。注意观察和分析个体能力对工作绩效（或学习成绩）的影响，并填写实验报告模板。

要求：

（1）学生以小组为单位，每组5~6人，每组选择1~2台心理学仪器完成相应的能力

测试任务。收集并记录个体能力差异及其变化数据，分析个人的注意力、肢体协调能力、反应速度和准确性、空间知觉能力的变化规律。

（2）探索、预测个体能力与工作绩效（或学习成绩）的关系；选择一个研究主题，如注意力与网络工程师（或其他能力与其他岗位任职者）工作绩效的相关性研究等，收集相关文献，进行初步研究设计，可作为学年论文的前期准备。

（3）撰写一份实验报告，包括实验名称、实验仪器、实验目的、实验步骤、实验结果等内容。

第 3 章

人-职匹配理论与工作分析心理

【学习目标】
- 掌握人-职匹配理论的基本内容;
- 了解工作设计中的人性假设理论;
- 熟悉工作分析的作用;
- 了解工作分析的内容和程序;
- 理解工作分析中常见的心理问题。

【关键词】
特质-因素论　人格类型理论　工作设计　"经济人"　X 理论　"社会人"
"自我实现人"　Y 理论　工作分析　工作说明书　心理图示法　反馈效应　霍桑效应

引例

竞聘上岗前的准备

某银行为了推行全面的人力资源管理改革方案,决定对管理人员实施竞聘上岗,也就是在全银行公开岗位信息,符合基本条件的人员均可报名参加竞聘。

现在的主要问题是,首先,原有的岗位职责说明书有很多含糊的地方,出现职能重叠和空档,急需更新和修正。其次,新行长刚上任三个月,对于每个管理部门的职能要求并不能全面把握,对中层管理干部不够熟悉,无法准确判断每个人的才能。如果只采用竞聘演说加上提几个问题的方式,据此做出人事调整决策的风险就太大了。最后,部分员工对传统的竞聘上岗存在偏见,认为竞聘就是一个领导"说你行你就行,不行也行;说你不行你就不行,行也不行"的过场。如果不能在竞聘过程中建立公平的用人机制,人力资源管理改革方案就将流于形式,形同虚设。因此,为了推行全面的人力资源管理改革方案,必须首先进行工作分析。

引例中的银行应如何实施工作分析?针对员工的偏见,人力资源管理部门在进行工作分析时应注意哪些问题?

人与事(工作)的配合要经过工作分析和人员分类,使人与事互相发展,才能达到事得其人、人尽其才、才适其职、人事相宜的目的。因此,"因事择人"成为人力资源管理的第一准则。如果企业不能科学分析和详尽描述各种职务的工作规范和任职资格,就不清楚未来员工应该具备什么样的能力，什么样的员工具有更大的发展潜力，员工也不知道应如何有效工作才能达到组织的要求。只有了解工作，全面分析和研究工作（职务）的特性及所需技能，才可以了解工作对人的不同要求，掌握工作规范和评价标准。

3.1 人–职匹配的心理学基础

3.1.1 人–职匹配理论概述

人–职匹配理论认为，个体差异普遍存在于个人心理与行为中，每个人都有自己独特的能力模式和人格特质。不同职业对个体有不同的要求，人们在寻找工作或进行职业决策（如选拔、安置、职业指导）时，应根据自己的个性特征选择与之相适应的职业种类，以实现人与职业的匹配。这一理论强调人的个性差异，其心理学依据是人格特性论，匹配过程包括个性分析与测验、职业因素分析、个性与职业因素相匹配三个步骤，即通过个人分析与工作分析及二者的结合，使职业决策取得较好的效果，使个人能够选择较为合适的职业，进而实现"人"与"事"（工作）的合理配置，使个体在充分发挥潜能的同时最大限度地提高工作效率。具有代表性的人–职匹配理论有如下两种。

1. 特质–因素论

特质–因素论（Trait-Factor Theory）可追溯到 18 世纪的官能心理学研究，直接建立在帕森斯关于职业指导三要素的思想上，并由美国职业心理学家威廉斯发扬光大。该理论认为每个人都有自己独特的人格特征与能力模式，并与社会的某些特定职业要求相关。每个人都有与其相适应的职业，人人都有选择职业的机会。

帕森斯提出的职业指导过程由以下三步（要素）组成。

第一步是评价求职者的生理和心理特点。通过心理测量及其他测评手段，获得有关求职者的身体状况、能力倾向、兴趣爱好、气质与性格等方面的个人资料，并通过会谈、调查等方法获得求职者的家庭背景、学业成绩、工作经历等全面资料，做出综合评价。

第二步是分析各种职业对人的要求，并向求职者提供有关职业信息。这些信息包括：①职业的性质、工资待遇、工作条件及晋升的可能性；②求职的最低条件，如学历要求、所需的专业训练、身体要求、年龄、各种能力及其他心理特点的要求；③为准备就业而设置的教育课程计划，以及提供这种教育的机构、学习年限、入学资格和费用等；④就业机会。

第三步是人–职匹配。指导人员在了解求职者的特性和职业的各项指标的基础上，帮助求职者进行比较分析，以便选择一种既适合其个人特点又有可能取得成功的职业。

特质–因素论强调个人具有的特性与职业需要的素质与技能之间的协调和匹配。为了对个体的特性进行深入、详细的了解，特质–因素论十分重视个性测评的作用，可以说，特质–因素论是以个性测评为前提，并结合科学的工作分析进行职业指导的。它提出了职业决策中进行人–职匹配的基本思想，推动了个性测评在人员选拔与指导领域的应用和发展。

2. 霍兰德人格类型理论

美国职业心理学家霍兰德于 20 世纪 60 年代创立的"人格类型理论"是在特质–因素论的基础上发展起来的。该理论一方面源自人格心理学中人格类型的概念，认为职业选择是个人人格的延伸和表现，个人行为是人格与环境交互作用的结果；另一方面源自霍兰德本人的职业咨询经验，他经过大量实践研究和探索，形成了一套系统的职业指导模式。霍兰德的人格类型理论是一种人格-职业匹配理论，其核心内容在于对人格与职业类型的划分及对两者关系的阐述。

1）四项核心假设

关于人格与职业类型的关系，霍兰德提出了以下四项核心假设。①大多数人的人格可以被归纳为六种类型：现实型、研究型、艺术型、社会型、企业型和传统型，这六种类型按照一个固定的顺序可排成一个六边形（RIASEC），如图3-1所示。每个特定类型的人都会对相应职业类型感兴趣。②在我们的社会环境中有六类职业：现实型、研究型、艺术型、社会型、企业型和传统型，同样，这六类职业也可排成一个六边形（RIASEC）。③人总是在寻找适合个人人格类型的环境，锻炼相应的技巧与能力，从而表现出各自的态度及价值观，扮演类似的角色，并寻找能充分施展其能力与价值观的职业环境。④一个人的行为表现，是他的人格与其所处环境交互作用的结果。

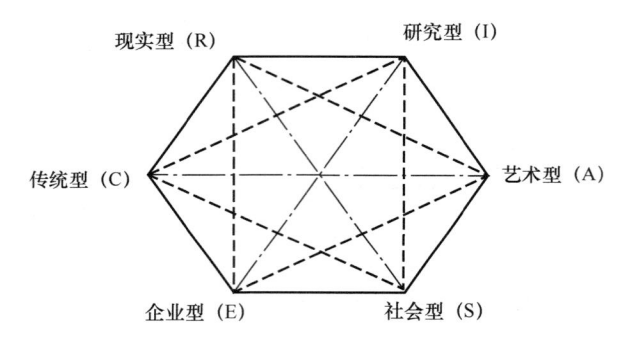

图3-1 霍兰德人-职匹配

在上述假设基础上，霍兰德提出了人格类型与职业类型模式，不同的人格类型需要不同的生活和工作环境。人格类型与职业类型的匹配程度及适应性的高低，可以预测个人的职业满意度、稳定性及职业成就。

2）六种人格类型

霍兰德在《职业决策》一书中描述了以下六种人格类型的特征及相应职业。

（1）现实型（Realistic），又称实际型。其基本人格倾向是喜欢与物（如工具、器械、仪表等）打交道，不爱与人打交道；擅长需要基本操作技能的工作，缺乏社交能力。典型职业包括技能性职业（如一般劳工、技工、修理工等）和技术性职业（如制图员、机械装配工等）。

（2）研究型（Investigative），又称调查型。具有聪慧、理性、好奇、精确、批评等人格特征，喜欢解决抽象理论问题、独立定向的研究任务等，但缺乏领导才能。典型职业包括科学研究人员、工程师等。

（3）艺术型（Artistic）。具有想象、冲动、直觉、无秩序、情绪化、理想化、有创意、不重实际等人格特征，喜欢艺术性的职业和环境，不擅长事务工作。典型职业包括艺术方面的（如演员、导演、艺术设计师、雕刻家等）、音乐方面的（如歌唱家、作曲家、乐队指挥等）与文学方面的（如诗人、小说家、剧作家等）。

（4）社会型（Social）。具有合作、友善、助人、负责、圆滑、善社交、善言谈、洞察力强等人格特征。喜欢社会交往，关心社会问题，有教导别人的能力。典型职业包括教育工作者（如教师、教育行政工作人员）与社会工作者（如咨询人员、公关人员等）。

（5）企业型（Enterprising），又称事业型。喜欢领导及类似性质的职业，具有独断、自信、精力充沛、善社交等人格特征。典型职业包括政府官员、企业领导、销售人员等。

（6）传统型（Conventional），又称常规型。具有顺从、谨慎、保守、实际、稳重、有效率等人格特征，喜欢有系统、有条理的工作。典型职业包括秘书、办公室人员、办事员、会计、行政助理、图书馆员、出纳员、打字员、税务员、统计员、交通管理员等。

根据霍兰德的人格类型理论，在职业决策中最理想的状况是个人能够找到与其人格类型重合的职业环境。一个人在与其人格类型一致的环境中工作，容易得到乐趣和内在满足，最有可能充分发挥自己的才能。由此霍兰德提出了人–职匹配，如图3-1所示。一个人选择了与个人的人格类型一致的职业类型，即协调；选择了与个人的人格类型相近或相关的职业类型，可以经过努力适应该类职业，即次协调；选择了与个人的人格类型相斥的职业类型，则难以热爱工作、适应工作，即不协调。例如，现实型的人需要现实型的环境或职业，因为只有这种环境或职业才能给予他所需要的机会与奖励，这种情况称为协调；人格类型与环境不协调，则该环境或职业无法提供与个人的能力与兴趣相匹配的机会与奖励。

每个人根据自己的人格类型，都有特定的职业兴趣与学习方向。如果确定了个人的人格类型，就能确定个人的职业方向。为了确定人格类型，霍兰德也编制了一套职业适应性测验（The Self-Directed Search，SDS）来配合其理论。他创立的人格类型理论对人才测评的发展产生了重要影响。

3.1.2 工作设计的心理基础

1. 工作设计理论

工作设计就是根据组织需要和个人需要，规定某工作的任务、责任、权力及在组织中与其他职务关系的过程。工作设计的结果就是形成工作规范和任职资格，其实质是对现有工作规范的认定、修改或对新工作的完整描述。工作设计的好坏对工作绩效有直接影响。

1）工作设计的内容

工作设计的内容主要包括以下五个方面。

一是工作内容，包括确定工作一般性质的几个维度，主要有多样性、自主性、复杂性、难度与整体性（做一件工作的全部过程）。

二是工作职能，指做每件工作的基本要求与方法，包括工作责任、工作权限、信息沟通方式、工作方法及协作要求。

三是工作关系，指个人在工作中发生的人与人的关系，包括在工作中与他人相互联系及交往的范围、建立友谊的机会，以及工作班组集体工作中的相互协作和配合要求。

四是工作结果，指工作的绩效与效果，包括完成工作任务需达到的具体标准（如产品的产量、质量和效益等），以及员工对工作的感受与反应（如工作满意度、出勤率、缺勤率和离职率等）。

五是结果反馈，包括两个方面：一是对工作本身的直接反馈；二是别人对工作的间接反馈，如同事、上级和下级对工作的评价。

2）工作设计的作用

传统管理者把重点放在工作的人上，职务被看作不可改变的固定物。而工作设计打破了这个传统，以这样的假设为基础，即工作本身对员工的满意感和生产率有较大影响，从而改变了员工和职务之间的关系，使科学管理进入了新的领域。工作设计不是试图首先改变态度，而是假定在工作得到适当的设计后，积极的态度就会随之而来。因而，工作设计有利于培养员工的积极态度，重新赋予工作以乐趣；有利于改善人际关系，发挥个人的才能，提高组织效率，并符合组织的总体目标。

尽管人们在设计工作时要充分考虑工作的内容、职能、关系、结果及结果反馈等要素，但也有学者注重研究工作任务的特征，并试图找出这些特征与员工激励、员工满意度、员工绩效之间的关系。于是，他们提出了一套研究方法，以评价不同种类的工作对员工满意度和缺勤情况的影响。在这些研究的基础上，哈克曼与欧德哈姆以技能多样性、任务完整性、工作重要性、工作自主性、工作反馈五个核心任务为维度，建立了工作特征模型（见图 3-2）。从该模型可以看出，前三个维度即技能多样性、任务完整性和工作重要性三者相互结合，产生了工作意义。当了解到工作活动结果、体验到工作责任，并在其喜欢（工作有意义）的工作方面干得很好时，员工就能得到内在激励。这三种关键心理状态出现的机会越多，员工的工作动力、工作绩效、工作满意度就越高，其缺勤率、离职率就越低。

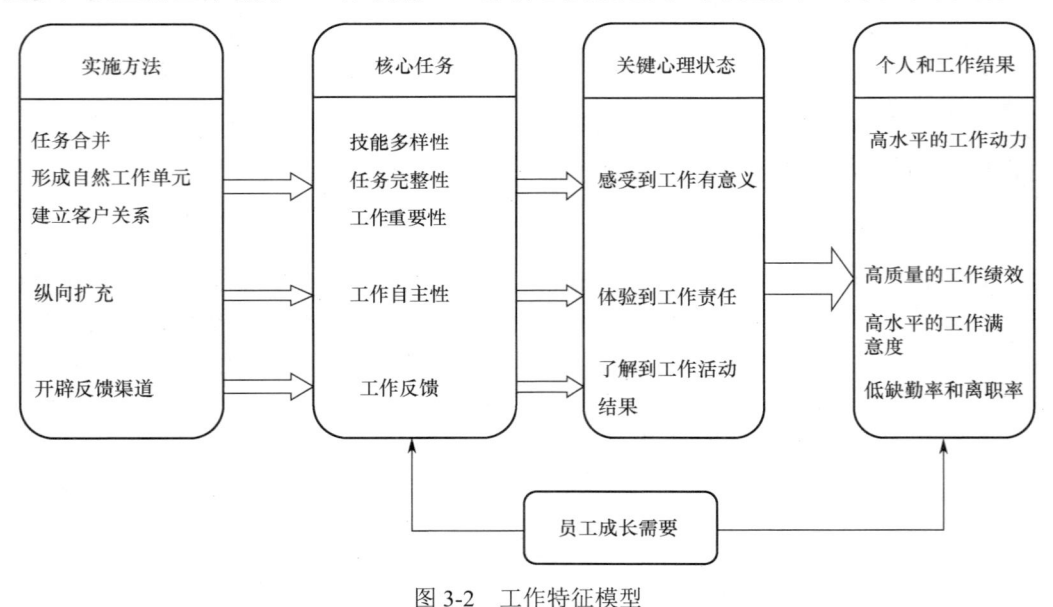

图 3-2 工作特征模型

3）现代工作设计方法

回顾工作设计的发展过程，从泰勒提出的工作专业化方法，到管理者采取的工作轮换和工作扩大化等方式，都只是暂时缓解员工对简单重复工作的单调感和厌烦情绪，并没有从根本上改变员工对工作的感受。要想真正消除员工的不满和厌烦，还需要借助现代的工作设计方法。

（1）工作丰富化。其理论基础是赫兹伯格的双因素理论，即通过增加工作本身的挑战性、自觉性、责任和成就感等激励因素，提高人们对工作的积极性，以获得更好的工作成绩和效果。工作丰富化是纵向扩大工作范围，即向工作的深度扩展的工作设计方法。这种方法比向工作的广度拓展的工作设计方法更深刻，主要聚焦于改造工作本身的内容。

（2）工作特征的再设计。首先，从需求的角度看，工作特征的再设计分为两大类，即包括自尊、地位和自我实现在内的高级需求的工作设计，以及包括安全、有保障及社交需求在内的低级需求的工作设计。一些员工可能要求满足低级需求，他们会积极地寻找常规性的工作；另一些员工却以获得有挑战性、能更多地提供个人成长和进步机会的工作为目标。所以，工作特征的再设计是针对员工的不同需求进行不同层次的工作设计。一般来说，当一个员工具有下列心理状态时，就会得到高层次的满足：感到他在负责一件有意义的工作，并有一定的工作自主权；感到工作很有价值，能独立完成工作，并运用多种技能；能了解工作的结果，使本组织或社会看到这种价值。

其次，从影响范围的角度看，工作设计的范围直接影响员工需求的满足程度和工作成果。激励潜力最高的工作，关键心理状态一定也是最高的。如果工作中有一个或多个关键心理状态缺失，则可以预料到个人工作成果也必然是低水平的。因此，工作特征再设计的范围包括：①任务合并。把高度专业化的各项工作结合在一个大的工作单元中。例如，银行出纳工作实行组合后，就不仅仅是办理一项或几项业务，而是对众多顾客负责任。这样可以提升工作的多样性和完整性。②形成自然工作单元。员工连续地对整体工作负责，如企业的销售人员不是销售一种产品，而是负责把企业全部产品销售给特定的顾客。这样可以增加工作的完整感和重要感。③建立客户关系。这样可以进一步增加工作的满意感，提升组织工作成效。④纵向扩充。在执行任务时赋予员工更大的自主权和责任，如自主制订工作计划，决定工作方法，检查工作质量，安排工作进度，培训工人等。⑤开辟反馈渠道。给员工更多的机会，使其了解自己的工作结果。

2．人性假设理论

所谓人性假设，就是指管理者对被管理者的需要、劳动态度和工作目的的基本估计，即对劳动者追求什么的基本看法。在管理活动中，只有了解人性，才能以人为本，也只有意识到人的作用，才可能真正开始人性化管理。因此，管理者必须了解关于人性的基本思想和观点。西方管理学界出现了四种不同的人性假设："经济人""社会人""自我实现人"和"复杂人"。由于对人性的假设不同，相应的管理措施也不同，出现了 X 理论、人际关系理论、Y 理论和权变理论等。

1）"经济人"假设与 X 理论

"经济人"假设是西方管理思想形成初期的一种人性假设。它认为人的一切行为都是为了最大限度地满足自己的私利，人都要争取最大的经济利益。经济诱因引发工作动机，因而人在组织中是被动地受组织操纵、激发和控制的。

美国工业心理学家麦格雷戈在《企业的人性面》一书中，基于比较的需要，对以"经济人"假设为基础的传统观点进行了概括，称为 X 理论。其主要内容为：①一般人天生懒惰，厌恶工作，总是尽可能少干工作；②多数人都没有雄心壮志，无进取心，不愿负责任，宁愿接受他人指挥和管理；③人生来以自我为中心，对组织的要求与目标漠不关心；④人是缺乏理性的，本质上不能自律，但又容易受他人影响。因此，对大多数人必须实行强制、控制和指挥，并以惩罚相威胁，才能使之为实现组织目标做出充分的贡献。"经济人"假设和 X 理论导出的管理方式如下。

第一，以经济报酬换得员工的工作效率和服从，对消极怠工的行为进行严厉的惩罚，以权力或控制体系来保护组织本身和引导员工。

第二，管理的重点是提高劳动生产率，完成工作任务。

第三，制定严格的工作规范，加强规章制度管理。

第四，组织目标的实现程度取决于管理人员对员工的控制程度。

在 20 世纪初期，以"经济人"假设为基础的科学管理理论的运用极大地提高了劳动生产率。据估算，仅实行计件工资制一项，就至少使当时的劳动生产率提高了 25%。科学管理思想在西方企业管理和人事管理的发展中具有极为重要的指导意义。尽管其对人性的分析失之偏颇，忽视人的情感需求，受到过人们激烈的批评，但是，其中的一些原则和方法仍作为公认的科学，在现代企业管理和组织的人事活动中沿用和发展。

2）"社会人"假设与人际关系理论

"社会人"假设认为人不仅有经济利益的需求，而且有社会方面的需求。人在工作中得到的经济利益对于调动其积极性只具有次要意义，人最重视的是在工作中与周围人的友好相处。良好的人际关系是调动人的工作积极性的决定性因素。

20 世纪二三十年代，大量研究结果证实，组织成员的动机、需要与期望并不符合理性"经济人"的假设。由哈佛大学的梅奥教授等人主持的霍桑实验进行了一系列人际关系方面的实验性研究。这些实验使人们注意到，社会性需求的满足往往比经济报酬更能激励员工。根据实验结果，梅奥提出了"社会人"假设及人际关系理论，其要点是：①人是社会的人，影响生产积极性的因素，除物质条件外，还有社会和心理因素；②生产率的提高或降低主要取决于员工的"士气"，而"士气"则取决于家庭和社会生活，以及组织中人与人之间的关系；③组织中存在某种"非正式群体"，这种无形的组织具有特殊的规范，影响着群体成员的行为；④管理者在了解合乎逻辑的行为的同时，还必须了解不合乎逻辑的行为，要善于倾听员工的意见，沟通看法，使正式组织的经济需求与非正式组织的社会需求取得平衡。以"社会人"假设为基础的人际关系理论主张采取的管理方式如下。

第一，管理者应将重点放在关心员工、满足员工的需求上。

第二，管理者不能只注重指挥、监督、计划和控制，而应更重视与员工之间的关系，培养员工的归属感及整体感。

第三，提倡集体奖励制度，不提倡个人奖励制度。

第四，增强管理者的联络沟通职能。

在"社会人"假设及相关理论基础上，现代管理学支柱之一的组织行为学于 20 世纪 50 年代形成。在人的管理方面，组织行为学强调，不仅要依靠一定的规章制度和组织形式，而且要保持组织对其成员的吸引力，培养并保持组织成员的责任感、成就感、事业心及集体精神和高涨的士气。

3)"自我实现人"假设与Y理论

"自我实现人"又称"自动人",是美国心理学家马斯洛首先提出的一种人性假设。自我实现是指个人才能得以充分展示和发挥、个人理想与抱负得以实现,以及人格趋于完善。这种假设认为自我实现是人的最高层次的需求,只有使每个人都有机会将自己的才能发挥出来,才能最大限度地调动人的积极性。

麦格雷戈总结并深化了"自动人"假设,结合管理问题提出了Y理论,认为:①一般人都是勤奋的,只要环境条件合适,人就是乐于工作的;②人对工作的态度取决于对工作的理解和感觉;③人在工作中具有自我指导和自我控制的愿望和能力,外来的控制和惩罚不是驱使人们工作的唯一手段;④大多数人都具有相当程度的想象力、独创性和创造力,只要不为外界因素所指使和控制,这种想象力、独创性和创造力就会正常发挥;⑤在现代工业条件下,一般人的潜力只利用了一部分,在适当条件下,一般人都能主动承担责任。根据Y理论,现代组织应采取的管理方式如下。

第一,尽量使工作富有意义和挑战性,使人们从工作中得到满足和自尊。

第二,管理者的主要职责是创造一个允许和鼓励每位员工都能从工作中得到内在奖励的工作环境,让员工自我激励,使个人需要与组织目标自然、和谐地统一起来。

与"经济人"假设及其理论过分强调金钱刺激、物质激励,重视"外在激励"不同,"自我实现人"假设提倡"内在激励",其关注的焦点不是工作的外部条件,而是工作本身,是工作本身能否使员工产生兴趣,使其在工作中取得成就,以发挥个人潜力,满足其求知、自尊和自我实现的需要。显然,内在激励比外在激励更深刻、更持久。近年来,在发达国家方兴未艾的"工作特征的再设计""工作丰富化"及企业内的民主参与制度、自我培训计划等措施,都是通过满足员工的高层次需要来调动其工作积极性的具体体现。

4)"复杂人"假设与权变理论

"复杂人"假设是针对"经济人""社会人""自我实现人"假设的局限性而提出的一种人性假设。它认为人是复杂的。差别不仅因人而异,而且同一个人在不同年龄、不同地位、不同时间、不同地点会有不同的行为、动机和需求。基于这一假设形成了超Y理论,即权变理论。这种理论认为:①人们是怀着多种不同的需要参加工作的,一个人在不同单位、不同部门工作时,其工作动机和个人需要也可能不同,不同的人对管理方式有不同的要求,企业管理方式要根据企业的内外条件随机应变;②不存在适合任何人、任何情境的行之有效的管理模式;③一个人的需要能否得到满足,取决于其自身的动机结构及其与组织的关系。针对人的这种复杂性,权变理论采取的管理对策如下。

第一,采用不同的组织形式提高管理效率。

第二,了解组织成员的能力、动机及其差异,及时发现问题,根据差异解决问题,并采取弹性、应变的领导方式。

第三,为适应不同人的不同情况,管理者行为应做出相应改变和调整,采取灵活多变的管理方式及奖励方式。

这些人性理论在怎样看待人的本质和企业中的员工等问题上启示我们,管理的方法应因人而异、因任务而异。由于人的成熟程度、需要层次和能力随着生产的发展、思想文化教育及生活水平的提高不断发展,管理方式也要相应变化。管理者应当努力创造条件,合理安排分工,使更多的人在工作中充分发挥聪明才智,以获得内在满足。

3.2 工作分析的作用与内容

3.2.1 工作分析的基本含义

工作分析又称职务分析,是通过观察和研究,全面收集、分析与工作岗位有关的信息,以确定工作的职责、内容,以及具备什么素质的人可以胜任该工作的过程。工作分析的结果是形成工作说明书,目的是达到人-职匹配。

为了实现这一目的,国外心理学家从人力资源管理的角度出发,提出了工作分析的公式,即"6W1H"模式:①Who,谁来完成这项工作(用什么样的人);②What,这项工作具体做什么事情;③When,工作时间;④Where,工作地点;⑤Why,为什么工作(工作的意义是什么);⑥Whom,为谁工作;⑦How,如何开展工作。

3.2.2 工作分析的作用

工作分析是一种应用广泛的通用性方法,可用于解决不同领域的很多实际问题及学术问题,目前主要应用于以下领域。

(1)工作分类。工作分析的最初目的是对工作进行分类,即根据工作的经济价值、特殊性及不同工作层次人员的健康状况,按不同要求进行工作分类,为组织结构设计和人事管理等工作提供依据。

(2)工作设计与劳动管理。当工作效率不理想时,要通过工作再设计来提高工作效率,就必须获得与现有工作相关的信息。工作分析可以发现工作或劳动中存在的问题,并设法改进,如减轻劳动负担,改善工作设施及环境,防止职业病的发生或减轻其不良影响,加强劳动保护与安全,以保持和提高工作效率。工作分析还可以应用于劳动管理方面,为工作程序设计、工作事故研究、工作安全分析、工作设备选择等提供必要的信息,如劳动时间、轮换制度、休息时间的安排及休假规定等。

(3)人力资源管理领域。工作分析对工作时间、工作行为方式进行分析,决定工作任务的时间分配和工作内容;决定采用何种有效的激励方式;决定如何促进生产线上工人之间的配合及协调。工作分析提供的有关工作岗位、人员技能水平要求的信息,可以使人力资源规划更加科学,以制订人员补充与人员发展计划;可以为有效招聘、绩效考核提供客观依据和具体标准;可以为科学设计员工培训方案提供指导信息;可以为制定员工薪资待遇标准等提供客观依据。

(4)职业卫生研究与员工心理保健领域。近年来,工作分析已开始应用于职业卫生研究领域,为展开职业分类,评价工作中的压力因素、劳动者的紧张反应与工作能力的关系提供帮助,为进行职业评价、职业咨询和指导、职业培训与开发等工作提供依据,并对深化员工心理保健研究具有重要的指导意义。

总之,工作分析是提高人力资源管理工作质量的一项基础工作。只有进行科学的工作分析,合理进行人与事(工作)的匹配,做到以"事"为中心、因"事"择人,才可能实现人尽其才、才适其职、人事相宜,否则,组织在职权分配、人员升迁及培训等方面就可能出现问题和隐患。西方国家在 20 世纪 20 年代已开始重视此项工作,在 20 世纪 40 年代已经有 75%的大公司采用了工作分析。现在，工作分析已作为一项重要的人力资源管理职能，成为组织和人力资源管理科学化、现代化的标志之一。

3.2.3 工作分析的内容

工作分析的内容取决于工作分析的目的与用途。不同阶段、不同组织的工作分析的内容和侧重点是不一样的。一般来说，工作分析包括两个方面的内容：确定工作的具体特征；找出工作对任职人员的各种要求。前者称为工作描述，后者称为工作规范。

1．工作描述

工作描述具体说明了工作的物质特点和环境特点，主要包括职务名称、工作活动和工作程序、工作条件和物理环境，以及社会环境、聘用条件等方面。职务名称指组织对工作活动规定的名称或代号，以便对各种工作进行识别、登记、分类，以及确定组织内外的各种工作关系。工作活动和工作程序包括要完成的工作任务、工作责任、使用的原材料和机器设备、工艺流程、与其他人的正式工作关系、接受监督及监督的性质和内容。工作条件和物理环境包括工作地点的温度、光线、湿度、噪声、毒物、安全条件、地理位置、室内或室外等。社会环境包括工作群体的人数、工作要求的人际交往的数量和程度、各部门之间的关系、工作地点内外的文化设施、社会习俗等。聘用条件包括工作时数、工资结构、支付工资的方法、福利待遇、职务在组织中的正式位置、晋升的机会、工作的季节性、进修的机会等。

2．工作规范

工作规范又称职务要求，说明从事某项工作的人员必须具备的一般要求、生理要求和心理要求。一般要求包括年龄、性别、学历、工作经验。生理要求包括健康状况、力量与体力、运动的灵活性、感觉器官的灵敏度。心理要求包括观察能力、集中能力、记忆能力、理解能力、学习能力、解决问题能力、创造性、语言表达能力、数学能力、决策能力、气质、性格及兴趣爱好等。

3.3 工作分析的实施与员工心理

3.3.1 工作分析的阶段

工作分析是一项技术性很强的工作，需要做周密准备，同时配合全面、细致的评价过程，一般分为三个阶段：准备阶段、调查阶段和分析汇总阶段。

1．准备阶段

准备阶段的任务是熟悉情况、建立联系和确定工作分析的样本。在这一阶段应主要完成以下工作。

（1）根据工作分析的目的及各种限定条件，制订一份行之有效的工作分析计划。

（2）了解情况，确定工作分析对象的样本，同时判断样本的代表性。

（3）深入现场，通过参与活动、调查研究等途径熟悉环境和工作过程，并向有关人员宣传、解释。特别要熟悉劳动者的工作状况，与其建立友好、和谐的关系，使其做好心理准备。

（4）把劳动者的整个生产过程分解成若干工作元素和环节，确定工作的基本难度。工作元素总体分为机器控制元素和人工控制元素两大类，每类又可依活动性质和连续性分解为若干元素。例如，车工的操作活动可分解为"定料""看图""上料""检查"等元素。

2. 调查阶段

调查阶段的任务是对整个工作过程和工作环境等方面进行正式的研究和调查。在调查阶段，应灵活运用访谈、问卷、观察和关键事件法等工作分析方法，广泛深入收集与工作特征和要求有关的数据资料，包括该工作的工作条件、应用设备、工具、操作特点、训练时间、判断难度、安全条件、体力消耗、身体姿势（坐、站、弯腰）等方面的特性，尤其应注重工作特征和人员特征方面的情况。例如，通过查阅"工作分析汇编""职业名称词典"及相关工作分析资料，了解工作的性质与能力要求。通过访谈和问卷方法，广泛询问目前直接从事该工作的工人、工长、技术人员等人，了解操作过程、困难程度、工作负荷、疲劳与紧张状态、感知运动、记忆、注意和思维能力的要求等信息，整理出系统的材料。通过直接观察工人的工作，掌握反映工作性质的第一手资料。为了消除直接观察对劳动者造成的心理压力，企业也可采取拍摄电影、录像等手段来获取资料。运用关键事件法，记录完成该项生产活动的关键环节，通过分析和研究关键环节来探讨工作的性质。

对任职者应具备的基本特征的调查，应从以下几方面考虑，如任职者所负责任、知识水平、技术水平、创造性、灵活性，以及体力消耗（劳动强度及身体条件）、训练条件（在独立操作前需要多长时间学习和训练，达到熟练或合格水平的标志是什么）、基本经历（需要哪些必要的工作经验）等情况。

3. 分析汇总阶段

分析汇总阶段十分重要，目的是对有关工作性质、人员特征与要求的调查结果进行深入分析和全面总结。工作分析并不是简单、机械地收集和积累某些工作标准信息，而是需要对工作的各方面特征和要求做出全面考察，以创造性地发现、分析和总结工作中的关键要素，并在分析和总结的基础上提交工作分析报告。依工作分析的目的不同，工作分析报告可以用工作说明书、工作规范和心理图示法三种方式表示。

（1）工作说明书。工作说明书是指对某项工作的性质、任务、责任、工作内容、工作方法，以及任职者的资格条件等所做的书面记录。

（2）工作规范。工作规范是指根据工作说明书规定某部门和某项工作的基本职能、工作范围、目标、责任、控制方法、权限及与组织中其他部门的关系等，并提出任职者在知识、技能和能力方面应具备的特定要求。

【专栏 3-1】　　　　　销售部经理《工作说明书》

职务名称：销售部经理　　　职务别名：销售部主任、销售部总管
职务代码：1135-118　　　　制定时间：2023-06-15

1. 工作任务与权利

（1）通过对下级的管理与监督，实施企业的销售计划，组织、指导和控制销售部的各种活动，全面、及时地向上级管理部门报告销售事务。根据对销售区域、销售渠道、

销售定额、销售目标的批准认可，协调销售配给功能。批准对销售员销售区域的分派。评估销售业务报告。批准各种有助于扩大销售的计划，如培训计划、促销计划等。

（2）审查市场分析，以确定客户需求、潜在消费量、价格、折扣率、竞争活动，以实现企业目标；亲自与大客户保持联系；可与其他管理部门合作，建议和批准用于研究和开发工作的预算支出和拨款；可与广告机构就制作销售广告事宜进行谈判，并在广告发布之前对广告素材予以认可；可根据销售需要在本部门内成立相应的正式群体；可根据有关规定建议或实施对本部门员工的奖励或惩罚；可调用小汽车2辆、送货车10辆、摩托车10辆。

2. 工作条件与物理环境

75%以上的时间在室内工作，一般不受气候影响，但可能受气温影响；湿度适中，无严重噪声，无严重受伤危害，无有毒气体。有外出工作要求，每年有10%~20%的工作日出差。常年工作地点在本市。

3. 社会环境

有1名副手，销售部工作人员有25~30人；直接上级是主管销售的副总经理；需要经常交往的部门是生产部、财务部；可以参加企业家俱乐部、员工乐园等各项活动。

4. 聘用条件

每周工作40小时，节假日放假；基本工资每月5000元，职务津贴每月2000元，每年完成全年销售指标奖金20000元，超额完成部分再以1‰提取奖金；本岗位是企业中层岗位，可晋升为销售副总经理或分厂总经理。每年工作以4—10月为忙季，其他时间为闲季；每3年有1次出国进修机会；每5年有1次为期1个月的公休假期，可报销5000元旅游费用；企业免费提供市区50平方米以上住宅1套。

销售部经理《工作规范》

职务名称：销售部经理　　　　　　　年龄：26~40岁
性　　别：不限　　　　　　　　　　学历：大学本科以上
工作经历：从事销售工作4年以上

1. 生理要求

无严重疾病；无传染病；能胜任办公室工作，举重5公斤，有时需要走动和站立。平时以说、听、看、写为主。

生理要求标准：

A—全体员工中最优秀的10%以内，总经理为100分，其余为90分以上；
B—70~89分；
C—30~69分；
D—10~29分；
E—9分以下。

2. 心理要求

一般智力：A　　　　观察能力：B　　　　集中能力：B
记忆能力：A　　　　理解能力：A　　　　学习能力：A
解决问题能力：A　　创造力：A　　　　　知识域：A

数学计算能力：A	语言表达能力：A	决策能力：A
团队精神：A	性格：外向	气质：多血质或胆汁质
态度：积极、乐观	兴趣爱好：喜欢与人交往，爱好广泛	
事业心：十分强烈	领导能力：卓越	

（3）心理图示法。心理图示法是指用图表或文字描述来反映某职务的任职者必须具备的心理特征的一种通俗方法。它根据工作要求的得分水平，画出工作要求的轮廓线，表示从事某项工作的人员应具备的能力模式。心理图示法常用的度量方法是五点量表法，即用五点量表表示工作的不同心理能力要求，构成"能力模式图"。表 3-1 展示了某企业质量检验工作的心理图示表。表中五个等级表示质量检验工作中各种能力的重要程度："1"表示工作中几乎不必具备该能力或品质；"2"表示该能力不太重要；"3"为重要程度中等；"4"表示该能力比较重要，比"3"更重要；"5"表示该能力相当重要，如果缺乏该能力则无法承担该项工作。

表 3-1　质量检验工作的心理图示表

五点量表（五个等级）					心理能力
1	2	3	4	5	
☆	☆	★	☆	☆	控制能力
☆	☆	★	☆	☆	机械能力
☆	☆	☆	☆	★	手指灵巧
☆	☆	☆	★	☆	手臂灵巧
☆	☆	☆	☆	★	手眼协调
☆	☆	☆	★	☆	触摸能力
☆	☆	★	☆	☆	记忆能力
☆	☆	☆	★	☆	注意分配
☆	☆	☆	☆	★	判断能力
☆	☆	☆	☆	★	目测能力

心理图示法又分为个体心理图示法和工作心理图示法。前者运用个案分析法，对员工的工作表现打分，确定干好一项工作应具备的各种品质和能力；后者则以工作本身应具备的心理品质作为标准。

3.3.2　工作分析中的常见问题

在进行工作分析以前，工作分析人员要与熟悉研究对象的人进行沟通，建立相互信任，才能尽可能多地了解该工作的信息。如果不能做到这一点，就会损害工作分析的科学性。在工作分析及工作说明书编写活动中经常出现下列问题，需高度重视。

1. 缺乏高层管理者的支持

没有高层管理者的认同和支持，就无法有效完成工作分析及编写工作说明书。这主要表现在大多数员工不清楚工作分析的目的，从而以各种理由不予合作，轻者以"手头太忙，没时间"等理由推三阻四、态度冷淡，进行消极抵抗；重者在工作中表现出明显的戒备、恐惧甚至作假、排斥等行为，极大影响了此项工作的效率。

组织的人力资源管理部门应协助管理者规划相应政策和明确方向,充分发挥领导者的模范带头作用及影响力,消除组织在建立新的工作目标及奖惩标准时给员工带来的压力、紧张和上下级之间的冲突,并通过必要的解释和说明,减少员工在工作中的压抑与不满,使他们获得心理满足和公平感,保持平衡的心态和行为,以顺利实现工作分析的各项任务。为此,人力资源管理部门在工作分析之前,应积极获得高层管理者的支持,并将以下信息传递给整个组织,包括:①此项工作的目的及时间表;②负责此项工作的领导及团队成员;③执行中遇到争执或疑难,高层管理者(通常是总经理)将负责解释及做出最终裁决,以获得全体成员的一致支持。

2. 主管与下属缺乏合作

组织不同层次的主管应与下属一起参与工作说明书的编写,因为主管需要策划及分配直接下属的岗位职权和任务,并与人力资源管理部门合作编写各岗位的工作说明书。在实际操作中,人力资源管理部门单独编写工作说明书,难度较大且易有遗漏,也不便于以后作为工作标准执行。因此三者往往需要反复磋商,才能确定一份工作说明书。主管的具体工作就是将编写工作说明书的工作任务通知下属,并详细说明编写的目的、方法、程序及工作说明书对个人、组织的影响。

组织应鼓励主管与下属沟通,使双方彼此理解并愿意接受工作说明书,因为以后对个人工作表现的评估也会在很大程度上以工作说明书为依据。主管可选择以下途径完成编写工作说明书的工作:①给予下属指导后(必要时有人力资源管理部门负责人参与),由下属自己编写工作说明书。其后由主管收集,与下属讨论、分析、修订,再由人力资源管理部门确认并提交高层领导审核。②主管自己负责编写所有直接下属的工作说明书,完成后与下属讨论、修订、同意后再由人力资源管理部门确认并提交高层领导审核。前者可以让下属有被尊重的感觉,会产生较大的工作投入感及积极性。但主管需要有极大的耐心,容忍他们的错误,以及花时间多次沟通指导。这种具有民主性及相互沟通的关系会令下属有完成自己所定工作目标的强烈责任感,对工作的开展有意想不到的好处。后者节省时间,但主管必须充分了解下属的工作性质、范畴及应有的表现,还要获得下属对所分派工作的认同,才可以在日后顺利开展工作。

3. 缺乏反馈与评价

反馈是物理学中的一个概念,是指把放大器的输出电路中的一部分能量送回输入电路,以增强或减弱输入信号的效应。心理学借用这一概念,说明学习者了解自己的学习结果,而这种对结果的了解又起到了强化作用,促使学习者更加努力学习,从而提高学习效率。这一心理现象称为"反馈效应"。

专栏 3-2　　　　　　　　赫洛克的反馈效应心理实验

赫洛克把被试者分成四个组,在四个不同诱因下完成任务。第一组为激励组,每次工作后都予以鼓励和表扬;第二组为受训组,每次工作后对存在的一点问题都要严加批评和训斥;第三组为忽视组,每次工作后不给予任何评价,只让其静静地听其他两组受表扬和挨批评;第四组为控制组,让他们与前三组隔离,且每次工作后也不给予任何评价。

> 实验结果：成绩最差者为第四组（控制组），激励组和受训组的成绩明显优于忽视组，而激励组的成绩不断上升，学习积极性高于受训组，受训组的成绩有一定波动。
>
> 结果表明，及时对学习和活动结果进行评价，能强化学习和活动动机，对行为起促进作用。适当激励的效果明显优于批评，而批评的效果比不闻不问的效果好。

这个实验提示我们，有效的反馈机制是活动目标达成的必要条件，对于别人的活动必须及时反馈，予以调节。无论是管理还是指导活动，都要通过多种途径评估活动效果，如观察交谈、现场提问、效果评价等，然后及时反馈信息，随时调节活动过程。对于存在的问题，不一定要实施惩罚，要有针对性地答疑解惑，不使问题延续或积累。

很多企业在实施工作分析时都存在虎头蛇尾现象，相关部门和领导对工作分析的结果不进行及时反馈和评价，使大多数员工不知道此项活动与自己工作的关系；也没有对具体工作发挥其应有的指导、参考和调控作用，使工作分析的效果大打折扣，既影响了其他相关工作的效率和质量，也加剧了员工和领导之间的不配合与不支持状况。

4. "霍桑效应"的干扰

"霍桑效应"是指员工由于被关注而发生的行为改变现象。哈佛大学心理学家梅奥主持的霍桑实验试图通过改善工作条件和环境等外在因素，找到提高劳动生产率的途径。研究小组随意挑了一批工人作为观察对象，可是无论外在因素是变得好一些还是差一些，这批工人的生产效率都在上升。这说明，这批工人由于受到额外的关注而提升了工作绩效。

工作分析的调查过程也可能影响被观察者的工作。研究证明，有观察者在场时虽然分散注意力，但被观察者一般会更加努力地工作。这是因为观察者激发了被观察者的工作动机，加强了他们熟练而正确的反应。当然，并不是所有人都会出现这种"集体助长"的现象。一般来说，如果员工承担的是他们非常熟练的工作，那么有人在场将使他们表现得更好。而在工作尚处于生疏阶段而操作笨拙的情况下，或者知道自己正在被观察，而且评价对自己又有比较重要的意义时，许多人总是心存恐惧或焦虑，从而大大降低工作绩效，这又会导致"集体遏制"现象。

因此，开展工作分析必须是全方位的，应对不同层次和不同性质的工作进行综合分析和比较，而非进行抽查或只对部分人的工作进行观察。另外，对工作的特征和内容进行调研时应尽量不影响员工的正常操作。当然，这并不是说工作分析人员要隐藏起来，而是最好能够与员工熟悉或征得他们的同意，在其心情舒畅、心态平和的情况下开展工作，这样才能取得较好的调查效果。

3.3.3 工作分析中的员工恐惧心理及应对

1. 员工恐惧心理的表现形式及原因

员工恐惧心理是在工作分析实践过程中经常遇到的一类问题。我国研究者康锐、萧鸣政指出，员工恐惧心理是指员工由于害怕工作分析会使自己熟悉的工作环境发生变化或导致自身利益的损失，而对工作分析人员及其工作采取不合作甚至敌视的态度。

一般来说，如果在工作分析过程中，员工表现出冷淡和抵触，以及提供给工作分析小组的信息资料准确性差，与实际工作情况有较大出入，就可以断定存在员工恐惧心理。具体表现包括：①工作分析人员在访谈、收集资料的过程中，与员工接触时，明显感觉到员工对其态度冷淡、言语讥讽；或者抵触情绪严重，故意找借口不提供工作分析的相关资料，不支持其访谈或调查工作，而这些问题通常不是工作分析人员没有按照规范的流程操作或态度不专业导致的。②员工故意夸大所在岗位的实际工作责任、工作内容，而对其他岗位的工作予以贬低，提供虚假的信息资料等。

纵观工作分析的历史与现状，员工产生恐惧心理的原因可以概括为以下几个方面。

（1）工作分析的减员降薪功能是员工产生恐惧心理的先天性原因。这通常也是劳资矛盾的根源。长期以来，工作分析一直是企业减员降薪时经常采用的一种措施。企业由于外部经济环境恶化、内部战略变革、组织结构调整等原因，需要对员工工作方式、工作内容等进行调整，甚至辞退部分员工，并下调员工工资。由于管理者与员工缺乏沟通，员工通常认为工作分析是企业毫无道理的行为，采取这些措施没有科学依据，根本不可信，它只是管理者为辞退员工或降低工资所找的一个貌似合理的借口。因此，工作分析与随之而来的辞退员工或降低工资就会引起有关员工的愤慨甚至控告，并引起其他员工的不满和恐惧，最终影响员工的工作绩效，甚至造成劳资纠纷、诉讼或罢工等冲突。但是，如果企业的这些决定建立在科学的工作分析基础上，就有了科学的理由，由此产生的减员降薪也就有了法律依据。

（2）测量工作压力和强度是员工产生恐惧心理的现实原因。为了考察员工的工作压力，企业也经常使用工作分析。例如，在著名的霍桑实验中，实验者发现员工一般不会用最高的效率从事工作，只追求团队中的中等效率。这是因为，员工通常认为，管理者始终存在"经济人"假设，即员工总是喜好偷懒的，如果不采取监督和强制的措施，他们就不会努力工作。如果自己的工作效率太高，上级就会给自己安排更多工作，那么自己有可能达不到上级的要求，这就会让上级留下自己工作不努力的印象。另外，企业为确定某项工作实际需要的工作时间，而不是员工在工作中耗费的时间，也常采用工作分析的方法来确定劳动定额标准。员工担心自己的工作强度将增加，从而对工作分析产生恐惧心理。

员工恐惧心理会对工作分析的实施、工作分析结果的可靠性及其应用产生不良影响。因此，各级管理者必须采取有效措施加以预防。

2. 应对策略

企业要更成功地实施工作分析，并使工作分析的结果有效应用于各个领域，就必须克服员工的恐惧心理，帮助员工平衡心态，使其提供真实的信息。较为有效的方法是在工作分析的前期、中期和后期加强对员工的解释说明、沟通与反馈等工作，并尽可能使员工及其代表参与到工作分析的过程中。

（1）在工作分析开始之前，管理者应该向员工解释工作分析的目的，介绍负责工作分析的领导及团队成员。虽然工作分析者无法控制员工的态度，但是应尽量与员工建立互相信任的关系，如向员工解释清楚工作分析不会对员工的就业、工作内容、权责、薪酬水平等产生任何负面影响，并在适当的时候做出书面承诺，以获得全体员工的一致认同和支持。

（2）在工作分析实施过程中，应尽量争取员工参与，如要求员工对自己的一切活动进行系统记录，或者让下属展开讨论并自行编写工作说明书等，以激发员工的自尊心、投入感和积极性。员工只有了解到工作分析的实际情况，才会忠于工作分析，才可能提供真实、可靠的信息。

（3）在工作分析完成之后，应及时向员工反馈工作分析的阶段性成果和最终结果。这样员工才会有参与感和满足感，才会支持自己参与的工作分析过程和未来工作分析结果的执行。

章节测验

1. 选择题

（1）（多选题）根据霍兰德的人格类型理论，与社会型人格比较符合的工作类型包括（　　）。

A. 现实性　　　　　　B. 研究型　　　　　　C. 艺术型
D. 社会型　　　　　　E. 企业型　　　　　　F. 传统型

（2）（多选题）在工作分析中，员工产生恐惧心理的根本原因有（　　）。

A. 减员降薪功能
B. 工作强度测量
C. 工作压力测量
D. 人事部门的监督

（3）（单选题）根据（　　）假设，大多数人天生懒惰且厌恶工作，人是缺乏理性的，因此在工作中应采取奖罚分明的手段，制定严格的工作规范，以加强对员工的控制。

A. "社会人"　　　　　　　　　　　B. "经济人"
C. "自我实现人"　　　　　　　　　D. "复杂人"

（4）（多选题）在工作特征模型中，影响员工关键心理状态的核心任务有（　　）。

A. 技能多样性　　　　B. 工作反馈　　　　C. 任务完整性
D. 工作重要性　　　　E. 工作自主性

（5）（多选题）根据"霍桑效应"，员工从事比较熟练的工作，当有旁人在场时，当事人会出现（　　）。

A. 生产效率上升
B. "集体助长"现象
C. "集体遏制"现象
D. 反馈效应

2. 简答题

（1）简述霍兰德人格类型理论的基本内容。
（2）工作设计的人性假设及有代表性的管理理论有哪些？
（3）什么是工作分析？其基本模式是什么？
（4）面对工作分析中的员工恐惧心理，应如何消除其不良影响？

实训练习

登录学信网选择人力资源管理、律师、会计人员、网络工程师、市场策划等任意岗位，结合目标岗位环境和任职者工作状况进行观察、调研和访谈，按照"6W1H"模式的要素进行工作分析和描述，总结其工作内容、性质、工作意义、任职者特征及要求等，并分析当前外部环境及现代信息技术对这些岗位的任职者带来的影响和变化。

要求：

（1）总结某目标岗位的工作说明和任职规范。

（2）学生分组进行互评和讨论，相互提出建议，最终形成完整的《工作说明书》和《工作规范》，在课堂上展示和分享。

第 4 章

人员招聘心理

【学习目标】
- 了解人员招聘的重要性和基本程序;
- 了解人员选拔的过程与方法;
- 掌握个性测评的理论基础,以及心理测验的类型与方法;
- 理解建立胜任力模型的流程;
- 熟悉人员选拔的误差心理。

【关键词】
招募　甄选　心理测验　常模　胜任力　人际认知　首因效应　晕轮效应　社会刻板印象　投射作用　印象管理

引例

微软公司的创造力测评

微软公司对应聘者的创造力测评独具一格。面对刚毕业的大学生,微软公司会问"为什么下水道盖是圆的"或"在没有天平的情况下,你如何称出一架飞机的重量"等类似问题。对于这些问题,最糟糕的回答莫过于"我不知道"。但是无论应聘者如何回答,他都必须说明这样回答的理由,如果解释得当,还可以为自己创造极为有利的机会。其实微软公司并不是想得到正确的答案,而是想看看应聘者能否创造性地思考问题。

由于注重创造性和可塑性,微软公司对西方大公司普遍采用的心理测试不感兴趣。因为在大多数心理测试中,应聘者只能在列举的选项中做出选择,公司也只能选出正确回答问题的人,但这并不是微软公司需要的。在微软公司看来,多项选择题怎么能够说明一个人是否具有创造性呢?

最能体现微软公司对人才创造性要求的问题是一道智力测验题。题目是:有 4 个人需要通过一座桥,这座桥最多只能承受 2 个人的重量,而且每次过桥必须手持手电筒(假定当时漆黑无比,而这座桥又没有栏杆,如果没有手电筒则根本无法通行)。手电筒只有一只,这 4 个人过桥的最快速度分别为 1 分钟、2 分钟、5 分钟和 10 分钟。他们全部通过这座桥至少需要多长时间?要解答这道题目需要具备高度的逻辑性和创造性,据说难倒了很多应聘者。题目的答案是 17 分钟。想一想应该如何安排这 4 个人过桥,看看你的创造力强弱。

通过第 3 章的学习，我们知道为了达到人–职匹配的目的，首先要进行工作分析，明确工作岗位的任务和要求，以及什么样的人可以胜任该岗位。其次要考虑如何找到合适的人。在实际工作中，要想找到合适的人，首先遇到的问题是怎样才能保质、保量地吸引合适的人，这要通过招募来实现。其次是通过科学的选拔和测试方法，筛选出符合企业要求的优秀人才，并将其安排到合适的岗位上，这要通过甄选来实现。成功的招聘使人的能力和工作岗位相互协调、相互匹配，决定组织中人力资源的整体质量。本章将介绍有关人员招募与甄选的基本原理，并阐述心理学的知识与理论在招聘过程中的应用。

4.1　人员招聘概述

人员招聘工作是企业培养和运用人力资源的首要环节。它影响企业发展战略目标的实现，决定企业的兴衰和事业的成败，同时关系到员工个人的发展前途。

4.1.1　人员招聘的重要性

1. 人员招聘的概念

人员招聘是企业获取合格人才的渠道，是一个复杂、连续和程序化的操作过程，实际上包括招募和甄选两个相互独立又相互联系的环节。招募是企业为了吸引更多、更好的应聘者而进行的若干活动，包括制订招聘计划、发布招聘信息、收集应聘者简历等。甄选即选拔，是采用各种选拔测评技术挑选出合格员工的过程。

2. 人员招聘的意义

人员招聘对于企业十分重要，其意义如下。

（1）企业招聘的目的是获得合格的员工，为提高核心竞争力打下基础，而能否获得合格的员工是由招聘过程决定的。有效的招聘工作可以确保员工的质量，避免日后离职或解聘，并为人力资源管理与开发活动做好准备。

（2）员工的聘用成本是很高的，通常包括搜索劳动力市场的费用、面谈费用、体检费用、测评费用等直接费用，还包括员工离职导致的重置成本和员工不能胜任工作带来的间接费用。如果招聘到不合格的员工，就会使企业遭受巨大的损失。所以做好人员招聘工作，提高招聘工作的质量和效率，对企业有重要意义。

（3）成功的人员招聘依赖有效的人员测评技术。人员测评既能够帮助企业制定员工录用决策，又能够帮助企业制定晋升决策。要做好员工选拔工作，就必须采用有效的、标准化的程序进行筛选，这又会推动企业员工录用、晋升决策的科学化进程。

4.1.2　人员招聘的基本程序

1）招聘准备

招聘准备主要是明确招聘岗位特征，进行招聘需求分析，制订招聘计划。除了进行详尽的工作分析，还需要全面分析人力资源需求变化的因素，如企业发展目标的改变、组织规模的扩大、新产品的开发，以及企业内部的晋升、调动和各类员工人数的增减等。

2）招聘实施

招聘实施主要包括招募、甄选等活动。①利用报纸、杂志、广播、电视、网络等媒体发布招聘信息；②确定具体的招聘渠道，如学校、人才交流中心、猎头公司、中介公司、熟人推荐等；③制定出与工作说明书相符的选拔标准，采用经验法、心理测验法、考试法等多种方法对应聘者进行甄选。

3）录用工作

录用工作主要是结合体检结果，做出录用决策。这需要综合考虑候选人的体能素质、工作能力、工作动机，选择最合适的而非最优秀的人，并为其安排合适的岗位，包括发出录用通知、签订劳动合同、为录用者提供上岗培训等。人员招聘的基本程序如图4-1所示。

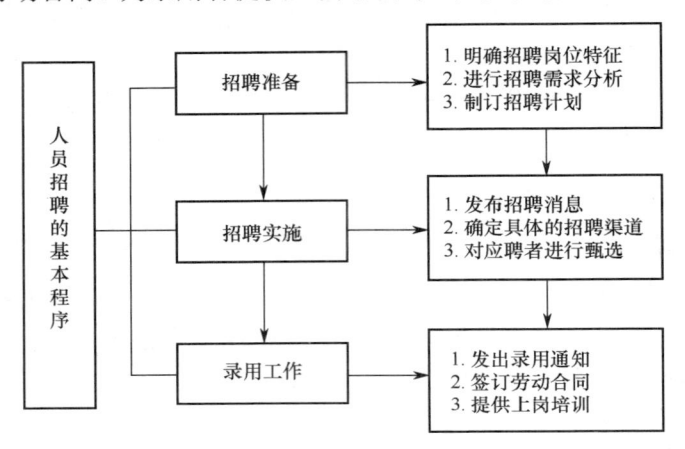

图 4-1 人员招聘的基本程序

4.2 人员选拔的过程与方法

人力资源管理心理学的首要任务在于了解人与事的个别差异，谋求人与事的最佳配合，以求达到"人尽其才，才适其职"的理想状态。这就需要周密的选拔程序与科学的心理测量技术，以更好地找到合适的人才。

4.2.1 人员选拔的过程

人员选拔的过程一般可分为初选和精选两个阶段。在通过招募环节吸引到应聘者之后就要进行初选。

1. 初选

初选是一种快速而粗略地对应聘者进行挑选的过程，可以根据岗位的某个关键特征进行选择。初选通常包括背景调查或资格审查、笔试和初次面试等步骤。背景调查或资格审查是指审查应聘申请表或求职简历，或者向有关证明人进行核实和调查的活动。笔试是让应聘者在试卷上笔答事先拟好的试题，然后根据应聘者解答的正确程度评定成绩的一种测试方法。这种方法可以有效地测量应聘者的基础知识和素质能力。其优点是可以对应聘者进行大规模的筛选，效率高，成绩评定较为客观；其缺点是不能全面考查应聘者的工作态度、品德修养及组织管理能力、口头表达能力和操作技能等。初次面试一般由人力资源管理部门负责招聘的人员主持，主要了解应聘者的受教育状况、工作经历、能力、个性等，以及向应聘者介绍用人单位的基本情况和应聘岗位的职责及要求等，是用人单位和应聘者双方相互沟通和增进了解的过程。

2. 精选

精选通常包括测试、再次面试、体格检查、试用期考查。测试主要包括各种心理测试、操作和身体技能测试等。再次面试一般由应聘岗位主管部门的负责人、人力资源部门负责人协同进行，更充分地了解应聘者的各方面情况，补充前几轮筛选中没有得到的或遗漏的信息，从而进一步确定应聘者是否适合岗位要求。体格检查一般由指定医疗机构进行，以判断应聘者的身体状况是否适合岗位要求。试用期考查是人-岗匹配的"试金石"，它通过适应性安置初步录用人员、岗前培训和考核等手段，对应聘者的职业素养、处理工作关系和人际关系的能力展开广泛而深入的观测和最后的筛选。

4.2.2 人员选拔的方法

一般来说，常用选拔方法可分为笔试、面试、心理测验和评价中心技术四种。下面我们重点介绍后三种方法。

1. 面试

面试是一种精心设计，以交流和观察为主要手段，以了解应聘者素质及相关信息为目的的测试方式。面试是企业最常用的和必不可少的甄选手段。调查表明，99%的企业在招聘中都采用这种方法。面试之所以重要，是因为它提供了一个真实的双向沟通、相互深入了解的机会。一方面，对于用人单位，可以在一定程度上看出应聘者的气质风度、知识面、工作经验、求职动机、应变能力等，从而初步判断应聘者能否胜任未来的工作、适应企业的组织文化，并与未来的同事友好相处。面试是用人单位最后确定是否聘用一个人的重要依据之一。另一方面，对于应聘者，也可以进一步了解用人单位是否符合自己的专业特长、兴趣与爱好，以决定是否下决心选择到该企业供职，并谋求与企业共同发展。

1）面试的程序

（1）面试前的准备。首先，应确定面试的主考官。主考官对于面试成败有至关重要的作用，因此应对主考官进行必要的选拔与培训，使其既具有良好的道德修养、熟悉相关的专业知识，又熟悉面试技术，能够公正客观地评价应聘者，并且对企业状况和工作要求十分了解，能对面试进行合理设计。其次，注意设计问题时尽量采用开口型问题（对方不能用简单的"是"或"不是"来回答，必须加以解释的问题），同时注意用非引导式的谈话，使对方畅所欲言，从而得到更多信息。最后，在设计问题时应确定各种回答的评分标准，以便面试结束后可以进行量化打分和比较。

（2）面试实施。在面试开始时，要注意营造轻松的气氛，以消除应聘者的紧张，让他们感到轻松自如。这种和谐的气氛有利于更准确地了解信息，使应聘者表现出真实的心理素质和实际能力。根据面试中所提的问题，面试大体可分为结构化面试、非结构化面试和半结构化面试。结构化面试是指在面试前预先设定所提问题，在面试中有准备地系统提问的一种面试办法。结构化面试有利于提高面试效率，了解的情况较为全面。在非结构化面试中，面试官可以随时发问，无固定提问程序。对于每位应聘者，面试官都可以了解不同的特定情况，但缺乏全面性，效率较低。半结构化面试将结构化面试与非结构化面试结合起来，面试前大体设定面试时要提的问题及提问的程序，但在面试过程中，面试官可以灵活掌握，根据应聘者的特殊情况加入预期外的问题。

在正式面试中，面试官要注意掌握面试的技巧，多采用开放式提问，让应聘者充分阐明自己的观点和看法。由于面试的目的是评估应聘者，面试官要避免过分展现自己的观点和负面情绪。面试官可以提一些用于澄清或结束无关话题的问题，但不要随便打断对方的话，也不要随声附和。

在面试结束前，面试官应留出时间允许应聘者提问，这样做的好处是引起应聘者对企业的好感，提升企业的形象。

（3）面试结果评估。在面试结束后，面试官应该仔细检查面试记录的所有要点，以避免过早下结论和强调应聘者的负面信息。根据每位面试官的评价结果对应聘者的面试表现进行综合分析，对应聘者形成整体印象，做出客观、准确的评价，以决定是否录用。

2）能力面试

自20世纪90年代以来，国际上出现了一种新的面试方法，即能力面试。与注重应聘者以往取得的成就不同，这种新方法关注的是他们如何实现所追求的目标。在能力面试中，面试官要找到应聘者过去的成就反映出来的特点和优势，预测其未来的能力。为了达到这一目的，面试官要进行STAR类提问（又称行为性面试）。这类提问由一个描述情境的问题和一系列追踪性问题组成，即通过收集早期行为的信息，进而预测未来的行为。其构成要素如下。

S——情境（Situation）：你必须动员你的同事或下属做某事。
T——任务（Task）：你当时的角色和任务是什么？
A——行动（Action）：你是怎么完成的？是怎样动员他们的？
R——结果（Result）：你成功了吗？别人对此事怎么评价？

在具体操作时，首先检查岗位说明，明确需要。例如，一个管理岗位需要任职者有领导能力，以及向下属做出明确表述的能力和促进团队成员相互协作的能力。其次，询问应聘者是否担当过这种角色，或者在过去的工作中是否曾处于类似的情境。最后，了解应聘者过去负责的"任务"，以及出现问题时他们通常采取的"行动"，以及行动的"结果"。

2．心理测验

心理测验是根据一定规则对人的心理特征与行为进行数量化表示的标准化方法。作为一种测量手段或标尺，心理测验可以把人的某些心理特征数量化，使之具有客观性、确定性和可比性。在人员选拔上，心理测验的应用范围极其广泛，从学徒工的选用到公司经理的选择，都经常使用心理测验。心理测验常与评价中心技术一起用于人员选拔。

虽然面试可以使面试官有机会直观地了解应聘者的仪表风度、言谈举止、口头表达与社交能力等，却很难了解应聘者的个性特征和实际工作能力。心理测验在一定程度上弥补了面试的缺点，在人员选拔时起到辅助作用。心理测验的类型很多，如能力测验、人格测验、兴趣测验及其他一些测验方法，详见4.3节。

3. 评价中心技术

评价中心技术是一种评价、考核和选拔管理人员的方法。该方法的核心是情境模拟测验，即把应聘者置于模拟的工作情境中，让他们进行某些规定的工作或活动，面试官对他们的行为做出观察和评价，以此作为鉴定、选拔管理人员的依据。评价中心技术具有很高的信度和效度，因此有很大的预测价值。情境模拟测验包括公文筐测验、角色扮演、小组互动测验。

1）公文筐测验

公文筐测验又称处理公文测验。测验时发给应聘者一批公文（事先均由各类专家共同鉴定、标准化），包括该级管理人员应处理的来自组织内外的各种日常文件，要求应聘者在规定的时间内处理完所有文件。评价人员对应聘者的工作进行集体评价，评价的主要依据为应聘者是否能按主次、轻重、缓急有条不紊地工作，并对各种公文做出恰当的处理，以此鉴定应聘者的管理才能。公文筐测验尤其适用于测试应聘者的工作独立性、计划、预测、分析能力，判断力和决策能力及书面沟通能力等维度。

2）角色扮演

许多工作要求任职者在困难的情况下与客户、同事或下属和谐相处，如推销员与潜在客户、上司与下属、服务人员与客户等。这些情况可以被模拟，而面试官在观察应聘者处理模拟情况的过程中，可以评价其规划与组织能力、领导能力、敏感性、倾听技能、行为灵活性、口头交流能力、坚韧性、分析能力、控制能力、记忆力、承压能力等维度。例如，模拟上下级对话的形式，请应聘者扮演某级管理者，同具有各种问题的"模拟下级"谈话。面试官对谈话的全部内容进行记录、分析，对应聘者的表达力、说服力、解决问题的能力和效果做出评价。

3）小组互动测验

小组互动测验又称无领导小组讨论测验。测验中，通常把应聘者分成6~8人的小组，不指定小组的领导人，由主试（测验主持人员）说明要求，给出要讨论的问题（一般是一个实际业务问题），请应聘者小组自由讨论，并最终给出统一的讨论结果。评价者观察讨论中谁最擅长根据现有材料集中正确意见，说服他人，把讨论引向一致或做出大家公认的结论，从而对每位应聘者的领导能力、说服力、民主意识、表达言语能力等做出评价。

4.3 个性测评与心理测验

由于各种心理因素和环境因素的影响，面试、评价中心技术等都有一定的局限性，既很难了解应聘者的诚实、可靠、坚强等内在个性，也很难了解应聘者的实际工作能力。而以个性测评为基础的心理测验技术在一定程度上弥补了这些缺点，增强了人员选拔的科学性和客观性。

4.3.1 个性测评的理论基础

1. 个体心理差异是个性测评的前提条件

人与人之间是存在差异的，这种差异不仅表现在生理上、性别上与外貌上，而且表现在心理上。这种心理差异主要归结为两个方面：一是个性倾向性差异，包括兴趣、爱好、需要、动机、信念、理想等方面的差异；二是个性心理特征差异，包括气质、性格和能力。它们共同构成了每个人独特的精神风貌和具有一定倾向性的各种心理特征，即个性。由于生长与工作的环境不同，生理特点与遗传因素不同，接受的教育程度不同，每个人形成的个性也就不同。正是由于个体间存在心理差异，选拔工作才变得十分必要，个性测评才显得十分有价值和有意义。

2. 工作差异对个性测评提出了客观要求

工作差异即工作分类的结果，是通过工作分析和评价，对企业各种职位按照工作性质、责任轻重、难易程度、所需资格条件等因素综合划分所形成的序列等级。不同类别与级别的职位，其工作内容、责任、难易及资格要求也不相同。当任职者的个性和能力水平符合任职要求时，则人事相宜，工作绩效就高；否则，即使任职者非常努力，其工作绩效也很低。因此，工作差异使人与事的匹配得以实现，并对人才测评提出了客观要求。

3. 个性的稳定性和可测性使个性测评成为可能

每个人独具的个性不是偶然表现出来的暂时特点，而是一种稳定的、经常表现出来的特点，这种特点一旦形成，就不容易改变。同时，个性的突出特点之一是抽象性。个性是隐藏在个体身上的一种内在、抽象的东西，是看不见、摸不着乃至说不清的。但个性并不神秘，它有一定的表现性，即个性可以通过人的行为表现出来，个性和行为之间存在一系列相关性。我们不能直接测量个性本身，但可以通过个体表现出的行为特征进行间接推测和判断。我国学者张志红指出，个性测评就是运用各种测验工具和手段，使纷繁复杂的行为特征经过量化和数学处理，成为一个简单的分数或等级，从而使不同被测评者的个性心理差异反映在数量差异上。这大大简化了测评者对个体能力水平与个性差异的比较与评定，使选拔录用的测评标准落到了实处，并与定性的测评相结合、相补充。

4.3.2 个性测评的作用

个性测评的作用主要表现在评定、诊断与反馈、预测三方面，现实应用中可能有所交叉，也可能相互影响。

1. 评定

在个性测评活动中，最常用的就是把被测评者的特征行为与某种标准进行比较，以确定其个体素质。用来比较的标准有两种：一种是存在于被测评者之外的客观标准，即"效标"，如任职资格标准。它是统一规定的，不会因被测评者群体性质的改变而变化。例如，一般的百分制考试，对任何人而言，60 分就是通过，那么 60 分就是效标。另一种是根据被测评者制定的"常模"，它是存在于被测评者之中的标准，是特定群体的效标。例如，同样的百分制考试，某个群体分数都偏低，那么对于这个群体，55 分可能就是通过分，这个 55 分就是这个群体的成绩参照常模。常模的作用就是提供一种科学可信的参照标准，说明某成绩在同类被测评者中所处的水平。

无论是采用常模还是其他标准，通过直接或间接比较，任何人的个性及能力水平都被确定在一个相应的位置上，以表明个体素质的优劣与水平高低。如果个性测评缺乏评定功能，就纯属一般的调查与了解。

2．诊断与反馈

个性测评可以为企业的人力资源管理活动提供咨询和参考。一般来说，进行测评之后，组织可以回答以下问题：人力资源的配置是否合理、科学？人力资源的开发方式选择是否得当？个性测评系统而全面地掌握了个体素质形成的过程，找到了一些问题的原因所在，明确了每个被测评者的优劣，因此能针对被测评者个体素质发展的关键点进行优化开发。

如果测评者把所有这些信息整理、记录、转达给被测评者、领导或其他有关人员，就是反馈。它可以让被测评者、领导或其他有关人员了解个体具有什么样的优势，并掌握人力资源开发进程。

3．预测

个性测评在对个体现在及过去的一些极具代表性的行为进行全面了解与概括的基础上，判断个体心理、行为的特点和倾向。有代表性的行为特征与个体特性存在必然的相关性，因此可以依据这些行为发展的轨迹及趋向对被测评者的心理及行为的发展进行某种预测。这种预测的有效性取决于所测特征的稳定性。个性测评有助于企业在人员选拔过程中确认和鉴别个性差异，并依据个性差异的延续性和稳定性，有效预测被测评者在将来工作中成功的可能性及其对工作的适应性，即通过被测评者目前的素质差异来了解他将来的发展差异。

4.3.3 心理测验的科学应用

心理测验是通过一系列手段，将人的某些心理特征数量化，以此衡量人的智力水平和个性差异的一种科学方法。心理测验作为个性测评的具体方法，广泛应用于人员选拔与测评工作，可用于对应聘者能力、个性、工作动机、价值取向、工作态度等心理特征的判断。

在国外，许多组织都将心理测验作为一种十分重要的选拔员工的方法。从政府公务员考试到企事业机关的人员选聘，从基层员工的选用到高层经理的选择，都经常应用心理测验。近年来，我国各种组织也非常重视心理测验，并大量使用心理测验进行人员选拔。

心理测验普遍应用的原因有两方面：第一，各国组织机构需要大量的人力资源，谋求事与人的密切配合，因此必须使用经济而有效的科学方法选拔人才，以提高工作效率。第二，心理学发展到现在，已经能够相当有效地测定个体若干心理特质（如性格、智力与能力倾向等）与工作效率的相关性。

1．心理测验的特点

心理测验不同于一般的人员选拔技术，是经过科学研究，精心设计出的产物。科学的心理测验具有以下五个特点。

1）客观性

心理测验要有客观的评分系统，只要有标准答案，任何人都能给测验打分。其测验方法可以重复，测验的实施、计分和解释都是客观的，不受主观影响。

2）标准化

心理测验质量的好坏，不仅取决于测验工具的编制者，也取决于测验的实施者。因此心理测验的编制、施测、评分和解释等应依据一套科学、系统的程序进行，以更好地减少和避免许多误差因素的影响（如测验者的个人倾向和爱好、被测验者不同的情绪动机及外界干扰等）。这就是测验的标准化问题，具体包括统一指导语、统一时限、统一评分和建立常模四个方面。对于所有应聘者，心理测试都要有统一的要求，每个被测验者都要在相同的情况下接受测验，每次进行某种测验时都必须严格按照标准程序进行。这意味着被测验者要听或读到相同的测试指示，经历相同的测验时间，并防止任何非标准化因素的干扰。

3）有稳定的常模

心理测验的直接结果是对被测验者的一个原始评分，不具备充分的可比性，不能以此判定其心理素质处于何种水平。为了解释心理测验的结果，必须有一个参照系，这个参照系就是测验常模。每项心理测验都有自己稳定的常模，将被测验者的测验结果在这个常模中进行比较，就可以判定被测验者的心理素质水平或等级。例如，一家公司对所有应聘者进行了机械能力测验，一名应聘者得了82分，这个分数本身并不具有任何意义。但是如果把这个分数与常模——从600名应聘者中得到的一套分数相比较，就有了解释这个分数的依据。如果600名应聘者的平均分数为80分，我们就可以判断，这名应聘者的82分基本上是平均分，既不特别好，也不特别差。好的心理测验应根据被测验者的年龄、性别和受教育程度不同制定几套不同的常模。如果一项测验没有常模，我们就无法对测验进行解释，这种测验就不应该使用。

4）测验信度高

信度又称可靠性，是指测验分数的一致性和稳定性。心理测验中将测验成绩的稳定性程度、多次测验所得成绩的一致性程度作为衡量测验质量高低的重要指标。如果有一组人参加了智力测验，平均分为105分，但一个月以后，同样一组人重新测验的平均分只有85分，那么这个测验就不可信。这个测验要么本身就有一些错误的地方，要么其中的某些问题或记分方法不对。有一些统计方法可以用来确定测验信度。

5）测验效度高

效度是指所测内容与预期成绩的符合程度，即一个测验确实测试了它想要测试的东西。效度越高，就表明它所获得的结果越能预测真正的心理特征。对于一个用来测量人们在驾驶员培训中能否成功的测验，如果那些在测验中得高分的人在驾驶员培训中表现得也较好，而得低分的人在培训中表现得也较差，就可以认为这个测验是有效的。要确定一个测验的效度，必须求出测验分数与对工作成功的测量之间的相关性。一个效度不高的测验不能用作选拔的工具。

2．正确认识心理测验的作用

心理测验是一种定量化程度很高的测评技术，其编制十分严谨，要经过严格的质量评估，并且整个实施和评分过程也遵循标准化的原则。与其他人员选拔技术相比，心理测验能从各方面对个体做出迅速有效的测评，能提供准确可靠、科学客观的测验结果，便于对不同应聘者进行比较，并在一定程度上避免招聘中的不公平竞争倾向，因而成为现代人员选拔的主要工具。

但是我们也应该看到，心理测验不是万能的，无论是在理论上还是在方法上都有不完善的地方，尤其是在测验过程中很难完全排除一些无关因素的干扰，从而影响测验结果的稳定性和准确性。因此，在人员选拔中，通常将心理测验结果作为辅助决策的依据之一，并结合面谈及其他测评技术进行全面分析。同时，测验的结果须由受过心理学训练的专家来解释和应用，否则容易产生不良效果。

4.3.4 心理测验的类型与方法

心理测验是判定个体差异的工具。个体差异包括很多方面，并可在不同的目的与不同的情境下研究，这就使测验具有不同的类型。心理测验的类型按标准不同而有所不同。①按测验的功能分类，可以把测验分为能力测验、人格测验、兴趣测验等，我们将在后文详细介绍。②按测验时施测的方式分类，可以把测验分为个别测验和团体测验。③按测验的材料分类，可以把测验分为文字测验和非文字测验。④按测验的对象分类，可以把测验分为儿童心理测验和成人心理测验。儿童心理测验的对象是儿童，而成人心理测验的对象是成人。

1. 能力测验

能力的含义较为广泛，从心理测验的观点看，可将其分为实际能力与潜在能力。实际能力是指个人当前"所能为者"，即代表个人已有的知识、经验与技能，是正式与非正式学习或训练的结果。潜在能力是指个人将来"可能为者"，是在给予一定的学习机会时，某种行为可能达到的水平。有人把测量实际能力的测验称作能力测验，而把测量潜在能力的测验称作能力倾向测验，实际上二者很难分清。能力测验又可进一步分为一般能力测验与特殊能力测验。前者即通常说的智力测验，后者多用于测量个人在音乐、美术、体育、机械、飞行等方面的特殊才能。

1）智力测验

智力测验注重测量一般能力，主要包括注意力、观察力、记忆力、思维能力、想象能力等。智力是完成任何一项工作的前提和保证。因此，在人员选拔过程中，往往首先确定所需的最低能力分数线，用智力测验做最初的筛选。在人员选拔中常用的智力测验如下。

（1）韦斯曼人员分类测验。这是一种集体测验，大约需要30分钟做完。测验有语言部分分数、数字部分分数和总分，并且提供推销员、生产监工和行政培训生的常模。该测验的语言部分是一种类比形式，如____对夜晚的关系就像光亮对____的关系一样。每题有若干可选择答案，供被测验者选择后填入空格。数字部分由计算项目和理解数字关系项目组成。韦斯曼人员分类测验更适用于较高级人员的选拔。

（2）韦克斯勒成人智力量表（Wechsler Adult Intelligence Scale，WAIS）。这是一种很长的个别测验，在企业人员选拔中应用不十分广泛。韦克斯勒成人智力量表由两部分组成——语言部分和操作部分。这两部分包括11个分测验。语言部分有如下几个分测验：资料、理解、算术、类同、数字广度和词汇。操作部分有如下几个分测验：数字符号、填图、分组设计、拼图和实物装配。这样可以得到两种智力量度和总分。由于该测验费时费力，因此多用于高级经理人员的甄选。

2）能力倾向测验

能力倾向测验测量一个人从事某种职业的潜能或能力。在企业人员选拔中常用的能力倾向测验有三种：办事员能力倾向测验、机械能力倾向测验、多重能力倾向测验。

（1）办事员能力倾向测验。办事员能力倾向测验通常是速度测验，这是因为操作速度是这种工作的一个必要条件。在办事员的工作中，精确性也是很重要的。那些参加办事员能力倾向测验的人应尽可能快地工作，同时犯的错误也应尽可能少。

一种用于测量办事员操作速度和精确性的测验题目是数字比较。被测验者必须对成对数字进行比较,并说出它们是否相同。例如,很快地进行比较,看下列三对数字中哪几对是相同的。

729810274　　　728910274
690743219　　　690743219
240759139　　　240759139

在最常用的办事员能力倾向测验——明尼苏达文书测验中就有这类题目(见图 4-2)。其他题目包括名称比较、词汇、算术和一般推理能力等。

当两个成对的名称或数字完全一样时,在连接它们的直线上画 √
66273894——66273984
527384578——527384578
New York World——New York World
Cargill Grain Co.——Cargil Grain Co.

图 4-2　明尼苏达文书测验的题目样例

(2) 机械能力倾向测验。机械能力倾向测验通常是机械理解技能和空间视觉能力的测验。例如,让被测验者看一个图形的几个部分,并让他说明把这几个部分放在一起,完整的图形是什么。还可以把图形的呈现与这些图形所描述的机械原理结合起来。例如,画一辆公共汽车,以及在公共汽车上不同部分的三个旅客座位,被测验者必须说出哪个座位坐着最舒服。两个最有名的机械能力测验是明尼苏达纸片拼图测验(修订本)和贝纳特机械理解测验。

(3) 多重能力倾向测验。多重能力倾向测验强调的是对能力不同方面的测量,测量的结果不是单一的智商,而是一组不同的能力倾向分数,从而提供表示个体特有长处和短处的能力轮廓。多重能力倾向测验得到较快发展,主要有以下几个原因:一是许多心理学家认识到,用智商来描述智力过于简单,因为即使单项智力测验所测得的也不止一种能力;二是心理咨询工作及工业和军队部门选择与安置人员,均要求了解人的不同能力;三是因素分析理论的发展和应用使多能力倾向测验的编制成为可能。

要了解人的多种能力,一种方法是为每种特殊能力编制单独的测验,另一种方法是编制一套测验同时测量几种能力,这种成套测验就是多重能力倾向测验。一般来说,在这种成套测验中,每个分项测验应该是独立的,并只测一种能力,因此,各分项测验之间的相关性要尽可能低。为了使不同被测验者的测验结果能够比较,各分项测验必须使用相同的常模样本。

3) 动作能力测验

在工业企业中,有许多工作需要有高度的动作技能,如肌肉的协调性、手指的灵活性及精确的手-眼协调能力。因此,在人员选拔中,往往需要对应聘者的动作能力进行测量,这就需要动作能力测验。比较有名的动作能力测验包括麦夸里机械能力测验、协调测量、艺徒机械能力测验、视觉测验、奥康纳手指灵巧测验等。

2. 人格测验

个体行为的差异主要表现在能力与性格两方面。能力差异主要靠能力测验来测量。人格测验则测量一个人性格的多种特质,即其独特的个性。在人员选拔中,人格测验用以辨明一个人的个性，以便根据其气质、性格、态度等合理安排工作，充分发挥其主观能动性。人力资源管理部门往往认为人格测验比能力测验更重要，因为一个人尽管能力上表现优异，但如果性格异常，则仍然难以适应工作。一个人格有重大缺陷的人势必难以有效地与他人合作，也难以适应组织的生活。人格测验有两大类：一类是自陈法测验，另一类是投射法测验。

1）自陈法测验

自陈法测验就是自我陈述法，它是一种自我评述问卷。这种问卷向被测验者呈现一些涉及具体情境及个人情感等方面的题目，要求被测验者回答每个题目描述的情况与他们自己的情况是否相符。被测验者对这些问题的回答表现出他们自己的人格特点。

（1）明尼苏达多项人格测验（MMPI）。MMPI 是美国明尼苏达大学教授哈撒韦和心理治疗家麦金利编制的，是一种个性倾向调查表。因为该问卷可以同时测量多种特质，所以又称"多项"个性问卷。MMPI 涉及的范围很广，共 566 道题目，所有题目按性质可以分为 26 类，包括身体健康状况、精神状态及个人对政治、法律、宗教、家庭、婚姻和社会的态度等。每个问题以"是"或"否"回答，然后按被测验者回答的结果，运用计算机或"套板"统计，获得原始分，经过换算转变为量表分，然后绘出曲线图形，即被测验者特有的个性剖面图。

（2）卡特尔 16PF 人格测验。它是一种久负盛名的人格测验，是由心理学教授卡特尔经过数十年的系统研究，用因素分析统计后形成的。该测验从 16 个相对独立的性格维度对人进行评价，能够较全面地反映人的性格特点。该测验由 187 道题目组成，所测的 16 种人格特质分别是乐群性（A）、聪慧性（B）、稳定性（C）、恃强性（E）、兴奋性（F）、有恒性（G）、敢为性（H）、敏感性（I）、怀疑性（L）、幻想性（M）、世故性（N）、忧虑性（O）、实验性（Q_1）、独立性（Q_2）、自律性（Q_3）、紧张性（Q_4）。根据被测验者在测验中各个维度得分的高低，可以参照结果说明查出其相应的行为特征（通常称为高分特征和低分特征）。该测验能给出系统的评价，在职业指导及人员选拔领域广泛运用。但是该测验是面对普通人的人格测验，因此只适用于普通工作者的选拔，一般很少用于高级管理人员的选拔。

值得肯定的是，该测验各项问卷都尽量采用中性即不含褒贬的题目，且题目的表面效度不高，许多题目表面上看起来与某个人格特质有关，实际上与另一个人格特质有关。在得到原始分数后，还需通过常模表将原始分数转化成标准分，并按标准分在剖析图上找到相应点，最后将各点连成曲线，即得到一个人的人格剖析图（见图 4-3）。下面列出了该测验的部分测试题及评分标准。

本测验包括一些生活情形的问题。回答不存在"对"与"不对"之分，只表明您对这些问题的态度。请您尽量表达个人的意见，不要有所顾忌。

每个问题都有三个备选项，但每个问题只能选择一个备选项。用铅笔在标准答题纸上涂黑相应的小方块。请尽量少选中性答案。

每个问题都要回答，不要有遗漏。

务必根据自己的实际情况回答。对每个问题不要过多考虑，请尽快回答。

1．我很明了本测验的说明。

    A．是的   B．不一定   C．不是的

《16PF人格测验报告》（摘录）

报告编号：00026　　　　　编号：00000123　　　　　测验时间：2023.11.14

姓名：　　　　性别：男　　年龄：27　　文化程度：本科　　　　职称：中级

因素	低分特征	1　2　3　4　　5　6　　7　8　9　10	高分特征
乐群性	缄默孤独	A	乐群外向
聪慧性	迟钝浅薄	B	聪慧博学
稳定性	情绪激动	C	情绪稳定
恃强性	谦虚顺从	E	好强固执
兴奋性	严肃审慎	F	轻松兴奋
有恒性	权宜敷衍	G	有恒负责
敢为性	畏缩怯懦	H	冒险敢为
敏感性	理智实际	I	感情用事
怀疑性	信赖随和	L	怀疑刚愎
幻想性	现实守规	M	幻想狂放
世故性	直率天真	N	精明世故
忧虑性	沉着自信	O	忧虑抑郁
实验性	保守传统	Q_1	自由激进
独立性	依赖附和	Q_2	自主果决
自律性	矛盾冲突	Q_3	自律严谨
紧张性	心平气和	Q_4	紧张困扰

图 4-3　卡特尔 16PF 人格测验结果剖析图样例

2．我对本测验的每个问题都能做到诚实地回答。
　　A．是的　　　　　　　　B．不一定　　　　　　　C．不是的
3．如果有机会的话，我愿意：
　　A．到一个繁华的城市去旅行　　B．介于 A、C 之间　　C．游览清静的山区
4．我有能力应对各种困难。
　　A．是的　　　　　　　　B．不一定　　　　　　　C．不是的
……

其他还有大五因素人格测验、麦尔斯-伯瑞格斯类型测验（MBTI）等，详见第 2 章。

2）投射法测验

投射法测验是向被测验者呈现某种模棱两可的情境、图片或陈述，要求其尽快做出回答或解释。被测验者在回答或解释的反应过程中往往投入自己的思想、愿望、态度和情感，测验者据此分析了解被测验者的个性特质。

与自陈法测验相比，投射法测验发生偏差的可能性较小。投射法的结构使被测验者不知道测验到底在测量什么，也不知道自己透露了什么，故无法故意制造偏差。在投射法测验中，被测验者不能刻意地描述自己，因而在回答中显示了其真正的个性特质。这种测验的问题在于难以建立评价答案的标准。主要的投射法测验有以下几种。

（1）罗夏墨迹测验。该测验是由瑞士精神病学家罗夏于 1921 年提出的。这是一种个体

测验，让被测验者看分别涂在十张卡片上的标准化的"墨迹"，其有彩色的，也有黑色和灰色的。该测验通过让被测验者解释说明一套墨迹组成的图形，并且针对被测验者的反应提出一些具体问题，进而推论被测验者的个性特质。该测验的例图如图4-4中（a）所示。该测验的分析和打分受主观影响，完全取决于测验者的训练、技能和人格，因此用于选拔一般工作人员的效度是很低的。

（2）主题统觉测验（Thematic Apperception Test，TAT）。该测验是美国哈佛大学的心理学家莫瑞和摩根于1935年创制的，是一种窥视被测验者的主要需要、动机、情绪和人格特征的方法。该测验包含30张内容模棱两可的黑白图片，主要以人物为主，附带一些景物。测验时一次一张，共出示20张图片，要求被测验者以图片内容为主题，凭想象编故事，故事内容不加限制，但必须符合以下四点：图中发生了什么事情，为什么发生这种事情，图中的人在想些什么，故事结局怎样。测验者在每种需要变量、情绪变量及压力变量上打分。

TAT的理论依据是人在根据图片编故事时，个人的表述往往与个人的感受和生活经验有关，会不自觉地透露出个人动机、内心冲突、愿望等潜意识里的内容，通过分析故事，就可以大致了解被测验者的人格。TAT的例图如图4-4中（b）所示。

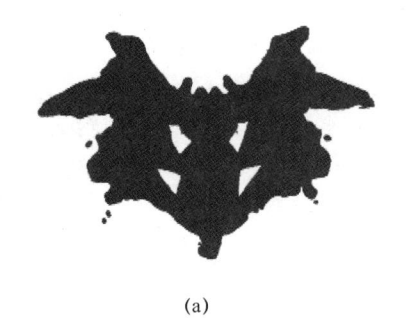

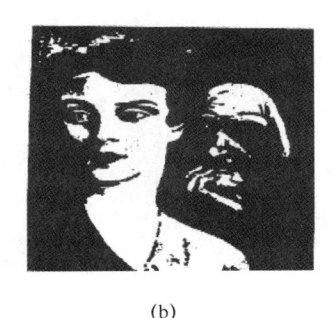

(a)　　　　　　　　　　　　(b)

图4-4　罗夏墨迹测验与主题统觉测验例图

（3）句子完成测验。这种测验以未完成的句子为基础，让被测验者自由发挥完成未完成的部分，依据被测验者的反应内容来推断其情感、态度和内心冲突。虽然该测验用了自我陈述的形式，但它的结构能使被测验者在完成的句子中表达其人格。该测验使用比较方便，易于掌握，既可测验个人，也可测验团体。与其他投射测验相比，该测验对于人员选拔更有价值。

句子完成测验实例如下：

在下列空格处填上自己认为合适的文字，使句子完整。

1．我喜欢_____人。

2．我从来不_____。

3．吃饭后，我会做_____。

4．当情绪不好时，我会通过_____来缓解。

5．如果我很有钱，就会帮助_____人。

投射法测验能够有效地消除自陈法测验中被测验者易于产生的掩饰、撒谎、社会赞许性等防卫心理的影响。但投射法测验结果的客观性却受到了影响，同时，投射法测验的实施对测验者的素质、经验和技术有很高的要求。投射法测验一般只用于高级管理人员的选拔。

人格测验用于人员选拔的效度是很低的，不如能力测验。但在工作行为方面，人格测验的效度还是很高的。对于销售、服务性职业及非技巧性工作，人格测验的效度一般优于能力测验。

3．兴趣测验

兴趣测验对职业指导和咨询比对人员选拔更有价值。但是，在人员选拔中，兴趣测验也常常是有用的。这种测验是将个人兴趣与工作进行匹配，以期员工在工作中保持主动性、积极性，并获得最大的满足。目前最流行的兴趣测验有以下三种。

1）霍兰德职业兴趣量表

美国学者霍兰德提出人-职匹配理论。他认为人的人格类型、兴趣与职业密切相关，兴趣是人们活动的巨大动力，凡是具有职业兴趣的职业，都可以提高人们的积极性，促使人们积极、愉快地从事该职业，而且职业兴趣与人格之间存在很高的相关性。他把人的人格划分为六种类型，即 RIASEC。每个人都可以划分为一种人格类型，并与一种职业兴趣相对应。每种职业兴趣都有两种相近的职业兴趣和一种相互排斥的职业兴趣。

基于这种理论，霍兰德先后编制了职业偏好量表（Vocational Preference Inventory，VPI）和自我导向搜寻量表（Self-Directed Search，SDS）两种职业兴趣量表。

2）斯特朗-坎贝尔兴趣量表（SCII）

这是一种团体测验，由 300 多个问题组成。这些问题都是关于职业、学校科目、活动和兴趣的。有些问题要求说明"喜欢"还是"不喜欢"，"关心"还是"不关心"。斯特朗-坎贝尔兴趣量表把职业分成六类：实际的、调查的、艺术的、社会的、筹划的和事务的。

3）库德职业兴趣测验

该测验包括许多项目，每三项为一组，被测验者必须在每组中选出一项自己最喜欢的和一项自己最不喜欢的。每组均要做出选择，不得跳过任何一组，也不可在一组中选出两项自己最喜欢的。这里举测验中的两组为例（见图 4-5）。

```
┌── 参观美术馆            ┌── 收集签名
│   在图书馆浏览书刊      │   收藏硬币
└── 参观博物馆            └── 采集蝴蝶
```

图 4-5　库德职业兴趣测验样例

库德职业兴趣测验共四套，其中第三套专门用于测量个人的职业兴趣，可以鉴别各种不同的职业兴趣，如户外、机械、计算、说服、服装、文字、音乐、社会服务与文书等。

4．成就测验

成就测验的目的在于测量一个人对某项工作实际上能完成到什么程度。成就测验应用于人力资源管理时主要有三个功能：挑选有经验、有专长的新员工；考核现有员工工作绩效，以便调职或升迁；评估训练计划。

成就测验的内容不外乎考察被测验者对某项工作所具有的技能与知识。一个良好的成就测验同样需要具有相当的效度、信度与常模，不过成就测验的效度着重于内容效度（由专家评鉴其内容是否妥当）及当前效度（比较测验结果能否辨别差异）。成就测验能分辨出哪些人较有能力去执行某项工作，无论他从前的职业是木匠、机械工、工程师，还是非技巧性的工作人员，也无论他是想升迁还是想调动，成就测验均能有效地给予帮助。成就测验不只限于简短的口头问答测验,目前心理学家已编制出许多纸笔测验。另外,除了测量工作知识的成就测验,心理学家还编制出了包含计算知识、政治观点、人际关系、商业法、经济知识等在内的成就测验。

一般的成就测验都是为适合某公司的需要才在使用时进行修订的。美国普度大学的职业研究中心编制了许多现成的用于技巧性工作的成就测验,如电工、车床操作工、木匠、焊工等,甚至编制了与工业数学、辨识蓝图、辨识量表等有关的特殊的成就测验。

4.4 胜任力理论与模型

胜任力理论与模型对人员选拔及测评工作起基础性作用,它为人员选拔提供了更深层次的标准依据。它关注对人的内在素质,包括知识、技能、行为、个性趋向、内驱力等因素与工作绩效之间的联系的研究,通过对人的分析,以及对工作的分析,找出员工高绩效的内在驱动因素,使人员选拔及相关工作的效度更高。

4.4.1 胜任力理论

1. 胜任力的基本概念

胜任力的概念最先是由美国心理学家戴维·麦克利兰于1973年在《测试胜任力而非智力》一文中提出的。他认为,组织在人员选拔中采用传统的智力测验、性格测验、学术测验及等级分数等测试手段,不能预测人员从事复杂工作和高层次职位工作的绩效,或在生活中是否能取得成功,同时对某些特定人群也不尽公平。他和同事将胜任力定义为个人的一些潜在特点,包括动机、个性、自我形象、价值观、知识和技能,这些潜在特点导致了个人有效或卓越的工作绩效。

另一些学者从可操作性的角度来定义胜任力,认为胜任力是那些可以用来明确区分高绩效和一般绩效,或者区分有效绩效者和无效绩效者的个体特点,如知识、技能、能力或其他一些特性。

2. 胜任力的冰山模型

为了进一步说明导致个人产生优秀绩效的潜在特点,麦克利兰等人将胜任力用一个冰山模型表示出来(见图4-6)。

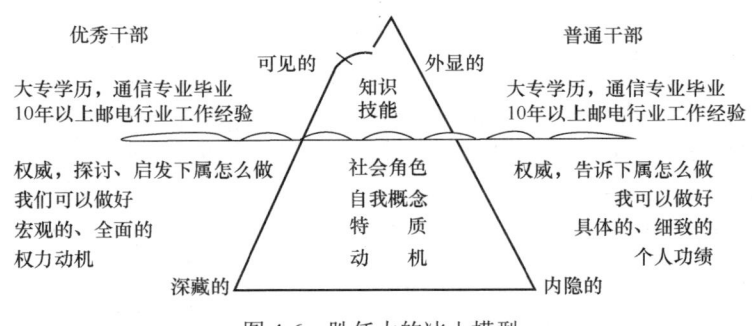

图4-6 胜任力的冰山模型

从这个冰山模型中我们可以看出,胜任力的构成是有层次的,胜任力这座"冰山"是由知识、技能等水面以上的部分和水面以下的社会角色、自我概念或自我形象、特质或个性、动机等情感智力部分构成的。知识和技能等明显、突出且易于衡量，很容易通过培训来获得；但真正决定一个人的成功机会的是隐藏在水面以下的因素，它们难以捕捉，不易测量。这些深层特征是决定人们行为及表现的关键因素。其概念如下：①知识，指对某个职业领域有用信息的组织和利用。②技能，指将事情做好的能力，如编程的技巧或某种专业技能等。③社会角色，指一个人在他人面前（或公开场合）表现出来的形象，反映了他的价值观，即他认为什么是重要的、什么是不重要的。④自我概念（自我形象），指个体如何看待自身或个人对自己身份的认识或知觉，也包括个人价值观。与技能和知识相比，这些因素是非智力因素，是隐藏在水面以下，看不见却非常活跃的个体特征。⑤特质（个性），指个体持久的生理状况和心理特点，如自信、自控、对压力的反抗或顽强。特质需要付出相当大的努力和相当长的时间，并在内外条件的相互作用下通过自我修炼得到改变。⑥动机，指决定一个人外显行为的自然而稳定的思想，是驱动、指导和选择个体行为的潜在需要或思维方式。麦克利兰提出，人类具有三种社会动机，即成就动机、亲和动机和权力动机。

如图4-6所示，在通常的测评中，人们一般比较重视考察知识、技能，如双方都是大专学历，通信专业毕业，10年以上邮电行业工作经验，很难比较优劣。然而进入"水下冰山部分"，就可以从社会角色、自我概念、特质和动机等方面较好地区分优秀者和普通者。表层的知识和技能相对易于改进和发展，培训是最经济、有效的方式。核心的动机和特质处于冰山的底层，难以评估和改进，所以对其进行选拔是最有价值的。社会角色和自我概念位于其间，包括态度和价值观等，如自己是能做"管理者"还是"技术人员"，虽然难以迅速改变，但可以通过培训、心理辅导或曾经有过的成功经历来改进。

时勘等学者认为，许多组织的选拔标准往往基于表层的知识和技能（如"我们招聘的大学生都来自名校"），并且认为具有一定的知识和技能的新录用人员必然具有所需动机和特质，或者认为动机和特质可以通过好的管理手段逐渐灌输，而实际并非如此。在复杂的职业中，胜任力在预测优秀绩效方面比与完成任务相关的技能、智力或学业成绩显得更为重要。例如，一般都要求大学（及以上）文凭的技术、市场、专业和管理等高层次岗位，能胜任工作并产生优秀绩效的应当是动机、人际技能和政治才能等因素。因此，我们在评价应聘者的个体素质时，应该从胜任力入手，尤其应重点考察应聘者的自我概念、特质和动机。只有这样，才能真正把高素质人才挑选出来。

3．胜任力的特点

现在，以胜任力模型来选拔高绩效者和优秀员工的方法在西方人力资源管理领域日益流行。那些能把优秀者和普通者区分开的特性（胜任力）正在招聘、选拔和培训等人力资源管理活动中发挥着积极作用。以胜任力为基础的工作分析和人事甄选方法与传统方法相比有许多特色和优势，这也是胜任力模型在当今工商业领域被普遍采用的原因。关于胜任力，麦克利兰总结了以下五个特点。

（1）了解绩效的最好途径是观察人们实际上做了什么而取得成功（胜任力），而非依靠基于智力之类的潜在特质和特性的测定。

（2）测量和预测绩效的最好方法是让人们表现出你想要测量的胜任力的关键方面、关键行为，而不是进行全面测验和评估。

（3）胜任力是可以学习和发展的，而特质和特性是遗传获得的，且难以改变。

（4）胜任力是可见的、可理解的，人们可以理解并发展出达到优秀绩效所必需的胜任力水平。

（5）胜任力与有意义的生活实践和生活结果相联系。这些有意义的生活实践或生活结果描述了人们在现实世界里一定会表现的方式，而非深奥的心理特质或构造。

4.4.2 胜任力模型

1．胜任力的种类及通用模型

1）胜任力的种类

根据要预测的绩效标准，胜任力可以分为以下两类。

（1）合格性胜任力。合格性胜任力指最基本的素质（常识或基本技能，如阅读能力），是每个人在工作中必须具备的，但不能区分优秀者与普通者的绩效。例如，售货员的合格性胜任力包括掌握有关产品的知识或填写发货单据的技能。

（2）区分性胜任力。区分性胜任力指能够将优秀绩效与普通绩效区分开的胜任力。已有的应用研究发现，在不同职位、不同行业、不同文化环境中的胜任力是不同的。斯宾塞列出了能预测大部分行业工作成功的最常用的 20 个胜任特征，包括以下六种。①成就特征：成就欲、主动性、关注秩序和质量；②助人/服务特征：人际洞察力、客户服务意识；③影响特征：个人影响力、权限意识、公关能力；④管理特征：指挥、团队协作、培养下属、团队领导；⑤认知特征：技术专长、综合分析能力、判断推理能力、信息寻求；⑥个人特征：自信、自我控制、灵活性、组织承诺。

2）胜任力通用模型

胜任力通用模型目前有五种，即专业技术人员、销售人员、社区服务人员、经理人员和企业家胜任力通用模型。这些通用模型在我国的适用性需要验证，但仍具有一定的参考价值。表 4-1 为企业家胜任力通用模型。

表 4-1 企业家胜任力通用模型

权　重	胜任特征
6	成就欲、主动性、捕捉机遇、坚持性、信息寻求、质量与信誉意识
5	系统性计划、分析性思维
4	自信、专业经验、自我教育
3	影响力
2	指挥
1	发展下属、公关意识

2．建立胜任力模型的流程

该如何为每个职位建立特定的胜任力模型是人员选拔与测评的难点与关键。一般来说，要经过确认企业战略、数据收集、数据集成、有效性分析几个环节。

1）确认企业战略

需要对组织面临的竞争挑战和组织文化进行研究，同时明确胜任力模型将主要运用在何处，是侧重于绩效考评、人员选拔，还是职业发展或培训。只有了解企业的愿景，才能了解组织与员工的目标与共同利益，发展出符合企业文化的有效胜任力模型。

2）数据收集

需要选择合适的方法收集必要的数据信息，通过数据收集了解胜任力的主要项目和指标体系，这是建立胜任力模型流程中的主要工作。方法主要包括以下几种。

（1）行为事件访谈。这是构建胜任力模型时最常见的方法，主要是与优秀绩效者面谈，有时也会以一些普通绩效的员工作为对比，引发他们讲述自己的成功故事。面谈的目的是识别导致优秀绩效的行为。通过与一批成功者面谈，并比较他们的成功故事，我们可以找出关键的支持优秀绩效的行为主题。

（2）个人访谈。有时优秀绩效的行为事件难以归纳，而且随着组织的变化，过去的成功并不意味着现在的成绩及未来的成功。这时往往需要与关键岗位的员工和主管进行面谈，以了解成功者的行为。

（3）焦点小组。让一些来自同一层次的员工组成小组，让他们举出优秀绩效者普遍具备的胜任特征，或者提供足够的事例。这种方法比访谈拥有更广的信息来源，而且更加有效地集中于未来导向的成功因素。

（4）问卷调查。将一系列行为以问卷的形式列出，要求被调查者指出哪些行为是组织中的优秀绩效者才有的。这对修正适合组织的模型十分有效。

（5）专家数据库。从已有的胜任力模型中汇总专家意见，在类似的模型环境中识别出重要的资质信息。

在数据收集过程中，不可能只选择一种方法，一般都选择组合方法，以保证有效性、可靠性和广泛性的平衡。在以上五种方法中，问卷调查的可靠性、有效性和广泛性都较高，而行为事件访谈的可靠性和广泛性较高，有效性较低。

3）数据集成

需要将已收集的数据进行归纳，经常采用一些统计方法，得出成组的资质模型，即形成胜任力指标体系。

4）有效性分析

模型初具规模之后，构建过程并没有结束，还需要通过绩效考评进行效度验证。只有在一定时间后，员工的绩效符合资质模型的预测，才能证明该模型是有效的。这一步往往被很多企业忽视，使构建出的模型失去了区分绩效的效用。

4.5 人际认知与人员选拔的误差心理

在人员招聘与选拔活动中，需要对他人的个性心理及行为表现做出鉴别、判断和预测，其中蕴含着人际认知的一般过程及规律。在社会和组织活动中，人们通过人际认知过程来判断自己或他人的行为，人际认知对个体判断和决策具有至关重要的作用。

4.5.1 人际认知

1. 人际认知的定义

人际认知又称社会认知、社会知觉，是指在社会情境中以人为对象的知觉。具体来说，个体在人际交往中，通过观察、了解他人的外在特征和外显行为，形成印象，并推测、判断和评价其心理状态、个性特征、行为动机和意向的过程就称为人际认知。

人际认知是依据认知者过去的经验及对有关线索的分析进行的。人际认知必须依赖认知者的思维活动，包括某种程度上的信息加工、推理、分类及归纳。例如，甲对乙在许多场合中的行为做了相同的推断之后，就可能把某些相对稳定的印象归结到乙身上，并推测乙在以后相似的场合中也将产生相似的行为。人们就是通过人际认知过程来判断自己和他人的行为的。

2．人际认知的内容

人际认知的范围很广，主要包括四方面：对他人表情的认知、对他人个性的认知、对人际关系的认知、对行为原因的认知。

1）对他人表情的认知

人的表情是一种十分重要的社会刺激。在生活中，人们常根据他人的表情来判断其心理状态，判断的正确性取决于判断者对他人表情的认知与解释。例如，愁眉苦脸、眉开眼笑、横眉怒目、咬牙切齿所描述的表情分别表达了哀、乐、怒、恨的情绪状态，而人的情绪、情感状态又可以大体反映出其心理活动的基本状态。按照表达情绪的身体部位，对他人表情的认知可以划分为面部表情认知、身段表情认知、言语表情认知三类。

2）对他人个性的认知

在人际认知中，对他人个性的认知占有重要地位。对他人个性的认知是指对他人形成一定的印象，即把一个人的若干有意义的特性进行综合、概括，形成一个具有结论意义的特性。人们对他人个性的认知具有较大的主观性，存在很大的个体差异，对于同一个人，不同的评价者可能做出不同的评价。在人际接触中，人们总是期望更多、更快地了解他人的个性特点，以便能够确定或调整自己的行为策略。这时人们就会利用自己能够收集到的有限的信息来推测他人的个性，如看到一个人说话嗓门大、语速快，就推测他是一个性情比较急躁、直爽的人，即"快人快语"。

3）对人际关系的认知

对人际关系的认知即对人与人之间关系的认知，包括认识自己与他人的关系和他人与他人的关系两个方面。个体与他人形成友好的关系，有利于相互沟通、相互理解，形成良性的行为互动，取得双方都满意的交往结果。因此，在人际交往中，必须根据双方的感受与看法来评价相互之间的人际关系状况，以及时调整自己的行为。他人与他人的关系也是我们行动时必须考虑的因素。每个人都处在一个特定的人际关系网络之中，自己与他人的关系常常和他人与他人的关系交织在一起，相互影响，相互牵制。

对人际关系的认知应当受到管理者的关注。组织内员工之间的关系融洽与否，对员工的工作具有很大影响。人际关系密切，会产生协调、和谐的气氛，在这种气氛下，组织能够较容易地促成员工之间相互帮助、支持与激励；人际关系疏远甚至紧张，组织就很难培养员工的合作精神。

4）对行为原因的认知

在现实生活中，人们往往要对自己或他人行为的原因加以解释和推测，这涉及归因问题，我们将在后面详细阐述。

3．影响人际认知的因素

影响人际认知的因素很多，这些因素可以分为三方面：认知者、认知对象、认知情境。

1）认知者

认知者本身具有的许多特点都会影响或反映到人际认知中，这些特点包括认知者本身的生理条件；性格、兴趣、动机、需要与价值；认知者过去的经验等。例如，一个情绪高昂的人活动领域也比较开阔，对周围事物容易持积极乐观的看法，而一个情绪低落的人则更容易把周围事物看得灰暗一片；对认知对象持有好感的人容易看到对方身上很多和自己相似的或自己欣赏的个性特点，反之就更容易看到对方身上令人厌恶的缺点。

2）认知对象

认知对象的特征是影响人际认知的主要因素，这体现在以下方面。

（1）人们在认知事物时，会根据认知对象的特征进行组织。这种组织具有如下规则：①接近律，即空间或时间上较接近的对象易被认知为一组；②相似律，即具有相似性的对象易被认知为一组；③连续性，即具有连续性、封闭性或共同运动特征的对象易被认知为一组。

（2）认知对象的颜色、形状、大小、运动、新奇性、声音等，决定着其对认知者的吸引程度。在现实生活中，认知对象的外表会影响人际认知，如美丽的外表会首先被人感知，从而导致认知者"以貌取人"。很多心理学实验也证明，几乎所有的特性（如个性、婚姻、职业状况、幸福等），外表有魅力的人得到的评价都很高，而外表缺乏魅力的人得到的评价都很低。

3）认知情境

人际认知离不开一定的社会背景，认识、判断他人在社会中的心理和行为，总是离不开对当时情境的分析。当认知对象出现在并非寻常出现的时间、地点、环境时，就会影响人的认知，进而影响人的心理和行为。许多研究表明，情境对于我们对一个人做出什么样的判断非常重要。心理学家科尔曼等人认为，人的面孔和身体所传达的信息一致的情况是不多的，所以情境可以为认知提供强有力的线索。例如，一个人在哭，如果没有情境的提示，那么我们无论如何都无法判断他究竟是因为激动而哭，还是因为伤心而哭。

4.5.2 人员选拔的误差心理

由于各种心理因素和环境因素的影响，在人员选拔过程中，招聘双方不可避免地受到人际认知过程中一些误差心理的影响，从而给招聘者和应聘者带来一些问题和困扰。

1. 招聘者误差心理

在招聘过程中，招聘者处于主动、支配的地位，对应聘者的评价和判断很大程度上取决于招聘者当时的心理活动和心理反应，因而会造成评分主观随意。具体心理效应如下。

1）首因效应

首因效应是指在个体信息加工过程中，第一次获得的信息对印象的形成起着很强的固着作用。印象一旦形成，就很难消退，并影响个体以后对相应个人的看法，即最初的接触或第一印象对人的认知具有强烈影响。例如，如果一个人第一次见经理时衣着不整，经理就很可能认为这个人是个不拘礼节、过于随便、目无上司的人，从而产生不好的印象，并且这种印象可能一直左右经理对这个人的判断。

人与人见面大约5分钟（或更短），就会产生第一印象。一般人往往通过他人的外表、服饰、表情、姿态及年龄等,获得对其动机、情感、意愿等方面的认识,最终形成对这个人的总体看法。因此,招聘者对应聘者第一印象的好坏是应聘成功与否的关键。

> **专栏 4-1　　　　　　　　　求职面试中的第一印象**
>
> 在求职面试时,很多应聘者就是因为给主考官的第一印象不符合主考官的"先入之见",而被无情淘汰了。某日本企业的人事部部长从事人力资源管理工作多年,他说只要跟应聘者聊上一句话,就可以判断这个人的诚实程度。每次面试,他都会问应聘者一个问题:你进公司后要从基层开始工作三年,你能接受吗?许多应聘者说,能!他一听到这个答案就会说,谢谢,可我们不要你。他觉得这个应聘者要么没出息,要么不真诚。有的应聘者解释,我就是要从基层做起,然后一步步往上走。他说,这是一个故意讨人喜欢的答案,但还不够真实。他每次都在最短的时间内做出一个基本的判断。

2)晕轮效应

晕轮效应又称月晕效应或光环效应。当人们了解一个人时,可能被这个人的某种突出特点所吸引,以至于忽视了这个人的其他特点或品质,这种突出的特点就像光环一样笼罩了这个人的一切,即通常所说的"一好百好,一坏百坏"。在人际认知中,一旦产生晕轮效应,一个人的优点或缺点就会被夸大,而其他的特点就被视而不见了。晕轮效应的最大缺点在于以个别特质掩盖了其他特质,并左右了对整体的判断。人们获取的某些个别属性并不一定代表事物的本质,却习惯于由个别推及一般,由部分推及整体,因而得出的印象也必然是片面的。例如,组织在招聘、选拔员工时,很容易通过相貌、仪表做出判断。漂亮的女士、英俊的男士会赢得很高的印象分,而其他特质往往被忽视。因此,组织在制定招聘决策时,应当尽力避免晕轮效应的影响。

研究表明,当某种特质在行为上的含义模棱两可、具有道德寓意,或者认知者在面对陌生人时,最容易出现晕轮效应。表 4-2 列出了人们根据一个人的相貌美丑对其相应特性做出的评价,说明人们受晕轮效应的影响,一般认为"美的就是好的""丑的就是不好的"。

表 4-2　相貌美丑的晕轮效应　　　　　　　　　　　　　单位:%

具备的特性	特性的评定		
	相貌丑者	相貌一般者	相貌美者
个性的社会合意性	56.31	62.42	65.30
婚姻能力	0.37	0.71	1.70
职业地位	1.70	2.02	2.25
做父母的能力	3.91	4.55	3.54
社会和职业上的幸福程度	5.28	6.34	6.37
总体幸福程度	8.83	11.60	11.60
结婚的可能性	1.52	1.82	2.17

注:表中数值越高,行为人就越具备表中的特性
资料来源:Dion and Walster(1972)

美国心理学家阿希的一个实验证明，人们具有的一些中心特性（或核心品质）会对整个印象的形成产生很大影响。他给被试者一张列有五种品质的表格（如聪明、灵巧、勤奋、坚定、热情），要求被试者想象一个具有这五种品质的人，结果被试者普遍把具有这五种品质的人想象为一个友善的、慷慨的、幽默的人。然后，他把这张表格中的"热情"换为"冷酷"，再要求被试者根据这五种品质（聪明、灵巧、勤奋、坚定、冷酷）想象出一个人，却发现被试者普遍推翻了原来的形象，塑造出一个毫无同情心的、斤斤计较的、十足势利的人，形成了一个完全不同的负面的形象。

3）社会刻板印象

社会刻板印象又称定型效应，是指人们对某类社会客体形成的概括而笼统的固定看法。当他人出现在我们面前时，我们会不自觉地按年龄、性别、职业、民族等对他进行归类，并根据已有的关于这类人的固定形象判断其个性。

人们头脑中存在的定型效应是多种多样的，通常情况下按年龄、性别、职业、国籍等划分成不同的定型效应。例如，按年龄分，认为年轻人总是举止轻浮，"嘴上没毛，办事不牢"，而老年人总是墨守成规，缺乏进取心；按性别分，认为男人是理智的、勇敢的、独立的、坚强的，而女性则是非理性的、依赖性强的、细心的、软弱的；按国籍分，认为日本人是尚武的、爱国的、进取的、有野心的；德国人是有科学精神的、进取的、严谨的；美国人是民主的、自由的、乐观的、热情的；英国人是保守的、善于外交的、有教养的，等等。

在某些条件下，社会刻板印象有助于人们对他人产生概括的了解，简化认识过程。俗语说"物以类聚，人以群分"，人们生活在同一环境下确实可以产生相同的特点，但过度概括和笼统地归类，具体到某个人则有较大差异，因此，社会刻板印象往往与事物的本来面貌不相符。而且社会刻板印象具有较强的稳定性，一旦形成就难以改变。在招聘中，有些招聘者习惯用"有色眼镜"去看待具体的应聘者，如农民工、国企干部、"白领"、名校毕业生等，就容易形成主观推断和人为偏见。

4）相似效应

招聘者在与应聘者面谈时，往往特别体谅、关注应聘者与自己相似的某些行为、思想或经历。例如，看到应聘者与自己是校友、老乡，就会产生"像我"的心态，自然会对其产生一种亲切感，从而给予较高评价；对于与自己意见或经历完全不同的应聘者，则容易产生刁难心理，以设法难倒应聘者为快，而非正确、客观地认识应聘者。这也在一定程度上影响了招聘的公平性和客观性。

5）投射作用

投射作用是精神分析术语，是指个体在认知他人时把自己的特征归属到他人身上，即个体把他人假想成和自己一样，认为自己有的特征他人也有。当自己的年龄、民族、社会经验、地位等特征与他人相同时，个体总是倾向于认为他人和自己是相同的。例如，认知者喜欢有挑战性的工作，在投射作用下，他可能无形中把别人也当作像自己一样喜欢挑战性工作，给他人加大任务难度，或者鼓励他人承担风险。投射作用也是一种认知他人的简单做法。投射作用和晕轮效应的不同之处在于，晕轮效应是认知对象的客观特征左右了判断，而投射作用是认知者的主观特征支配了判断。但是两者的结果都一样，即它们都歪曲了事实。

一个人在认知他人时如受到投射作用的干扰，其认识、判断和看法往往就会从"是这样""一定会这样"等心理倾向出发。在招聘过程中，招聘者会不自觉地按照自己是怎样的来感觉应聘者，而不是根据客观情况产生认识，从而导致主观臆断和认知失真。

2. 应聘者误差心理

在招聘活动中，应聘者受各种社会环境与心理因素的影响，常常产生以下心理。学者黄希庭、朱永新对此进行了研究和总结。

1）期望值过高

期望值过高就是主观上对自己能力和水平的过高评价。学历高、能力强的人在应聘时往往对报酬、工作条件和职位有过高的期望。产生这种心理，一是因为他们把高期望等同于充满自信，认为自己提出高期望，用人单位就认为自己是有自信的人，就会给自己机会。二是因为他们过于自负。很多应聘者年轻气盛，盲目攀高，认为只有高薪、高职位才能体现自己的价值。现在很多大学毕业生涉世未深，缺乏社会阅历，对未来充满幻想，同时缺乏对自己的清醒认识和明确定位。他们在择业时只考虑大城市、高报酬和条件好的单位，却没有进行广泛的社会调查和了解，从而不知道用人单位需要什么样的人，自己适合干什么样的工作，也不知道自己能为用人单位做出什么样的贡献，因此容易错失良机或求职失败。

2）羞怯心理

羞怯是人际交往的一大障碍，主要是没必要的担心和焦虑引起的。具有羞怯心理的人害怕别人的目光，以为别人在审视自己，从而使自己在心理和行为上表现出紧张、退缩和回避，产生不正常的表情或动作。过分羞怯往往阻碍人们彼此接近和了解。例如，有的人面对不熟悉或重要的人讲话、在别人注视下行动时，总是面红耳赤、语无伦次，使正常的交往气氛变得尴尬。还有的人总是担心在别人面前出丑，不习惯在大庭广众下讲话，因而对这样的环境一般采取回避态度，即使坚持下来也会局促不安，很不自然。在招聘过程中，羞怯的人容易高度紧张，导致敏感性下降，注意力不集中，主动性、表达能力受限，因而影响正常发挥，使自己在招聘中处于不利的境地。

每个人都有害羞的时候，偶然的羞怯在所难免，但如果在人际接触与交往中经常出现羞怯心理，就需要有意地锻炼加以克服。

3）自卑心理

自卑是一种自我评价过低的不良心理。自卑的实质是对自己和自己所处的外界环境产生了不正确的认识，只凭自己的主观判断来确定自己对未来事件的胜任力，从而形成自己看不起自己的被动心态。在应聘时，自卑的人总是贬低自己而抬高他人，认为自己没有实力与他人竞争，在与别人比较时只看到别人的长处与自己的短处，而看不到自己的优势所在，因而以偏概全地扩大了自己的劣势，下意识地毁灭了自己的自信心。自卑心理多见于学历低和能力较低的人，也在一些"学校名声不响、专业不热门、表现一般、交往能力不强"的大学生身上出现。而过于争强好胜的人对优越感有着过分追求，往往在顺利时觉得自己高高在上，一旦遇到挫折，就容易自我怀疑和自我贬低。

自卑是成功的绊脚石，虽然很多成功的人曾经自卑过，但如果一直自卑，就更难以取得成功。

自卑也是个体可以利用的资源，是我们可能走向成功的起点。通过恰当分析自身的长处和短处，不断地学习，改善自己的心态，是克服自卑、发展自信的根本途径。

4）从众心理

从众就是人云亦云、随大流，是一种普遍存在的社会心理现象。从众是指个体的思想或行为因受到确实存在的或在想象中存在的社会群体压力的影响，而与大多数人一致的现象。心理学家发现，在人群中至少有三分之一的成员存在从众心理。这使一些人在抉择时会放弃自己的意见，转变原有的态度，而与他人保持一致。从众心理是个体在群体一致性压力影响下，寻求解除自己与群体之间的冲突，增强安全感的一种手段。例如，在找工作时，前两年大家普遍认为外资企业工资高、福利好，于是蜂拥而至；这两年大家又一窝蜂地去考公务员。在选择"热门"与"冷门"行业时也有类似的现象。这反映出很多人比较盲目，根本不考虑自身的实际情况和兴趣，因此很难说他们找到的工作就是适合自己的工作。

4.5.3 误差心理的应对策略

1. 招聘者的策略

针对招聘、甄选过程中的主观因素，要增强人员选拔的客观性、公正性和有效性，应从以下几方面着手改善。

1）规范对招聘者的遴选与培训

应挑选具备一定条件及素质的人力资源管理者和任职者担任该项工作，使之明确相关的专业知识，提高招聘技术水平。具体包括：①理解和掌握职位要求及人员测评技术，对招聘工作建立信心，能对岗位与应聘者能力的匹配度做出准确的判断和估计。②明确掌握每项测评要素的含义和内容，并能根据事实进行客观评定。③认识和了解人际认知的一般规律，克服和避免人员选拔中的误差心理。④在测评时，不要用笼统的概念以偏概全，应冷静评分，做好过程记录，不要操之过急。

2）做好招聘准备，统一评价标准及认识

要想客观、公正地进行招聘，必须努力减少和消除测评中的主观因素和评分的随意性。具体可采取以下措施：①进行试测评，以统一对标准的理解和掌握，这是消除定型效应的有效方法之一。②在选择测评要素时，不要选那种不易观察、不便单独设立或不能明确定义的要素，以克服晕轮效应、首因效应。③要求招聘者按照统一程序和方法进行招聘，注意根据事实独立评定。

3）创造轻松的招聘氛围

作为招聘的实施者和企业的代表，招聘者要行使企业赋予他们的测评与挑选任务，应尽力缓解应聘者的紧张心情，保证选拔过程顺利进行。这需要注意以下环节：①选择合适的招聘环境和场地，努力创造一个轻松、自然、融洽的会谈气氛，使应聘者能够充分发挥自己的真实水平。②用友好和平常心开始初期的对话，并就应聘者关心的与职位有关的问题进行讨论，努力实现测评中的公平对待和良好交流。③让应聘者清楚了解企业的发展状况、岗位信息及相应的人力资源政策，介绍时要实事求是，据实相告，避免给应聘者夸大其词的承诺。④充分理解、尊重应聘者对薪酬福利方面的要求，并给予恰当回答。只有做好以上各环节的工作，才能使优秀人才通过公平竞争脱颖而出、充分展示自身才华，并满怀信心地来企业工作。

2．应聘者的策略

针对在人员选拔过程中容易产生的心理效应和认知误差，应聘者应从以下几方面应对。

1）加强印象管理，建立良好的第一印象

第一印象在招聘面试中具有非常重要的作用，应聘者必须在重要的招聘面试前做好准备，包括精心选择自己的衣着、斟酌自己的言谈，以展现自己的最佳形象。在日常生活中，这种试图控制自己在别人心目中的印象的过程称为印象管理（Impression Management，IM），又称印象整饰。

印象管理的范围很广，除了正式场合（如招聘面试）的印象管理，还包括在人际交往过程中得体的着装、言谈举止、表情或态度，以使别人对自己产生某种特定的看法。美国社会学家戈夫曼于1959年在《日常生活中的自我呈现》一书中指出，社会交往就像戏剧舞台，每个人都在扮演某个角色，当个人在别人面前出现时，他总是试图控制别人对自己形成的印象及交往的性质。对社会赞许的需要及控制交往结果的愿望促使人们进行印象管理。

印象管理在日常生活中有重要作用，良好的印象管理是人际关系的润滑剂。在组织中，得到他人的积极评价会给自己带来许多好处，如应聘时可以使自己被录用的机会更大；在人员测评时，可以提高自己的评估等级，进而获得更好的职位和发展。不同的情境有不同的印象管理方式。在招聘中可以借鉴的印象管理策略有：一是取悦他人的策略，如社会心理学家艾根在1977年提出的SOLER模式，可以明显增加别人的接纳性。二是自我推销和宣传，即个体表现出一种令人称道、受人赞许的形象。三是言行一致、表里如一。我国学者孙健敏指出，在印象管理的众多策略中，言行一致、表里如一最重要，这也是印象管理最有效、最持久的一种手段。

2）了解社会形势和职业特点，做好知识准备

为了消除招聘面试中的紧张、恐惧心理，一个有效的方法就是在正式招聘面试前做好知识准备，从知识中获取信心和力量。大学生可通过丰富的社会实习和实践，主动了解社会形势和职业特点，从盲目攀高转向积极适应社会需求，并结合自身情况理性分析自己的优缺点和求职方向；了解社会急需的人才类型及新时代对人才素质的要求，以便根据社会需要确立正确的职业观和职业目标。

3）认清自我，合理定位，做好心理准备

正确认识和分析自身的优劣势，并结合社会职业发展状况，明确自身的角色定位，在应聘前是非常必要的。具体可以通过自我评价、他人评价及心理测验等手段进行科学的个性与职业评价。人贵有自知之明；只有知己知彼，才能百战百胜。年轻人应根据社会需要，选择适合自己的职业，以最大限度地发挥自己的才能，而不是一味追求高薪、高职。随着我国高等教育从"精英教育"到"大众教育"的转变，大学生不应该是有优越感的特殊群体，而是劳动大军中的普通一员。大学生应主动适应就业制度的改革，积极参与人才市场的竞争，提早进行职业生涯规划，不断提高自身素质，并结合社会经济的发展变化，及时调整和完善规划，以树立自信，增强对环境的应对能力。

章节测验

1. 选择题

（1）（多选题）胜任力是由以下（　　）潜在特点构成的。
　A．知识和技能　　　B．社会角色　　　C．自我形象
　D．动机　　　　　　E．个性

（2）（单选题）在人员选拔的误差心理中，（　　）又称定型效应，是指人们对某类社会客体形成的概括而笼统的固定看法。
　A．晕轮效应　　　　　　　　　　B．首因效应
　C．投射作用　　　　　　　　　　D．社会刻板印象

（3）（多选题）人员选拔的方法有（　　）。
　A．知识测试　　　B．智力测试　　　C．能力面试
　D．人格和兴趣测试　　E．评价中心技术

（4）（多选题）公文筐测验的适用范围不包括（　　）。
　A．与环境有关的能力　　　　　　B．工作独立性和计划性
　C．预测、分析和书面沟通能力　　D．判断力和决策能力
　E．信息处理能力

（5）（单选题）心理测验的（　　）是指所测内容与预期成绩的符合程度。
　A．信度　　　　　B．效度　　　　　C．常模
　D．标准化　　　　E．客观性

2. 简答题

（1）简述人员招聘的基本程序。
（2）你做过心理测验吗？试评价心理测验的效果和作用。
（3）简述胜任力的深层特征。
（4）如何看待应聘过程中的自卑和羞怯心理？举例说明应如何应对和克服这些心理。

实训练习

兴趣测验报告分析

下面是一个职业兴趣测验的报告样例，请仔细阅读并完成实训任务。

姓名：王**　性别：男　年龄：23 岁　专业：旅游管理

每个人都有独特的兴趣特点，下图显示了你在六种职业兴趣类型上的强度分布状况。

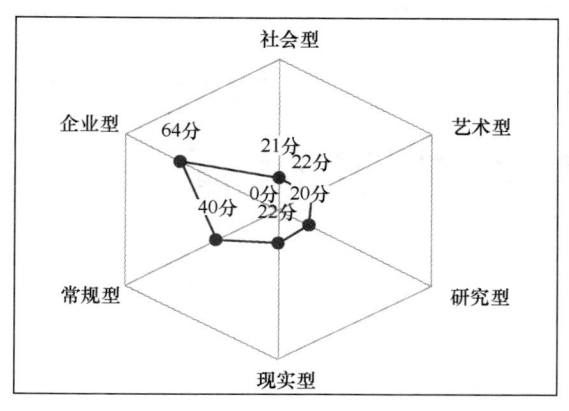

```
                      社会型
         企业型   64分  21分  艺术型
                      22分
                  0分  20分
              40分  22分
         常规型          研究型
                      现实型
```

六边形代表的六种职业兴趣类型的含义如下。

兴趣类型	特　　点	最热衷的事	最讨厌的事
现实型	手脚灵活、擅操作、爱运动	摆弄机器或工具	大型社交活动
☹ 研究型	理性、精确，求知欲、思维力强	复杂的推理论证	游说别人
艺术型	理想化、崇尚美、个性、创新、激情	创造有美感的新事物	单调重复，按部就班
社会型	爱结交、重人脉、乐于助人	其乐融融地和别人打成一片	独自操作机器或工具
☺ 企业型	喜欢竞争，追求掌控感	在辩论中胜利，或组织、指导	复杂深奥的纯理论研究
☺ 常规型	有条理、循规蹈矩、脚踏实地	组织或整理烦冗的信息和资料	快速应对出其不意的变更

（☺表示最强的兴趣；☹表示最弱的兴趣）

要求：

（1）完善人员招聘心理和个性测评的知识体系，掌握规范的人才选拔和个性测评技能。

（2）根据上述报告，对该报告中候选人的性格、兴趣倾向等方面进行分析与描述，形成个人对候选人职业发展的见解和观点，建立系统的人–职匹配分析框架和解决思路，并对候选人提出相关岗位安置及培训提升等方面的适应性建议。

第 5 章
人员培训心理

【学习目标】
- 了解学习的特点和学习理论;
- 掌握行为主义学习理论、认知主义学习理论、建构主义学习理论、系统学习理论;
- 掌握培训效果评估的层次和方法;
- 熟悉人员培训的心理学理论及应用。

【关键词】
人员培训 培训需求分析 学习 学习理论 行为主义学习理论 认知主义学习理论 建构主义学习理论 学习型组织 成人学习理论 培训迁移 培训效果评估

引例

博士的困惑

一位博士在毕业后来到一家研究所工作,成为该研究所学历最高的人。有一天,他到办公楼后面的小池塘去钓鱼,正好两位刚认识的同事也在钓鱼。他只是微微地点了点头,心想,和这两个本科生有什么好聊的?不一会儿,一位同事放下钓竿,伸伸懒腰,噌噌噌地从水面上飞快地走到对面上厕所。博士眼睛睁得都快掉下来了:水上漂?不会吧?这可是一个池塘啊。该同事上完厕所回来的时候,同样噌噌噌地从水面上走回来了。怎么回事?博士又不想去问,自己毕竟是博士啊!

过了一会儿,另一位同事也站起来,噌噌噌地走过水面上厕所。这下博士更是差点昏倒:不会吧,我到了一个江湖高手集中的地方?没过多久,博士也想上厕所了。这个池塘两边有围墙,要到对面上厕所得绕十分钟的路,而回办公楼上厕所又太远,怎么办?博士不愿意去问那两位同事,憋了半天后,也起身往水里跨:我就不信本科生能过的水面,我博士就不能过。只听"咚"一声,博士掉到了水里。

两位同事将他拉了上来,问他为什么要往水里跳,他问:"为什么你们可以走过去呢?"两位同事相视一笑:"这池塘里有两排木桩,由于这两天下雨涨水,正好在水面下。我们都知道这木桩的位置,所以可以踩着木桩过去。你怎么不问一声呢?"

(根据网络资料整理)

随着信息技术的飞速发展,竞争日趋激烈,现代社会要求人们的素质、能力、知识、技能、思维方式、工作方式与习惯等与时俱进、不断更新。组织要想获得并保持竞争优势,就必须拥有具有持续学习力、创造力和竞争力的人力资源,因而对员工进行培训是必不可少的。培训可以提高员工的工作胜任力,使员工保持对工作的热情和积极态度。有效的人员培训对于员工和企业发展有举足轻重的影响,因此把握培训的学习理论和相关心理策略非常重要。

5.1 人员培训概述

人员培训是对组织中的人力资源进行培育的过程,属于人力资源管理实践中的"育人"环节。本节重点论述人员培训的基本概念、内容与流程。

5.1.1 人员培训的概念

人员培训又称员工培训或人力资源培训,是指组织对其新员工或现有员工传授完成本职工作所需的基本知识和技能,改变员工价值观,使其形成与组织目标、文化相一致的工作态度和行为的活动过程。

人员培训是人力资源开发与管理的重要内容之一,其目的是使组织在不断变化的经济技术环境下生存和发展,以及改进员工的工作技能,改善员工的工作态度和动机,提高管理者的管理水平,促使员工胜任本职工作并有所创新。它是在综合考虑组织发展目标和个人发展目标的基础上,对员工进行的一系列有计划的学习与训练活动。

由此看出,人员培训是一个学习训练的过程,在这个过程中,员工获得有助于实现各种目标的技术和知识;同时,在员工技能不断改进的基础上,组织也能实现发展目标。因此,作为人力资源开发与管理的一项重要投资,人员培训的最终目标是实现员工和企业发展的双赢。

5.1.2 人员培训的内容与流程

人员培训的内容与流程必须与组织的战略目标、员工的职位特点相适应,同时适应内外部经营环境变化。一般来说,任何培训的目的都是促使员工在知识、技能和态度三方面学习与进步。合理确定人员培训的内容与流程对于实现培训目标、提高组织绩效具有至关重要的意义。

1. 人员培训的内容

在组织中,人员培训是围绕工作需要和工作绩效展开的,一般包括以下三项。

(1) 知识的学习。这是人员培训的主要方面,包括事实知识与程序知识的学习。

(2) 技能的改进。知识的运用必须以一定技能为基础。首先对不同层次的员工进行岗位所需的技术能力培训;其次培养员工的人际交往能力。尤其是管理者,更应注重判断与决策能力、改革创新能力、灵活应变能力、人际交往能力的培训。

(3) 态度的转变。态度是影响能力与工作绩效的重要因素。员工的态度与培训效果和工作表现是直接相关的。管理者对员工态度转变的重视能够增加培训成功的可能性。培训可以改变员工的态度,但不是绝对的。

2. 人员培训的流程

人员培训是一个有计划、连续、系统的过程,完整的培训流程主要包括三个环节:培训需求分析、培训设计与实施、培训迁移与效果评估。

1）培训需求分析

所谓培训需求分析，是指在规划与设计培训活动之前，组织对员工的知识、技能和态度等方面进行系统分析，以确定其是否需要培训，并确定相应培训内容的活动过程。组织内全面的员工培训需求分析是进行培训规划的前提，也是进行培训效果评估的基础；对员工个体所做的需求分析则是确定培训目标、设计培训课程、评估培训效果的依据。全面的员工培训需求分析可以确定培训的价值、可行性、内容与方式。

首先，明确培训需求产生的原因。一般来说，原因大致包括绩效不良、工作变化和人员流动三个因素。其次，确定培训需求分析的方法。培训需求分析的参与者可以是人力资源部门的工作人员、员工本人、员工的直线上级、员工的同事、有关项目专家和客户。一个完整的培训需求分析包括三个层次的内容：组织分析、任务分析、人员分析，如表 5-1 所示。

表 5-1　培训需求分析的三个层次

分析层次	目的	方法
组织分析	决定组织中哪里需要培训	明确组织的战略导向、组织成员的支持及培训资源的可获得性
任务分析	决定培训内容应该是什么	确定员工应完成的任务及成功完成任务所必需的知识、技术、行为和态度；分析工作业绩评价标准
人员分析	决定谁应该接受培训和需要什么培训	进行业绩评估，分析造成业绩差距的原因；收集和分析关键事件；对员工及其上级从基本技能、自我效能感、培训动机和职业兴趣等方面展开培训需求调查

2）培训设计与实施

分析培训需求之后，要进行培训设计。培训设计的主要任务是培训内容设计和培训方法设计，这两方面相辅相成。一旦确定了培训目标，具体的培训内容就可以随之确定。培训内容是多种多样的，应结合本组织的实际情况和需要，设计与之相适应的培训内容，切忌盲目照搬。在确定培训内容的同时，组织还要选择适当的培训方法。培训方法有很多，组织需要根据自身特点及员工特点选择培训方法。主要培训方法有授课、职务轮换、学徒制、讨论会、内部网络学习平台等。

3）培训迁移与效果评估

如何将培训转化为绩效成果，是企业关注的一个焦点。培训迁移是指将在培训中学到的知识、技能、行为和态度应用到实际和未来工作中的过程。培训效果评估是指收集培训成果以衡量培训是否有效的过程。它是培训流程中的一个重要环节，是衡量组织培训效果的重要途径和手段。通过评估，管理者可以知道员工的知识和技能得到了怎样的更新和改进，态度和行为有何改变，工作表现产生了怎样的变化。

5.2　人员培训的学习心理

人员培训的基础是学习，无论培训的目的和内容如何，其基本前提都是在培训过程中必须有学习发生。尽管培训更多地关注如何将培训所得，或者说学习结果应用于工作中，但实际上，在培训过程中员工确实习得了相应的知识和技能，是产生培训迁移或转化的前提。培训要取得预期的效果，就必须关注哪些因素影响培训中的学习及学习结果在工作情境中的应用。在培训的设计和实施过程中，要考虑的主要问题是如何促进学习和迁移的发生，以增强员工培训的效果，充分发挥培训对提升员工素质和能力、加强组织竞争力和持续发展能力的作用。

培训和学习只是从不同方面描述同一件事。组织培训工作的效果好坏，取决于培训活动各个环节的质量。良好的培训体系应当以实现组织目标和促进员工发展为目的，科学设计符合员工心理和工作需求的培训内容，员工也应该主动而自发地进行学习。

5.2.1 学习的概念

学习心理学认为，学习是在经验的基础上形成的相对持久的行为或行为潜能的变化。有效的学习有三个条件：①外部为个体提供有价值的信息；②个体具有学习能力；③个体需要对所学的东西进行主动加工。学习是一种试错–偶成的过程，学习者通过不断尝试和探索，保留并积累试错的经验，最终导致行为发生改变，即获得了学习的结果。这一概念有以下几层含义。

首先，学习是行为或行为潜能的变化。这种变化，有些可以从学习者行为的变化中直接观察到，如孩子从不会走路到学会蹒跚前行；有些是内部心理结构（知识、技能、态度等）的变化，会在以后的行为中表现出来。

其次，与那些暂时性变化不同，学习引起的行为变化是相对持久的。

再次，个体行为的改变是由练习或经验引起的。但外部行为表现或活动的变化不一定标志着学习的发生，因为它们可能并不是由学习导致的。学习是在个体与环境的交互作用过程中产生的。个体必须通过练习或经验才能改变行为，如学习某种动作技能；有些学习事先难以预料，也不需要多次重复，如靠近炉火被烫伤，仅仅一次经历就可以使人学会远离炉火。

最后，学习导致的变化本身并不具备价值意义，学习不等于进步。

因此，只有有利于个体成长或社会进步的学习才是有价值、有意义的学习。在组织的人员培训中，设计的培训计划和内容要基于组织绩效的目标，并落实培训考核与效果评估，这样才能发挥培训对个体和组织的价值。

5.2.2 学习的特点与分类

1. 学习的特点

由于学习者在组织和群体系统中的特殊地位，员工（学习者）的学习活动具有不同于一般人类学习的特点，具有特殊性，包括以下五个特点。

（1）学习的间接性。在经验传递系统中，学习者主要接受前人的经验，而非亲身发现经验，因此所获得的经验具有间接性，是一种间接经验。

（2）学习的定向性。学习者的学习是在经验传递条件下进行的，无论是传授经验还是接受经验，双方都有非常明确的目的性与方向性，这与依靠盲目尝试、瞎碰而发现和获得经验是完全不同的。

（3）学习的连续性。学习者的学习是一个连续的过程，这表现在前后学习相互关联，当前的学习与过去的学习有关，同时影响着以后的学习。

（4）学习的意义性。这表现在两个方面，一是学习方式的意义性，一是学习内容的意义性。学习者要真正地接受经验，把别人的经验变成自己的经验，必须以理解为基础，即必须以有意义的方式来学习。

（5）学习的言语性。在经验传递系统中，传递经验的主要媒体是言语信号，这使学习者不仅能够掌握具体的经验，而且能够超越狭隘的具体事物的限制，去掌握抽象、概括的经验，这有助于学习者的心理由低级、具体的水平向高级、抽象的水平发展。在具体的培训学习过程中，要注意采取有效措施，使学习者真正理解言语符号标识的内容，并正确地利用言语来构建有助于个人成长的知识与经验结构。

2. 学习的分类

学习种类多种多样，为了对不同类型的学习进行有效指导，心理学家依据不同标准对学习进行了分类。

（1）依据学习目标。美国著名教育心理学家布卢姆认为，学习目标即学生的学习结果，应该包括认知学习、情感学习和动作技能学习三大领域。他将认知学习领域的学习由低到高分为六类：①知识，指对知识的简单回忆，学习具体的知识，并能记住先前学过的知识。②领会，指能解释所学的知识，是对所学习的内容的最低水平的理解。③应用，指在特殊和实际情况下应用概念和原理，反映了较高水平的理解。④分析，指对事物的内部结构进行区别，并能了解它们之间的关系。⑤综合，指能把已有经验中的各部分或各要素组合成新的整体，产生新的结构。⑥评价，指对所学的材料能根据内在标准和外部证据做出判断。

布卢姆的这六类学习实际上也是由简单到复杂的，每类都建立在先前获得的技能或能力的基础上。

（2）依据学习内容和结果。我国学者一般根据教育工作的实际需要，将学习分为四类：①知识的学习，主要是掌握反映客观事物的属性、联系与关系的知识与知识体系。②技能的学习，主要是掌握顺利地进行活动的动作活动方式或心智活动方式。③策略的学习，即以思维为主的能力的学习，主要是掌握具有高度概括特征的认识能力。④道德品质与行为习惯的学习，主要是掌握一定的社会规范。

（3）依据学习方式。美国教育心理学家奥苏伯尔认为，根据学习方式的不同，可以将学习分为两类：①接受学习，指学习者通过教师的讲授现成地获得结论、概念、原理等。②发现学习，指学习者独立地通过自己的探索，获得问题的答案。

根据学习材料与学习者的原有知识的关系，又可将学习分为两类：①机械学习，指学习者没有理解材料的意义，只是死记硬背。②意义学习，指学习者通过理解学习材料的意义，进而掌握学习内容。将以上两个维度相结合，可以将学习分为机械的接受学习、机械的发现学习、有意义的发现学习与有意义的接受学习。

苏联心理学家从学习的机械性出发，将学习分为两类：①反射学习，指掌握一定的刺激和反应间的联系的学习，这种学习是人与动物共有的。②认知学习，指掌握一定知识和一定行为的学习，这种学习是人特有的。认知学习又可分为感性学习和理性学习；理性学习又可分为概念学习、思维学习与技能学习。

（4）依据学习结果。美国著名心理学家加涅认为，学习得到的结果或形成的能力可以分为五类：①言语信息，即知识，指学习理解言语信息的能力和陈述观念的能力，帮助学习者解决"是什么"的问题。②智慧技能，即能力，指应用概念符号与环境相互作用的能力，帮助学习者解决"怎么做"的问题，如运用运算规则解答习题等。③认知策略，即学会如何学习，指学习者在学习过程中调节和支配自己的注意、记忆和思维的内在组织技能，是学习者用以"管理"自己的学习过程的方式。④态度，即品行，指习得影响个人行为选择的内部状态或倾向。⑤动作技能，即技能，指获得平稳、精确、灵活而适时的操作能力。

5.2.3 学习理论及应用

学习理论（Learning Theory）是对学习的实质及其形成机制、条件和规律的系统阐述，其根本目的是为人们提供对学习的基本理解，从而为个体的教育和培训实践提供科学基础。尽管培训和学习是两个不同的概念，但两者在行为的改变和获得方面遵循相同的学习原理。任何培训方案的设计和培训方法的选择都是以一定的学习原理为依据的。

在 20 世纪，人们对学习的看法发生了几次重大变化，每次变化都对教育培训领域产生了重大影响。在 20 世纪上半叶，行为主义的学习理论占据主导地位；20 世纪 60 年代后，认知主义的观点逐渐取代了行为主义；到了 20 世纪末，建构主义成为学习理论发展的新方向。

1．行为主义学习理论

行为主义强调可观察行为的获得，个体学到什么、怎么学习都是环境刺激决定的。当环境刺激与个体行为反应的联系得到固定，相应的行为习惯就形成了，这就是学习。在众多行为主义心理学家中，斯金纳和班杜拉的学习理论对现代教育影响最大。

1）斯金纳的操作性条件反射理论

该理论又称强化理论。斯金纳认为行为可以分为两种，类似于学生听到上课铃声后迅速安静坐好的行为是应答性行为，而书写、讨论、演讲等具有自发性的行为是操作性行为。同时有两种学习，一种是经典条件反射式学习，另一种是操作性条件反射式学习；两种学习同样重要，而后者更能代表现实生活中人的学习情况。这种操作性行为的形成过程就是学习，关键是强化。强化是提高操作反应概率的手段，在塑造行为和保持行为中是不可缺少的。斯金纳通过对动物学习的实验研究来探讨操作性行为的学习过程。他认为，个体为了达到某种目的，会采取一定的行为作用于环境。当这种行为的后果对他有利时，这种行为就会在以后重复出现；反之，这种行为就会减弱或消失。人们可以用这种正强化或负强化的办法来影响行为的后果，从而修正其行为，这就是强化理论，又称行为修正理论。其中许多观点对现代教育培训实践具有重要价值。

【专栏 5-1】　　　　　斯金纳的动物实验——斯金纳箱

斯金纳用来对动物进行实验的装置叫斯金纳箱，这个箱中有一个小杠杆，这个小杠杆和传递食丸的一种机械装置相连。只要按压杠杆，一粒食丸就会掉进食盘。把饥饿的白鼠放进箱内，它会做出多种多样的行为，某次偶然压上杠杆，就有一粒食丸掉下。食丸对白鼠按压杠杆的行为是一种强化，白鼠得到食丸后更倾向于去按压杠杆。经过多次尝试，白鼠会不断按压杠杆获得食丸，直到吃饱。在白鼠形成按压杠杆的操作性行为的过程中，关键的变量是强化。

举一个实际应用的例子：员工超额完成任务会得到相关奖励，为了再次得到这种奖励，员工会不断地重复努力去超额完成任务。实际上，操作性条件反射的运用远比这个例子复杂得多。奖励（强化）的强度、奖励的次数、反应与奖励之间的联系等都是应该仔细考虑的问题。如果培训是员工自愿参加的，那么所有培训都可以以强化理论为依据。员工参加培训后学到的新知识、新技能都可以看成一种奖励，促使员工再次参加培训。许多培训案例都说明应用强化理论可以增强培训效果。有学者研究利用强化理论来培训动作迟缓的员工提升工作绩效。结果表明，这些员工的工作绩效大幅提升，从每小时加工 5 个零件增加到每小时加工 12 个零件，并且废品率也有所降低。

强化理论对于企业员工培训活动具有重要的借鉴意义。该理论对培训者提出了具体要求：首先，培训者应该帮助员工明确培训的积极效用，如参加培训可以习得一种简单有趣的工作方法、提升自己的知识和技能水平、结识一些以后能够帮助自己的人、有助于日后晋升等。其次，培训者要反复强调培训的效用，使员工真正理解培训的重要价值。最后，在培训过程中，培训者要注重给予员工积极、及时的意见反馈，帮助员工保持正确的行为，去除不良习惯。

2）班杜拉的社会学习理论

班杜拉并不同意斯金纳的观点，进一步提出了社会学习理论。他认为，学习不一定是联结的结果，个体可以通过观察、模仿别人的行为进行学习；个体完全可以通过观察他人的行为学到新的行为，而非只有通过操作性程序才能形成行为。强化也不是增加了行为出现的频率，而是为个体提供了信息或诱因，使他认识到什么样的行为会导致什么样的后果。因此，班杜拉的社会学习理论强调的是"观察学习"和"替代性强化"。班杜拉通过"充气娃娃"模仿行为实验（见本章实训练习），证实了观察和模仿在学习中的作用：人的许多行为模式是通过观察榜样的行为及这些行为对人产生的后果而获得的。这正验证了一句老话"榜样的力量是无穷的"。该理论更强调学习者的主动性，动机、情绪及自尊的水平在社会学习理论中占有重要位置。

社会学习理论在改变员工态度、帮助员工建立良好人际关系等的培训中有着广泛应用。20世纪70年代产生的曾在培训领域产生很大影响的"行为塑造技术"就是以此为理论基础的。在行为塑造技术中，培训者为员工精心准备所要观察的行为或情境：可以是一段影片、一次谈话录音或员工的亲自观察，观察过后，培训者要求员工模仿这些行为，并且对他们的行为给予反馈，直到员工掌握了合适的行为。时勘等学者指出，社会学习理论与其他学习理论的最大区别是，认为首先改变的是人的行为，行为的改变导致态度的改变。传统的学习理论恰恰相反，认为首先改变的是人的态度，通过态度的改变促进行为的改变。

2. 认知主义学习理论

认知主义强调学习是获得知识、形成认知结构的过程。学习的基础是学习者知识结构的形成和改组，而不是通过练习与强化形成的刺激与反应的联结。个体学习效果的差异来自内部心理机制的差异。当代认知主义学习理论主要有以布鲁纳和奥苏伯尔为代表的认知结构学习论，以及以加涅为代表的信息加工学习论。

1）布鲁纳的认知发现学习论

布鲁纳强调对知识结构的掌握，并倡导发现学习。他认为学习的实质是学习者主动通过感知、领会和推理，促进类目及其编码系统的形成。学习者的认知学习就是获得知识结构的过程。他提倡学习者要理解各门学科的基本结构，基本结构不仅包括一般原理的学习，还包括学习的态度和方法。布鲁纳认为应采用发现的方式学习；发现学习强调的是学习者的主动探索；教师的任务不是讲解和灌输现成的知识，而是创造条件，鼓励学习者独立思考、积极探究，自行发现材料的意义，从而自主地获得基本原理或规则。所谓发现，就是指用自己的头脑亲自获得知识的一切形式。

发现学习有利于学习者直觉思维、批判性思维、创造性思维的发挥；有利于使外在动机转化为内在动机，提高学习的积极性；有利于学会发现的最优方法和策略。现代组织培训中的案例讨论、头脑风暴等方式都是以此原理为依据设计的。

2）奥苏伯尔的认知接受学习论

奥苏伯尔与布鲁纳一样，都认为学习是一个认知过程，但他认为把接受学习等同于机械的，把发现学习等同于有意义的是错误的。学习是否有意义不取决于学习的方式是发现的还是接受的，而取决于意义学习的两个先决条件，只要符合这两个条件就是意义学习。第一，学习内容对学习者具有潜在意义，即能够与学习者已有知识结构联系起来。第二，学习者必须具有意义学习的"心向"。这里的心向是指学习者积极主动地把新学习的内容与认知结构中已有的知识加以联系的倾向性，使新旧知识发生相互作用，导致新旧知识的意义同化，结果是学习者的旧知识得以改造，新知识获得了新的意义。奥苏伯尔认为学习者的意义学习才是有价值的学习，深刻地描述了意义学习的重要性。

3）加涅的信息加工学习论

信息加工学习论是一种计算机模拟的思想，把人的学习过程比喻为计算机的加工过程。加涅提出的学习与记忆的信息加工模型理论已成为被广泛引用的经典观点。加涅的信息加工模型表明，当学习者注意环境中某个特定的刺激时，来自环境的刺激信息经感受器在感觉登记器上短暂地贮存，此时贮存的是原先刺激信息的某些主要特征。然后通过选择性知觉进入短时记忆，如图5-1所示。能保持的信息项目可能要经过内心默默复述。随后，信息经过语义编码的重要转换而进入长时记忆，即进入长时记忆的信息根据其意义来贮存。"执行控制"是对信息流程予以监控和修正；"预期"是学习者对达到目标的期望，即动机系统对信息加工的影响。图5-2展示了学习过程中八个学习阶段之间的关系，以及这些阶段对应的教学事件。根据这一过程，学习者从不知到知的学习的内部加工过程可以分为八个阶段。该理论对培训内容及课程设计具有一定启示。

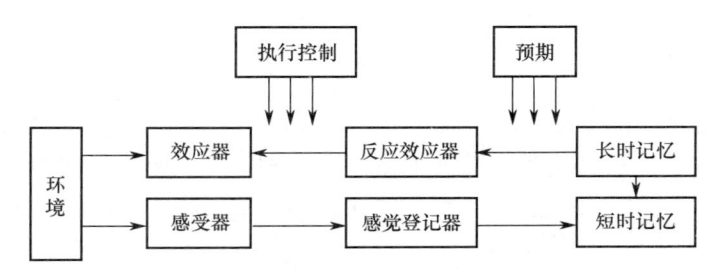

图5-1 学习与记忆的信息加工模型

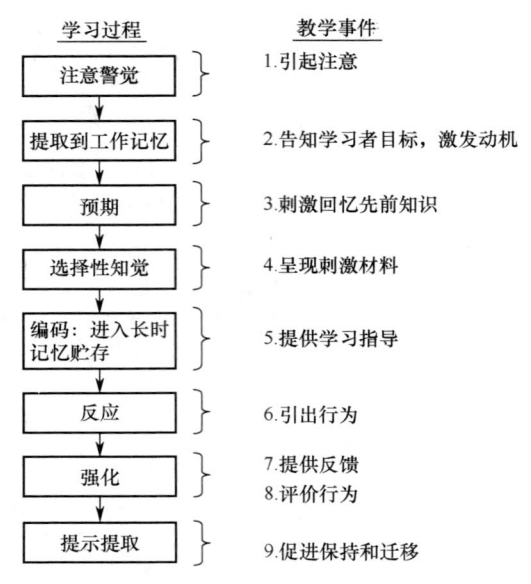

学习过程	教学事件
注意警觉	1. 引起注意
提取到工作记忆	2. 告知学习者目标，激发动机
预期	3. 刺激回忆先前知识
选择性知觉	4. 呈现刺激材料
编码：进入长时记忆贮存	5. 提供学习指导
反应	6. 引出行为
强化	7. 提供反馈 8. 评价行为
提示提取	9. 促进保持和迁移

图 5-2　学习阶段与教学事件的关系

3. 建构主义学习理论

认知主义学习理论的进一步发展在 20 世纪末出现一个崭新的方向，即建构的思想。建构主义学习理论认为，学习是学习者积极主动的意义建构和社会互动的过程。建构一方面是对新信息的意义的建构，另一方面包含对原有经验的改造和重组，是新旧经验之间的双向作用过程。这种思想被认为是当代教学和课程改革的基础。建构主义学习理论强调学习的主动性、社会性和情境性，对学习和教学提出了许多新的解释，具体包括三个方面：①知识观。对于知识的意义，认知主义强调的是知识对现实世界描述的客观性，而建构主义强调的是人类知识的主观性。②学生观。认知主义把学生看成信息的主动吸纳者，建构主义则认为学生是信息意义的主动建构者。这种学生观进一步强调学习者学习的主动性、自主性、探索性，确保了"以学习者为中心"的教学观的落实。③教师观。认知主义更多地把教师看成学习者学习的指导者、设计者；而建构主义更愿意把教师看成学习者学习的帮助者、合作者。因此，建构主义的教师观不是排斥教师在教学中的作用，而是对教师提出了更具有挑战性的新职责。

建构主义学习理论重视教学中的社会性相互作用，注重激发学习者的动机和兴趣。因此，在制订员工培训方案和教学计划时，设计符合学习者需求和兴趣的培训内容体系至关重要。

4. 系统学习理论

1）组织学习理论

随着系统管理理论的兴起，组织被视为一个开放的系统，员工的培训和学习被视为组织系统中的子系统，它必须与组织内其他系统及周围环境、组织战略保持和谐。20 世纪 90 年代至今，组织学习理论成为主导思想，并成为指导人们学习和组织行为的理论基础。自 20 世纪 90 年代以来，组织面临日益复杂多变的外部环境，传统的组织模式和管理理论已越来越不适应环境的发展，突出表现在许多曾经名噪一时的大公司纷纷退出历史舞台。因而研究组织在新经济条件下如何适应环境变化、增强自身竞争力，成为关注的焦点。

彼得·圣吉在1990年出版的《第五项修炼》一书中提出，未来真正出色的企业将是能够设法使各阶层人员全心投入并有能力不断学习的组织，即"学习型组织"。这种组织具有持续的学习能力，具有高于个人绩效总和的组织绩效。他认为，要建立学习型组织，就要重视五项修炼或技能：自我超越、改善心智模式、建立共同愿景、团体学习、系统思考。在学习型组织的创建过程中，培训理念得到全面更新，具体包括：①培训内容由"知识、技能的传授"向"学习力的提高"转变，学习力包括学习的动力、毅力和能力；②培训对象由局部的个体培训拓展为全员多技能培训；③培训时间由阶段培训向终身学习转变。

2）成人学习理论

企业培训的对象主要是成人，而成人一般都具有一定的社会经历及成熟的思维能力。如何根据成人学习的特点和规律设计培训，以最大限度地激发员工的积极性，并提升培训效能成为心理学家关注的核心问题。成人学习理论是在满足成人学习这一特定需要的理论基础上发展起来的，该理论假定，成人与儿童具有不同的学习风格和特点，成人学习者的特点包括以下五方面：①成人需要知道其学习的目的；②成人有进行自我指导的需求；③成人具有许多与工作有关的经验；④成人是带着一定的问题参与学习的；⑤成人受到内部和外部的激励而学习。

成人学习理论对培训项目的开发具有重要的指导价值。在实施培训的过程中，培训者应严格遵循以下原则：①尊重员工。学习内容、学习方法、学习资料，以及培训场所都要让员工感到培训对其个人职业发展的价值，并使之对学习环境和过程产生安全感和舒适感。②以员工为主体，鼓励员工积极参与到学习过程中。③及时反馈和强化。成人社会活动多，工作忙碌，导致学习效果欠佳。因此，培训者应注意对员工的学习效果给予及时反馈，以强化其正确的态度和行为。④坚持学以致用。注重培训的实用性，力求做到培训情境真实，培训内容实用，这样培训效果才会好。

成人学习理论对培训项目的开发至关重要，因为这些项目的大多数学习者都是成人。1990年，诺尔斯指出了成人学习理论对培训的启示及应用思路（见图5-3）。其中一个基本的要求是互动性，即学习者和培训者都要参与到学习过程中。

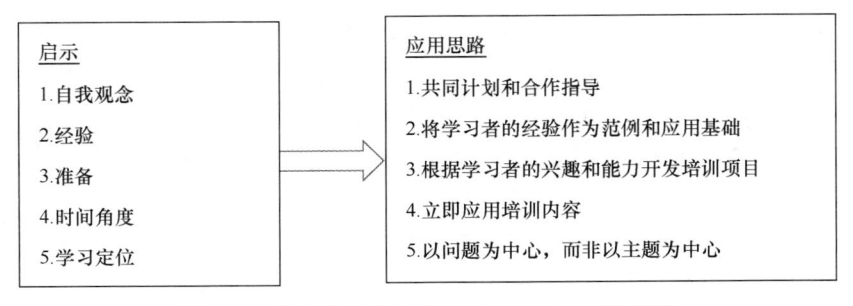

启示	应用思路
1. 自我观念	1. 共同计划和合作指导
2. 经验	2. 将学习者的经验作为范例和应用基础
3. 准备	3. 根据学习者的兴趣和能力开发培训项目
4. 时间角度	4. 立即应用培训内容
5. 学习定位	5. 以问题为中心，而非以主题为中心

图5-3 成人学习理论对培训的启示及应用思路

5.3 培训迁移与培训效果评估

从某种意义上说，培训与学习的首要任务就是使学习者学会迁移。没有学习迁移，任何形式的学习都难以成功。在实际工作中，员工学习的机会和知识总是有限的，而有的知识会随着时间的推移而变得陈旧。如果员工能够学会迁移，那么不仅学习的内容会更加广泛，而且适应新情境、解决问题的能力会更强。现代学习理论指出，学习的目标之一就是为迁移而学习，能够运用所学知识解决同类或类似问题。因此，在现代企业的员工培训工作中，应该高度重视培训的迁移与转化，注重将所学知识和技能及时应用于工作实践和业务操作中，以实现培训目标，提升培训效果。培训效果评估是对整个培训成效的评定，可以依据评估模型进行。

5.3.1 学习迁移与培训迁移

1. 学习迁移的内涵与类型

学习迁移是一种学习对另一种学习的影响。例如，阅读能力的提高有助于写作能力的形成，数学知识的学习有助于推理能力的发展等，这些都属于学习迁移。根据不同的标准和角度，学习迁移有以下类型。

1）正迁移和负迁移

根据学习迁移的效果，学习迁移分为正迁移和负迁移。正迁移是指一种学习对另一种学习的积极影响，有助于学习者学习效率的提高。反之，一种学习对另一种学习的干扰或阻碍作用则是负迁移，又称消极迁移。

2）顺向迁移和逆向迁移

根据学习迁移的方向，学习迁移分为顺向迁移和逆向迁移。顺向迁移是指先前学习对后续学习的影响，如学习汉语拼音对学习汉字的影响。逆向迁移是指后续学习对先前学习的影响。例如，阅读学习对写作能力的提高产生顺向正迁移；学习汉语拼音对后来学习英语产生顺向负迁移。

3）横向迁移和纵向迁移

根据学习水平，学习迁移分为横向迁移和纵向迁移。这是美国心理学家加涅的分类。他把处于同一抽象和概括水平的知识之间的相互影响称为横向或水平迁移，即学习内容之间的逻辑关系是并列的，如加法的交换律到乘法的交换律。纵向迁移又称垂直迁移，指处于不同抽象和概括水平的知识之间的相互影响，如学习"力"的概念有利于以后学习"重力""摩擦力""浮力""压力"等概念。

2. 学习迁移理论

心理学研究从多方面揭示了学习迁移的实质，并提出了以下几种主要理论。

1）形式训练说

该理论主张人类的心理是由不同的官能组成的，认为对人的心理官能进行训练，可以使该官能的能力得到提高，从而促进迁移。这种学说来自官能心理学，主要认为人的心理分别由"意志""记忆""思维""推理"等官能组成，这些官能用来完成不同的活动，如人们运用记忆官能进行记忆活动，运用推理官能进行推理活动等。如果通过数学练习可以提高学习者的推理能力，那么推理能力的提高可以使他成为较有理性的人，这有助于学习者以后对类似问题的解决。

2）共同因素说

该理论由美国教育心理学家桑代克和吴伟士提出，认为当两种学习之间具有共同成分或共同因素时才会产生迁移。桑代克首先通过大量实验否定了形式训练说。他发现由一个情境到另一个情境的迁移之所以发生，取决于两个情境具有多少共同元素，据此提出了共同因素迁移说。这里的共同因素包括经验上的基本事实（如长度、颜色和数量等）、工作方法、一般原理或态度等。但是桑代克主要关注的是共同的刺激与反应之间的联结。

3）概括化理论

该理论由心理学家贾德提出。他认为产生迁移的关键是学习者在两种活动中概括出了它们之间的共同原理。贾德认为，两种学习之间产生迁移的主要原因是从一种学习中获得的一般原理可以运用在两种学习中，两种学习之间的共同因素是迁移的必要条件之一，而发现两种学习内在遵循的共同原理才是迁移的根本。该理论说明，对原理理解和概括得越好，在新情境中的学习迁移就越好。在教学中，通过教师的引导，使学习者对核心的、基本的概念进行抽象和概括，可以有效地促进学习者所学知识的迁移。

4）关系理论

该理论由格式塔心理学家柯勒提出，认为迁移是学习者突然领悟两种学习之间所存在的关系的结果。柯勒曾用"小鸡觅食"和3岁儿童取得糖果的实验证明了该理论。他认为，对事物之间关系的领悟是获得迁移的真正手段，人们越能认识到事物之间的内在关系，就越能对其进行概括，并加以推广，从而促进迁移。从以上内容来看，关系理论与概括化理论并不是矛盾的，因为越能认识到事物之间的关系，就越能对其进行抽象概括，因此，关系理论可视为对概括化理论的补充。

5）认知结构理论

认知心理学家大多十分重视认知结构。布鲁纳和奥苏伯尔把迁移放在学习者的整个认知结构的背景下进行研究，在认知结构的基础上提出了关于迁移的理论。在他们看来，认知结构的形成是产生广泛迁移的根本。例如，布鲁纳特别强调对学科结构、基本概念、基本原则的学习，在他看来，对学科基本结构的学习有助于知识的迁移。

奥苏伯尔也指出，认知结构的可利用性、可辨别性及稳定性或清晰性会对新知识的学习产生促进作用。他认为，过去的经验通过对认知结构产生作用而影响（包括积极和消极两方面）新的有意义的学习。关于影响迁移的因素，他认为，一切有意义的学习都是在原有学习的基础上进行的，是通过认知结构的特征产生影响的；认知结构的三个变量会影响新的学习，即可利用性、可辨别性和稳定性。我们应联系实际，明确认识这些因素，积极促进知识的迁移。

3. 培训迁移理论及应用

培训迁移是指个体在工作实践中对通过培训学到的知识、技能、行为方式、认知策略的应用程度。学习者将培训所学有效且持续地应用于工作中，目的是改善工作业绩，并最终提高企业的整体绩效。

从内容来看，培训迁移可以分为两种：①培训过程迁移。迁移发生在培训过程中，是在个体的培训过程中逐渐完成的，并通过潜移默化的形式转化为企业的业绩或目标。②培训成果转化。迁移过程较为复杂，是企业对员工的能力或技能进行培训以期达到企业目标的过程，表现为培训内容与个人能力、技能及企业业绩三者的显著正向相关性。

培训迁移分为两个步骤：①个人转化，指培训内容转化为个人的知识和观念，即外显知识内隐化、组织知识个人化。②组织转化，指个人将学到的知识和观念应用于提高企业业绩或达成企业目标的活动中，即将个人内隐知识外显出来的过程。

以国内外研究为基础，目前应用较多的培训迁移理论主要有三种：同因素理论、激励推广理论和认知转换理论，如表5-2所示。其中，培训的目的不同，培训设计的侧重点也有所不同。

表5-2　培训迁移理论

理　论	侧　重　点	适　用　条　件	迁移类型
同因素理论	培训环境和工作条件完全相同	工作环境可预测且稳定，如设备使用培训	近转化
激励推广理论	一般应用于多种不同的工作环境	工作环境不可预测且变化剧烈，如人际关系技能培训	远转化
认知转换理论	有意义的材料和编码策略可促进对培训内容的存储和回忆	各种类型的培训内容和环境	近转化和远转化

1）同因素理论与培训设计

同因素理论认为，只有当学习者的工作与培训期间所学内容完全相同时，培训迁移才会发生。培训迁移取决于培训任务、材料、设备和其他学习环境与工作环境的相似性。同因素理论特别适合"近转化"。近转化是指可以直接将所学内容应用于与培训环境类似的实际工作中，基本不需要太大的修订和调整。按照同因素理论设计培训项目时应该注意：①培训项目一定要传授具体的概念和操作流程；②必须向学习者详细解释培训任务和实际工作任务之间的所有差别，以及如果存在细微的差别，应如何注意；③将培训内容限定在学习者有能力掌握的范围内，明确在何时、以何种方式将培训内容运用于工作中；④在培训过程中鼓励学习者学习超出应用范围的内容。

2）激励推广理论与培训设计

激励推广理论指出，促进培训迁移的方法是在培训项目设计中强调最重要的特征和一般原则，并明确它们的适用范围。它适合"远转化"。远转化是指将所学技能运用于不同于最初的培训环境的工作中，需要用新的创造性的方法应用所学内容。运用该理论设计培训项目时应注意：①培训项目一定要传授一般性的概念、原则及假设条件；②让学习者了解培训中强调的内容与他们工作实践的相似性，以便将各种在不同环境中有效的策略联系起来；③培训项目必须强调这些一般性的原则能够运用到范围更广的情形中。

3）认知转换理论与培训设计

认知转换理论是以信息加工模型为理论基础的，它指出迁移实现的可能性取决于学习者对信息的存储和回忆能力，即认为可以通过向学习者提供有意义的材料，来增加将他们工作中遇到的情况与所学能力相结合的机会；同时，向学习者提供对所学技能进行编码记忆的认知策略，这样他们就能够回忆这些技能，从而增加迁移的可能性。该理论对设计培训项目的影响主要表现在：①鼓励学习者思考培训内容在实际过程中可能的应用；②培训的应用练习可以帮助学习者理解所学技能与现实应用之间的联系，以便在应用时更快地回忆所学技能；③应用练习让学习者运用培训内容来解决工作问题或处理实际情况。

5.3.2 促进培训迁移

积极的培训迁移是指学习者能够有效地把通过培训获得的知识、技能和观念应用到工作中。培训迁移的研究不仅要关注学习者在培训中是否掌握了学习内容，更要关注习得行为如何更好地应用于实际，一段时间后是否能够保持。组织实施培训的目的在于使通过培训获得的知识和技能尽可能地在实际工作中得到应用。然而，迁移是学习者在工作情境中的行为，它能否实现，实现的效果如何，完全受到所处环境、学习者的态度和训练因素的影响。因此，只有研究影响培训迁移的关键因素，并制定出相应的措施，才能保证培训获得最佳的投入产出比。

1. 影响培训迁移的关键因素

1）培训设计

关于如何结合学习原则提高培训活动的设计水平，以及知识的掌握水平如何影响培训迁移效果等问题，有大量实验研究。研究者提出，在培训中应注意四条基本的学习原则，即相同要素、原理教学、刺激多样性、联系形式多样性，至今仍具有重要意义。

2）学习者特征

研究发现，自我效能低的学习者即使通过培训掌握了知识和技能，也不能有效应用所学的知识和技能。而那些在培训结束时认为自己能成功应用培训所学的学习者，更能克服培训迁移的困难，更可能愿意在实际工作中应用新技能。另外，成就动机也会影响学习者的培训迁移效果，如高成就动机的管理人员更愿意在工作情境中应用从培训中学到的知识。对于培训内容的意义和价值的理解也是因人而异的。研究表明，对培训的使用价值评价高的管理人员更愿意在实际工作中应用培训所学。

3）工作环境

近年来，工作环境对培训迁移的影响是培训研究的重点。大量研究证实，工作环境因素对学习者应用培训所学有很大影响。研究发现，培训迁移不能转化为业绩的原因，不在于业绩本身，而在于培训的迁移气氛，即允许学习者在工作中应用所学的环境条件。支持性组织气氛是影响培训迁移的主要因素之一。时勘、王鹏等学者也进行过关于培训迁移的研究，他们发现，组织环境因素对教师的培训迁移行为有显著影响，领导反馈、同事支持、时间支持是对培训迁移行为产生影响的主要因素。

2. 促进培训迁移的措施

从影响培训迁移的关键因素来看，为有效地促进培训迁移，应从工作环境与组织环境角度做好以下两方面工作。

1）营造良好的工作环境

营造良好的工作环境主要包括以下五个方面。

（1）营造良好的转化氛围。转化氛围是指学习者对促进或阻碍培训技能或行为应用的工作环境特征的感觉。

（2）加强管理者支持。管理者支持是指学习者的管理者对学习者参加培训项目的重视程度，以及对在工作中应用培训内容的支持程度。

（3）构建同事支持网络。在员工间建立起支持网络有助于促进培训成果的转化。支持网络是指由两个或两个以上学习者组成的、愿意会面并讨论将所学技能应用于工作中的进展情况的小组。

（4）增加应用所学技能的机会。这是指向学习者提供机会或由他们主动寻找机会来应用所学技能。应用所学技能的机会包括三个方面：①运用范围，即在工作中运用培训内容的范围；②活动程度，即在工作中运用培训内容的次数和频率；③任务类型，即在工作中应用培训内容的难度和重要性。一般来说，有实践机会的学习者比没有实践机会的学习者更有可能保持所获得的能力。

（5）应用技术支持。管理者可以使用各种工具和技术减轻培训工作的负担，促进培训转化。

2）营造良好的组织环境

组织环境是工作环境的营造者。为了让学习者获得应用新技能的机会，以及通过管理者和同事的支持，激发学习者的学习动机，并使工作环境有利于学习，许多企业正在努力转变成学习型组织（具备很强的学习能力、适应能力与变革能力），并且十分关注知识管理，注重知识的流程化与制度化管理，开发知识共享机制。

需要注意的是，培训迁移体现在培训的全过程中，深受整个组织价值观、培训目标与组织战略目标的协同性、高层的参与与重视程度及管理细节等因素的影响。

5.3.3 培训效果评估

1. 培训评估的含义与作用

培训评估是培训工作中的重要一环。这既是对一次培训活动取得的效果与利弊进行的估量，为培训成果的有效运用提供标准和依据，又是改进培训工作的重要基础。培训评估通常被定义为系统地收集培训信息，并对培训过程中不同指导活动的选择、实施、改造等进行有效决策的过程。换言之，培训评估要回答某种培训方式是不是独特的和有效的。培训评估并不是有或无的过程，即不存在一种完全有效或完全无效的培训，任何一个培训项目都既有利又有弊。对培训项目的评估和对培训方法的评估是两个过程，一个好的培训方法不一定对培训目的有帮助。

正确评估培训效果是企业培训工作的一个必要环节。其主要原因是，培训效果评估可以帮助组织了解培训项目是否达到了预期的目标和要求，培训项目是否有效，学习者的知识和技能是否提高、工作态度是否改善，这种提高或改善是否来自培训，以及培训中哪些环节还需要改进等问题。

事实上，培训方案的评估不仅是总结培训效果，对已经实施或正在实施的培训项目给出一个合理的评价，更重要的是通过评估发现问题、总结经验，为日后的培训项目设计与培训工作开展提供有益的借鉴。

根据培训实施阶段，培训评估的作用可以概括为以下三个方面：①培训前评估，主要包括确认培训需求的科学性；确保培训计划合理、顺利地运行；合理配置培训资源；科学测定培训效果；保证学习者对培训项目满意。②培训中评估，主要包括保证培训按照计划进行；根据培训执行情况及时反馈和调整；加强过程评估，确保培训的实际效果。③培训后评估，主要包括树立结果为本和及时反馈意识；扭转目标错位现象，提高培训质量。

2. 培训效果评估的层次

所谓培训效果，就是指在培训过程中学习者获得的知识与技能状况、态度改变程度、工作效率与绩效的提高程度及组织绩效的改进程度。一般来说，培训效果可能有三种情况：一是积极的，即工作绩效提高；二是消极的，即工作绩效下降；三是中性的，即培训对工作绩效没有产生明显影响，这种情况下损失的是培训的直接成本和机会成本。

培训效果评估就是研究培训方案是否达到培训目标，评价培训方案是否有价值，培训重点是否和培训需要相一致。柯克帕特里克于1959年提出的培训效果评估模型是国内外应用最广泛的一种培训效果评估方法。该模型从评估的深度和难度角度出发，将培训效果评估分为反应、学习、行为、结果四个递进的层次。

1）反应层评估

反应层评估是指学习者对培训项目的印象或看法，包括对培训科目、教材、讲师、设施、方法和内容等的看法。反应层评估的主要方法是问卷调查。该方法在培训项目结束时收集学习者对培训项目效果和有用性的反映。学习者的反映对于重新设计或继续培训项目至关重要。问卷调查的优点是容易制表、分析和总结；缺点是带有很大的主观性，个人意见的偏差有可能夸大判定分数，从而影响评估结果的有效性。

2）学习层评估

学习层评估是目前最常见的一种评估方式，测量学习者对原理、技能、态度等培训内容的掌握程度。学习层评估的方法包括笔试、技能操作和工作模拟等。培训者可以通过笔试、操作考核等方法来了解学习者在培训后对于知识和技能的掌握程度及提高情况。

3）行为层评估

行为层评估往往发生在培训结束后的一段时间，由上级、同事或客户观察学习者的行为在培训前后是否有差别，他们是否在工作中运用了从培训中学到的知识。行为层评估还可以包括下属和同事对学习者在培训前后行为变化的对比，以及学习者本人的自评。这种评估方法要求人力资源管理部门与职能部门建立良好的关系，以便不断获得员工的行为信息。

4）结果层评估

结果层评估是从组织高度评估的，主要考察培训对企业绩效的影响。这可以通过一些指标来衡量，如事故率、生产率、员工流动率、质量、员工士气、客户服务等。通过对这样一些指标的分析，企业能够了解培训带来的收益，从而确定培训对组织整体的贡献。培训效果评估层次与方法的总结如表5-3所示。

表5-3 培训效果评估层次与方法总结

评估层次	评估内容	可以问的问题	评估时间	评估方法
反应层	衡量学习者对具体培训课程、培训讲师和培训组织的满意程度	学习者喜欢该培训项目吗？对培训讲师和设施有什么意见？课程有用吗？有什么建议？	培训结束时	问卷调查、面谈观察、综合座谈
学习层	衡量学习者对培训内容、技巧和概念的吸收和掌握程度	学习者在培训后，知识和技能的掌握及提高程度如何？	培训进行时 培训结束时	提问法、测试（笔试、口试）；技能操作和工作模拟；培训考核；思想汇报

续表

评估层次	评估内容	可以问的问题	评估时间	评估方法
行为层	衡量学习者在培训后的行为改变是否由培训导致	培训后,学习者的行为有无不同?他们在工作中是否使用了在培训中学到的知识?	培训结束三个月或半年以后	问卷调查、行为观察、访谈、绩效评估、360度考核、项目任务法
结果层	衡量培训对绩效的影响	企业是否因为培训而经营得更好了?	培训结束半年或一年以后,一般在绩效考核时进行	个人和组织绩效评估指标:事故率、生产率、缺勤率、员工流动率、质量、员工士气等;成本效益分析;客户与市场调查

3. 培训效果评估的方法

培训效果评估工作一般可从两个方面着手:一是评估培训项目实现培训目标的程度;二是判断培训项目给企业带来的全部效益(经济效益和社会效益)。培训效果评估的方法很多,可以采用卷面测试法、实验法、调查表法、前后对照法等。例如,评估人员跟班听课或参与培训活动,直接观察;与学习者会谈,收集他们对培训的态度、收获、建议等;对学习者实施考核(或考试),以确定他们对新知识或技能的掌握情况;发放调查表让学习者填写;对学习者进行跟踪调查,考察他们在培训后工作行为或绩效的改善情况。以下简要介绍调查表法、前后对照法、实验法。

1)调查表法

评估培训效果最直接的途径就是看培训是否实现了预期的目标及实现目标的程度,对这方面的评估可通过各种调查表进行。例如,在培训项目结束时进行一次有关知识和技能方面的测验,以评价学习者在培训中学到了多少知识和技能,进而判断培训效果是否符合预期。另外,借助问卷,可了解学习者对他们所经历的培训学习过程及组织培训方案的看法,以此对培训效果进行评估。图5-4和图5-5展示了两种培训调查表。

1.你认为整个培训方案的质量如何?(选择一个答案)
A.非常差　B.差　C.一般　D.好　E.非常好
2.就培训的成本与时间来说,你认为这个培训方案有价值吗?
A.有　　B.没有　C.说不清楚
3.你会把这个培训方案推荐给同事吗?
A.会　　B.不会　C.说不清楚
4.就下列项目对培训质量进行等级评定:　很差　较差　一般　较好　很好
　a.实践价值
　b.完整性
　c.获得新信息
　d.有助于自我发展
　e.适合自己的工作
　f.时间利用效率
　g.符合自己的兴趣
　h.清晰、可理解

图5-4　培训评估表

本调查的目的在于了解人力资源部所做的培训工作是否符合各部门（分公司）的实际情况，以及培训效果和存在的问题。请你根据自己的实际感受如实填写，在每项你认为合适的选项上画"√"。

姓名：　　　性别：　　　文化程度：　　　入职时间：
部门（分公司）及职务：
过去的培训经历：
本次培训内容：　　　　　　　　　　　　　培训讲师：
培训地点：　　　　　　　　　　　　　　　培训时间：

　　　　　　　　　　　　　　差　　　一般　　　好

1. 培训目的清楚
2. 培训内容符合工作所需
3. 教学设计合理
4. 讲课技巧
5. 课堂组织能力
6. 调动学习者的技巧
7. 表达能力
8. 课堂组织能力
9. 使用辅助设备的能力
10. 与学习者的关系
11. 对培训的建议：

图 5-5　课堂教学评估表

2）前后对照法（对称前测-后测法）

培训的最终目标是改善员工的工作行为，提高员工和企业的绩效。如何评估培训是否实现了这一最终目标，或者评估培训给企业带来的全部效益，就成了培训效果评估的另一个重要内容。员工和企业绩效的提高一般是多种因素共同作用的结果。例如，增加了员工的薪酬，因而激发了其工作积极性；引进了新的生产技术或生产设备，因此缩短了产品的生产周期；新任领导到岗后实行了全新的科学管理模式，因而提高了员工的工作效率；企业刚刚实施的某个培训导致学习者在行为和态度上发生变化，进而改善了业绩。这些都可以影响企业效益，但其中由培训导致的企业效益的提高有多大？如何从众多原因中区分出培训本身的影响？这方面的评估一般应从四个方面进行：①判断学习者的行为和态度在培训前后有没有发生变化；②考察这种变化是否由培训引起；③评估这种变化与组织目标的实现是否有积极的关系；④预测以后参加同一培训的员工是否会发生类似的变化。

可在培训开始之前对所有参加培训的员工进行一次测评（如知识技能考查或工作业绩考核），在培训结束之后再进行一次测评（内容相同），通过统计上的差异检验法对学习者培训前后的行为变化进行显著性检验。如果学习者前后两次测评成绩有显著差异，我们就可以推断是培训引起的，即培训对于显著改善员工行为是有效的。该方法的基本模式如图 5-6 所示。

培训组：T11 × T12
对照组：T21　 T22

注：T表示测评
　　×表示培训处理

图 5-6　两组前后对照设计

该方法有一种缺陷，即在培训过程中，除了培训措施和方法对员工行为的改善有效，也可能有其他因素导致员工行为的改善。这就是说，当有多种因素对员工行为的改善有影响时，我们无法获知究竟是哪种因素或哪几种因素起了作用。要解决这样的问题，还需要借助心理学研究的实验法。

3）实验法

控制严格的实验法可以有效地解决前述方法存在的问题，这也是评估培训效果的最好方法之一。在两次测试之间，除了培训，员工还可能受到其他因素的干扰，很难保证绩效的改变一定是培训的结果，因此，除了实验组，还必须安排控制组（对照组）。下面介绍两种常见的培训效果评估实验设计。

（1）完全实验设计（见表 5-4）。参照已经制定好的培训目标，拟定将要收集的数据指标（如行为方面的变化、技能熟练程度的提高等），然后对接受培训的实验组在培训之前和培训结束之后的一段时间分别进行同样的测试或问卷调查，收集所需数据。没有接受培训的对照组也在同样的时间进行有关数据的收集。用这种方法，我们可以判断员工绩效的改变是培训的结果，还是其他因素的结果（如薪酬增加等），因为我们可以假定在严格的实验控制条件下，薪酬等其他因素对两组产生的作用是相同的。

表 5-4　完全实验设计

分　组	培训前测试	培　训	培训后测试
实验组	测试	进行培训	测试
控制一组	测试	安慰剂组	测试
控制二组	不测试	进行培训	测试
控制三组	不测试	不进行培训	测试

在完全实验设计中，在控制组中增加了两个类型（控制二组、控制三组），这两组均不进行前测，但有一组会接受培训（控制二组），这样便可以独立地评估前测的影响。不过，这种实验设计需要大量被试者，这也是完全实验设计的最大不足。同时，时勘等学者的研究指出，完全实验设计并不能消除前测的影响，特别在态度改变的培训中，即使使用完全实验设计，也一定要注意前测给实验带来的影响。

（2）准实验设计。相对于完全实验设计，准实验设计只要求部分地控制变量，这样就减少了对被试者的需求。具体操作时可以采用简单的时间序列设计或多重基准组间设计。

简单的时间序列设计可以针对同一组被试者在不同的时间点对其培训效果进行测试。例如，要比较单一培训和培训加上反馈，哪种方式更有利于被试者的学习。利用时间序列设计，首先应当检测被试者培训之前的基线水平，然后采用第一种培训方式，在不同的时间点测试被试者的绩效。一段时间之后，再采用第二种培训方式，同样间隔一定的时间测试被试者的绩效。如果第二种方式优于第一种方式，那么被试者的绩效应该有持续的提高。为了避免技能迁移的影响，可以在第二次测试之后再进行一轮重复。时间序列设计的最大优点是近似于一种连续测试，比只进行前后两次测试的实验设计有更高的准确性。

多重基准组间设计在测试技能迁移时应用最广泛，它和普通组间实验设计的最大区别在于加入了第二次测试，这样就揭示了时间因素造成的影响。行为方面的表现（从无到有，即学会了某种行为）或变化（行为的增加或减少）一般要在培训结束之后的一段时间（几天、几周甚至几个月,因行为类型的不同而异)才体现出来,因此,对培训结束之后的事后测试中的时间间隔的把握显得非常重要。多重基准组间设计结合了传统的组间设计和ABAB设计的优点,其实验范式如表5-5所示。

表5-5 多重基准组间设计

分组	第一次测试	第二次测试	第三次测试
第一组	测试-培训	测试-非培训	测试
第二组	测试-非培训	测试-培训	测试

另外,在实验法中,测试方法的选择也比较重要。依据考察重点不同,可以选择以目标行为作为参照依据的评定量表进行测试,也可以采用自我报告(以下属、同事和上级的报告为补充)、关键事件和各种定性、定量的个人绩效测量方法来测试。

章节测验

1. 选择题

(1)(多选题)彼得·圣吉认为,要建立学习型组织,就要注重五项修炼或技能,包括( )。

　　A. 自我超越　　　　　　B. 改善心智模式　　　　C. 建立共同愿景
　　D. 团体学习　　　　　　E. 系统思考

(2)(单选题)(   )重视教学中的社会性相互作用,注重激发学习者的动机和兴趣。因此,设计"以学习者为中心"的培训体系及教学计划至关重要。

　　A. 行为主义学习理论　　B. 建构主义学习理论
　　C. 认知主义学习理论　　D. 组织学习理论

(3)(单选题)柯克帕特里克将培训效果评估分为四个递进的层次,以下(   )不在其中。

　　A. 反应　　B. 学习　　C. 态度　　D. 行为　　E. 结果

(4)(单选题)班杜拉的(   )强调"观察学习"和"替代性强化"的重要作用。

　　A. 认知发现学习理论　　B. 强化理论
　　C. 社会学习理论　　　　D. 成人学习理论

(5)(多选题)影响培训迁移的因素包括(   )。

　　A. 培训设计　　　　　　B. 学习者特征　　　　　C. 自我效能感
　　D. 工作环境　　　　　　E. 同事支持

2. 简答题

(1)简述学习的特点和分类。
(2)简述行为主义学习理论、认知主义学习理论、建构主义学习理论、系统学习理论的主要内容。
(3)完整的培训流程包括哪些内容?
(4)如何进行培训需求分析?

实训练习

班杜拉的"充气娃娃"模仿行为实验

班杜拉通过"充气娃娃"模仿行为实验,证实了观察和模仿在学习中的作用。例如,在这样一个实验中,他让三组儿童分别观看一个成年男子(榜样)踢打一个充气娃娃的场面。第一组儿童观察到的是榜样的行为得到奖励("你是一个强壮的冠军"!);第二组儿童观察到的是榜样的行为受到惩罚("喂,住手!以后再看到你这样欺负弱者,我就给你一巴掌!");第三组儿童观察到的是榜样的行为既没有得到奖励,也没有受到惩罚。然后让儿童进入一间游戏室,里面放有一个同样的充气娃娃,研究人员观察儿童单独和娃娃在一起时的情境。结果是,看到榜样的踢打行为受到惩罚的第二组儿童的攻击性行为最少。在后续的实验中,班杜拉以糖果为奖励,鼓励这三组儿童尽可能模仿榜样的行为,结果这三组儿童在模仿攻击性行为方面与原来没有任何区别。

要求:

请根据上述实验及班杜拉的社会学习理论,举例分析工作场所的社会学习现象及其原因(自己学习或实习中的相关事例),并提出改进培训效果的方案或措施。

第 6 章

工作动机与人员激励心理

【学习目标】
- 了解需要、动机与激励的概念与关系；
- 理解激励的模式和影响因素；
- 掌握三类激励理论的基本内容；
- 熟悉激励的原则与方法。

【关键概念】

需要　动机　激励　内容型激励理论　过程型激励理论　需要层次理论　双因素理论　成就需要理论　期望理论　公平理论

引例

华为公司的员工持股激励模式

　　在日趋激烈的市场竞争环境中，为了在员工流动性大的情形下吸纳人才，华为公司采取将股票及期权发放给公司核心员工的做法。华为公司在 1990 年开始实施内部股权计划，这项计划实施以后，员工个人能力和前途与公司的长期发展紧密地联系在一起，有利于实现员工和公司的共享机制，有助于形成共同奋斗的组织气氛。受外部环境的变化和公司自身发展状况的影响，华为公司员工持股激励形式和内容也随之改变，持股员工的人数逐年增加，员工持股规模不断扩大。另外，华为公司实施内部股权计划的基本原则是保证最具责任心和最有才干的人拥有大份额股权，进入中坚管理层。通过浮动的股权分配原则，员工对公司的实际贡献决定了员工能够持有的股权份额。

　　总之，华为公司的内部股权计划在真正意义上使员工拥有了管理公司的权利。公司盈利时可以分配剩余收益，公司的产品开发、市场运作、经营决策都是员工在共同意愿下决定的，有效避免了"一权独大"的局面，众多持股员工可以与经营管理层平等协商。

　　（资料来源：李丽珂，孙韦辰等. 员工持股激励模式演化研究[J]. 市场研究，2015.）

　　管理者要处理的最大问题是"人"的问题。对人的管理有两方面的基本目标：首先是吸引、招聘能胜任工作的优秀人才加入本组织，使其长期留在本组织工作；其次是促使他们完成组织的既定任务，充分调动他们的积极性和创造性，使其向更高的境界迈进。这需要了解员工的需求，激发其内在动机，使员工的行为朝预定的目标前进。这就是激励的过程，即本章要探讨的问题。

　　激励是人力资源管理的核心。管理者不但要知道人类行为的共同特征，还必须了解个体行为的原因及差异，如在同样的工作条件下，为什么有的人充满热情和干劲，有的人却感到沮丧而提不起精神。要回答这些问题，就必须了解个体的不同需要和动机，研究激励的过程及规律，从而有效预测个体行为，并采取适当的方法调控其行为。

6.1 需要、动机与激励

激励对于组织发展至关重要。员工的能力和才干并不能直接决定他对组织的价值及贡献，其能力和才干的发挥在很大程度上取决于动机水平的高低。无论一个组织拥有多少技术、设备，如果没有具有工作动机的员工，这些资源就不可能被使用。所以说，"管理的最高境界是激励"。要想激励员工，必须首先了解需要、动机与激励的概念和关系。

6.1.1 需要

1. 需要的概念

所谓需要，是对有机体内部不平衡状态的反映，表现为有机体对内外环境条件的欲求。需要的产生是由于个体生理或心理上存在某种缺乏或不平衡状态。例如，血液中血糖的下降会产生饥饿求食的需要，而水分的缺乏则会产生口渴、想喝水的需要，生命财产得不到保障会产生安全的需要，孤独会产生交往的需要等。

需要是个体活动积极性的源泉，是人进行活动的基本动力。当人在社会生活中感到某种欠缺时，便会产生需要，力求获得满足，达到平衡。人既是生命有机体，又是社会成员，人从事的各种活动，从饮食、居住、安全到生产劳动、人际交往、价值实现乃至发明创造，都有需求，这些需求反映在人的意识中就成为需要。所以说，需要对全体人类来说是普遍的、共同的、绝对的，但对不同的个体来说又具有特殊性和相对性。

2. 需要的分类

人有多种多样的需要，不同的人有不同的需要，不同的社会和不同历史阶段的人也有不同的需要，具体分类如下。

（1）从需要的发展过程来看，需要可分为自然性需要和社会性需要。自然性需要又称生理需要，是指人为了生存所必需的客观需要，即对衣、食、住、行和安全等方面的需要。但是，人的自然需要往往带有社会化的烙印，如衣、食、住，不仅要能遮体、果腹、栖身，更要具备美感、美味、美化环境等社会功能。社会性需要是随着社会的发展而出现的。在早期人类社会中，主要是自然性需要，目的是满足生理和安全需要。随着生产力的发展和物质文化水平的提高，需要的内涵变得十分丰富，主要表现为社会性需要，如政治、科学、艺术、宗教等的需要。

自然性需要和社会性需要是相互联系的，自然性需要是社会性需要的物质基础，社会性需要是自然性需要的提高。

（2）从需要的对象来看，需要可分为物质需要和精神需要。物质需要是对社会物质产品的需要，既包括人类生存的自然性需要，如对食品的需要，对工作和生活条件的需要，对安全的需要等，又包括社会性的高级的需要，如对计算机、汽车、首饰等的需要。精神需要是对各种精神产品的需要，如对文化科学知识的需要，对理想追求的需要，对美的欣赏的需要，对社交的需要等。物质需要和精神需要之间存在密切的关系，物质产品不仅要满足人的生理需要，而且要满足审美的需要；要满足精神需要，还得有一定的物质条件来保证。物质需要是前提，精神需要是追求的目标，精神需要的满足比物质需要更困难，也更难以实现。

6.1.2 动机

1．动机的概念

动机是推动个体从事某种活动的内在原因和力量，是引起和维持个体行为，并使行为导向某个目标的心理过程。人的各种活动都是由一定的动机引发的。动机说明个体为什么（Why）要从事某种活动，而非说明某种活动本身是什么（What）或怎样进行的（How）。动机是在需要的基础上产生的。如前所述，需要是一切行为动力的源泉，但需要并不等于人现实的行为动力，必须转化为动机。需要是怎样转化为动机的呢？一般来说，动机形成的过程模式如下：

需要→心理紧张→动机→行为→目标→需要满足、紧张消除→新的需要

由上述模式可以看出，动机由需要激发，当个体产生某种需要而又未能得到满足时，个体呈现紧张状态，从而激发动机。但是，需要必须指向某个特定目标和对象，这样才能激发相应的动机。可以说，需要作为主体的内在因素起激活作用，目标作为外在因素起诱发作用。因此，动机是在生理因素的驱动下，受社会因素的影响，通过学习得来的，具有明显的社会性。

2．动机的分类

人类的动机相当复杂，对其进行分类是动机研究的一个基本问题。从动机的概念可以看出，人类的动机来源于需要。以此为基础，心理学家对动机进行了不同的分类。

（1）根据需要的性质，动机可以分为生理动机和社会动机。生理动机又称原始性、原发性、生物性动机，是由人的自然属性引起的，以生理需要和安全需要为基础，比较普遍的有三种：觅食动机、性动机和探索动机。社会动机则是由人的社会属性、社会需要引起的，又称继发性、习得性、心理性动机等，它是人类心理行为产生的内在原因。

社会动机是人们在社会生活中进行的学习和经验引起的，与生理需要没有直接联系。例如，我们要在事业上取得成就，有时帮助别人，有时影响别人，这些行为并不是由我们的生理需要决定的，而是我们在社会生活环境中通过学习和经验得来的，因此是社会动机。

从理论上讲，有多少种社会行为，就有多少种社会动机。根据现有的研究，人类主要存在以下几种重要的社会动机：①成就动机，指个体在广泛背景下追求成功与成就的动机。成就动机是推动个体追求卓越，完成自己认为重要的、有价值的工作，并设法使其达到某种理想状态的一种内驱力。②亲和动机，指个体害怕孤独，希望和他人在一起，建立协作、友好的联系的内驱力。亲和即合群，个体需要和别人在一起，希望加入某个团体，由此形成合群动机。③权力动机，指个体要在某些方面取得一定的支配地位的内驱力。这里所说的权力不仅是政治上或组织上的权力，而且包括更大的范围，如在教师对学生、长辈对晚辈、专业人员对非专业人员等人际互动中表现出来的权力。④社会赞许动机。社会上大多数人都希望自己的所作所为能获得他人的赞赏，这对个体保持积极的自我形象和自信心非常重要。这类动机称为社会赞许动机。另外，还有侵犯动机、利他动机等。

（2）根据动机产生的根源，动机可以分为内在动机和外在动机。内在动机指人做出某种行为是为了行为本身，因为这种行为可以带来成就感或个体认为这种行为是有价值的。外在动机指人为了获得物质或社会报酬或避免惩罚而完成某种行为。人做出某种行为是为了行为的结果，而非行为本身。

出于内在动机工作的员工看重的是工作本身，如寻求有挑战性的工作、为组织做贡献及充分发挥个人潜力的机会。内在动机可以使员工付出额外的努力，在工作中进行创新且愿意承担风险。而出于外在动机工作的员工更看重工作的报偿，如工资和奖金、表扬、社会地位等。

（3）根据动机的作用，动机可以分为主导动机和从属动机。主导动机是指在活动中作用突出、强度最大的动机，对其他动机具有调节作用。主导动机具有凝聚作用，将相关动机联合起来，指向最终目标，并决定个体实现具体目标的先后顺序；主导动机也具有维持作用，将相关动机的行为目标维持在最终目标上，阻止个体行为指向其他目标。从属动机即非主导动机，处于辅助、从属地位，影响力较小，但其作用也不可忽视。有时从属动机可以增强或削弱相关动机联合的程度。

动机的分类及其关系总结如表 6-1 所示。

表 6-1 动机的分类及其关系

分类标准	动机种类	动机说明	例证	关系
需要的性质	生理动机	以生理需要和安全需要为基础	对水、空气、食物的需要等	生理动机早于和优先于社会动机出现
	社会动机	在社会生活环境中通过学习和经验引起	成就、亲和、权力及社会赞许动机等	
动机产生的根源	外在动机	人做出某种行为是为了行为的结果，而非行为本身	工资和奖金、表扬、社会地位等	外在动机和内在动机可以相互转化
	内在动机	人做出某种行为是为了行为本身	寻求有挑战性的工作、为组织做贡献及充分发挥个人潜力的机会	
动机的作用	主导动机	作用突出、强度最大，对其他动机具有调节作用	有的人主导动机是加薪，从属动机是升职等	主导动机和从属动机可以相互转化
	从属动机	处于辅助、从属地位，影响力较小		

3．工作动机与工作效率

工作动机是驱使个体参与社会劳动和进行工作的一种社会动机。无论人的工作动机来自什么需要，工作动机都是促使人们进行工作的强大动力。

在心理学中，关于工作动机和工作效率的关系有两种理论。一种是内驱力理论（Drive Theory），认为两者呈线性相关，即工作动机、内驱力、唤醒水平提高，工作效率也相应提高；另一种是倒 U 形理论（Inverted-U Theory），认为两者呈曲线性相关，即高工作动机水平或低工作动机水平与低工作效率相关，而中等工作动机水平与高工作效率相关。

在实践中，员工的工作动机对工作效率具有非常明显的作用。各种工作都存在动机的最佳水平，动机过强或不足都会使工作效率降低，中等强度的动机能取得最佳工作效率。许多研究发现，动机的最佳水平主要取决于工作的性质和类型。在简单的工作中，工作效率随动机的增强而提高，内驱力理论适用；当工作难度加大时，如复杂的、控制的、协调的智力活动，则倒 U 形理论适用。学者费栋华总结，在人力资源管理中了解员工个体或集体的动机，并提供适当的组织环境可大大提高人力资源的使用效率。工作动机与工作效率的关系如图 6-1 所示。

图 6-1 工作动机与工作效率的关系

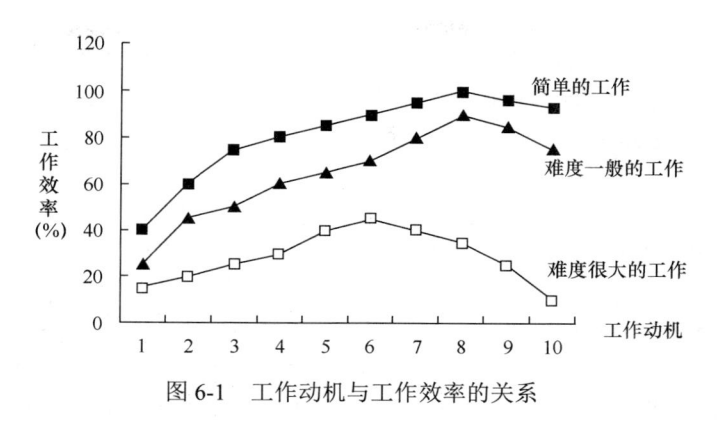

6.1.3 激励

1．激励的概念

激励，即激发、鼓励，主要指激发人的动机，使人产生一股内在的动力，并朝着期望的目标前进的心理活动过程。作为心理学术语，激励指的是激发人的动机的过程；从管理学的角度讲，激励指的是创造条件满足员工的需要，以激发员工的工作动机，使其努力工作，从而实现组织目标的过程。激励问题即调动人力资源的积极性问题，是当前许多学科研究的课题之一。汤敏指出，激励的关键在于制定什么样的规则才能使组织中每个成员的自利行为的结果与给定的集体目标一致。

2．激励与组织绩效的关系

激励并不是无条件地简单满足员工的任何需要，而是以能在一定程度上导致组织绩效提高的方式来满足员工需要，要对需要满足的方式和程度予以控制。员工也许有些需要很迫切，但是如果满足方式不妥当，对于员工的工作业绩就没有明显的促进效果。例如，员工在上班时间有社交的需要，他可能通过打电话聊天、串岗等方式来满足这种需要，但这种需要的满足不仅不会导致组织绩效提高，反而对组织有害。另外，有些需要被过度满足后反而会导致绩效下降。

3．激励的作用

激励对于调动人们潜在的积极性，使人们出色地达成工作目标及不断提高工作绩效具有十分重要的作用。

1）激励对个体的作用

（1）激励可以开发个人潜能。激励可以为人的行为提供动力，调动人的积极性，包括工作的自觉性、主动性和创造性等。美国哈佛大学心理学家詹姆斯指出，普通人只运用了大脑资源中极小的一部分，而激励可开发人的潜能。他发现，在一般情况下，按时计酬的员工只需发挥20%～30%的能力，就可应付自己的工作。但当员工受到充分的激励时，则其能力可以发挥80%～90%。这说明50%～70%的能力是可以通过激发动机而提高的。

（2）激励可以提高个体工作绩效。研究表明，工作绩效的高低，从主观上看取决于能力和激励水平两个因素，即工作绩效=f（能力×激励水平）。这说明，只有能力而缺乏动机（根本不想干）或动机强度不够，都无法达到工作要求；反之，个体的内在动力很足，但没有基本能力，同样不能胜任工作。因此，在环境条件相同的情况下，能力强、激励到位的员工，绩效肯定高；能力弱、激励到位的员工，绩效有可能高；能力强、激励不到位的员工，绩效有可能低；能力弱、激励不到位的员工，绩效肯定低。寓言《龟兔赛跑》也说明了有时动机比能力更重要的道理。

2）激励对组织的作用

（1）激励机制是组织吸引人才、留住人才的重要手段。通过激励，组织可以把有才能的、组织需要的人才吸引过来，并使其长期为组织工作。从世界范围看，国外很多科研机构和企业集团为了吸引人才，采取了支付高薪、创造好的工作条件等很多激励办法。

（2）激励可以进一步激发员工的创造力和创新精神，从而大大提高工作绩效。有几种工作特征能激发人的工作动机，如技能多样性、任务完整性、工作重要性、工作自主性、工作反馈等，使他们感到工作富有意义，从而提高工作积极性。更重要的是，这种强烈的内在动机会使员工更加关注工作本身，有利于创造力的发挥。日本丰田汽车公司就采取颁发合理化建议奖（包括物质奖和荣誉奖）的办法鼓励员工提建议。无论这些建议是否被采纳，员工都会受到奖励和尊重。如果建议被采纳，并取得经济效益，那么奖励更多、更重。该制度推行一年后，员工的合理化建议创造的价值相当于该公司全年利润的 18%。反之，如果一个组织中员工的许多潜力不能被激发，就意味着人力资源的巨大浪费。

（3）激励有利于塑造良性竞争环境。组织通过激励建立的竞争机制是调动人们积极性的一种重要手段。现阶段，我国很多组织都实行机构改革和岗位聘任，废除"大锅饭""终身制"，从心理学的角度看，这正是能更好地激发人们的工作动机，调动其积极性的一种手段。因此，正确利用激励因素，创造良性的竞争激励环境，使人们积极地、自觉自愿地努力工作，把组织目标变成每个员工自己的需要，把组织利益与个人需要结合起来，是实现组织良性发展的最佳途径。

6.2　激励的模式与影响因素

6.2.1　激励模式

激励模式又称激励过程。激励模式实质上是通过外界刺激（外因）强化人的内在动机（内因），从而增强人的内驱力的过程。常见的激励模式有以下两种。

1．激励的基本模式

在早期内驱力理论的基础上，现代心理学家提出了动机激发循环的概念，把需要、内驱力和目标三个相互影响、相互依存的要素衔接起来，构成了动机激发的基本过程，即激励的基本模式。一个目标达到了，新的需要随之而起，如此周而复始，循环不息，如图 6-2 所示。

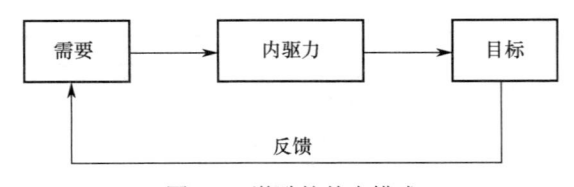

图 6-2　激励的基本模式

在这个模式中，内驱力和动机是两个可交替使用的概念。当一个人在生理或心理上感到缺乏某种东西时，就会产生一种紧张不安的心理状态。内驱力就是一种力求满足需要，以消除这种缺乏或不足状况的内在驱动力。这是动机激发过程中最核心的环节。例如，当人们饥饿时，对食物的需要就转化为力求解除饥饿的内驱力；孤独时，对朋友的需要就转化为力求交往的内驱力。目标是动机激发过程中的终端，可解释为能满足需要和减弱内驱力的事物。因此，达到预定目标有助于恢复生理和心理上的平衡。能满足个体某种需要的目标，在心理学中称为诱因。如果说需要是激发动机的内在条件，诱因就是它的外在条件。

在激励的基本模式的基础上，心理学家开展了大量研究，从不同角度提出了激发动机的理论，如激励的整合模式。

2．激励的整合模式

激励是一个复杂的过程，从激励行为的开始到激励效果的显现需要一个系统的过程。这个过程就是需要引起动机，动机支配行为，进而达到一定目标以满足需要的过程，即激励的整合模式，如图 6-3 所示。心理学家认为，所有人的行为都是为了实现一定的目的或达到一定的目标，这种"目标导向"行为又总是围绕着满足需要的欲望进行。一种没有得到满足的需要是调动积极性的起点，是引起一系列导向行为的初始动机。这种未满足的需要会使人产生紧张心理，并激发个人采取某种行为来满足需要，以解除或减轻其紧张。个体行为（付出努力）会产生满足需要和未满足需要两种结果。当个体通过努力达到目标时，需要满足，激励过程完成，并产生新的需要，进入一个新的激励过程的循环。当个体付出努力但未满足需要时，就会产生一种受挫心理，可能产生积极或消极的行为。当采取积极行为时，最终可能满足需要，并进入新的循环；而采取消极行为时，个体可能仍旧停留在这一层次的需要，也可能下降到更低层次的需要以得到满足。

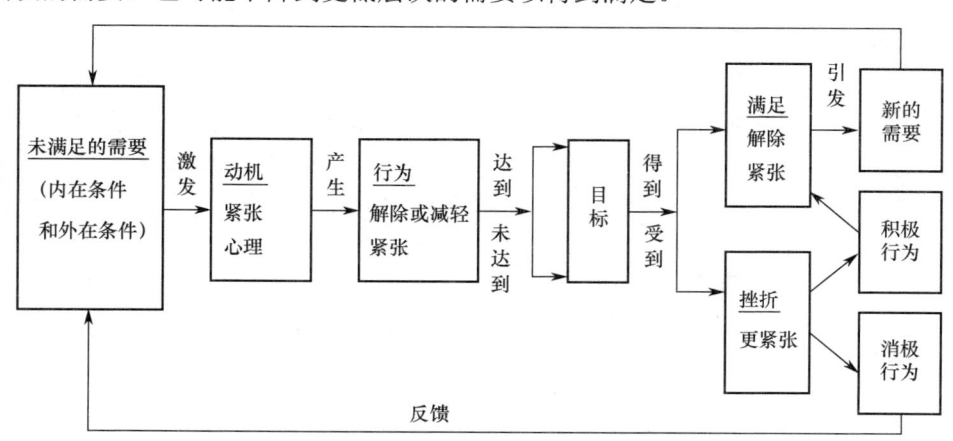

图 6-3 激励的整合模式

由该模式可以看出，形成动机的条件有两个，一是内在条件，即需要、欲望。当人感到缺乏并期待满足时才能产生动机。二是外在条件，即诱因、刺激。客观环境对人的动机的产生和发展起着潜移默化的作用。当内部条件与外部条件同时存在时，二者相互影响、相互作用，并最终激发人的行为。可见，激励过程以未能得到满足的需要开始，以需要得到满足而告终。该模式不仅反映了需要、动机、行为、目标之间的关系，而且引入了需要得到满足和行动受到挫折后采取积极、消极行为的概念，便于管理者加强对整个激励过程的了解并采取相应措施。

以上两种模式虽各有不同之处，但激励过程的主要组成部分是基本相同的，都从产生需要开始，到实现目标、满足需要结束。这些模式对我们深入理解激励理论很有意义，同时也启示我们，要研究激励的对象及具体的激励过程，应遵循以下程序：首先，了解需要，即了解每个人各种需要的强度、结构及满足需要的方法；其次，分析环境，即对影响个人行为的环境进行分析，以施加诱因、设立目标，力求改进或引导员工适应环境。再次，利益兼顾，即兼顾组织、团体和个人的利益。最后，做好目标协调，力求在达成企业目标的同时满足员工的需要。只有综合考虑上述情况，才能采取有效的激励措施。

6.2.2 激励的影响因素

由前述激励模式可知，人能够被某种因素所激励而采取积极行为，也可能被某种因素所刺激而采取消极行为。人本身是一个有机系统，人的行为，一方面受其个体因素的影响，另一方面受环境因素的影响，这两个变量是影响行为的关键因素。

1. 个体因素

个体行为的动机源于人的需要、欲望，而行为的最终方向还要受到思维、判断和情绪等因素的影响。因此，要激励个体，就要考虑以下因素。

（1）需要的多样性、周期性和层次性决定了个体行为的多因性和动态性。人的需要是一种主观状态，不仅处于不同经济发展时期、不同地域的人的需要有所差别，而且处于同一时期、同一地域的人的需要也有很大差别。同时，由于个体生理现象的周期性，当个体的某种需要得到短期满足后，随着时间的推移，还会重新出现，表现出周而复始的特点。随着社会的发展，人的需要也是无止境的，一种需要得到满足后又会产生新的需要，低层次的需要得到满足后又会追求较高层次的需要。

（2）个人情绪直接影响行为的引发和进行。人在心情激动时，对环境中其他刺激的接受程度就会降低；而在心平气和时，接受程度就会升高。一个人无论如何理智，都免不了受情绪的影响。例如，领导批评得越严厉，员工的"自卫反应"便越强烈。这说明人不可能完全以理性状态做出反应。而个体的情绪冲突对行为的影响也较大，如一个人平时工作不积极，偶尔一次受到了表扬，引起强烈的情绪冲突，产生进步的需要，就开始改变过去的不良行为。这种冲突是来自内在需要的，经过积极引导，新的需要激发的动力就会产生持久的效果。另外，当员工和领导在一起时，其行为也会变化，这是由于权力和地位对心理产生了冲击。

（3）情绪与利益的相关性。一般来说，考虑的问题与自身利益越紧密，人们受情绪的影响就越大。情绪总是影响人们的思考、判断和决策行为，当个人对某种情况有情绪反应时，该情况必定与其自身利益有关。绝对客观地看问题是不可能的，因为人是综合运用理性和情绪来思考问题的。这也是激励的方式和程度难以把握的原因之一。

2. 环境因素

人所处的环境会影响人的态度及行为。如果要把人们引向某个方向，就必须使人与环境协调发展，不是改变环境，就是人去适应环境。组织环境中以下因素可引导个体产生积极行为。

（1）设定目标和标准。对于要完成的工作，要有明确的规定，使人们能积极、努力地奔向目标。同时要规定恰当的标准，标准不能定得太高，也不能定得太低。太高会使员工丧失信心，产生挫折感；太低又不会有什么激励作用。标准必须是人们力所能及，且经过努力才能达到的，即所谓"跳一跳"才能摘到的"果子"最甜。

（2）制定方案优选制度。做任何一件事都可能有几个方案可供选择，有了这种制度就能促进员工参与组织管理，鼓励他们遇到困难动脑筋、想办法，并采用最有效的工作方法和经济合理的实施方案。组织对于此类行为应给予必要的奖励。

（3）公开授权。权力和责任的公开化使自己和他人都能正视权力和责任，避免出现有职无权和对工作不负责任的现象。

（4）营造良好的人际关系与工作氛围。上下级之间相互信任、关心和尊重，领导和员工之间建立和谐的人际关系，对于形成良好的组织风气，激发员工的集体意识和荣誉感非常重要。而创造良好的生产条件和工作环境也是保障员工身心健康和精神愉悦的重要条件。

无论是环境因素，还是个体因素，对不同的人来说都是不一样的。因为人的动机、需要、行为虽有一般规律，但又因人而异。例如，每个人的职业、年龄、文化程度、经济状况、家庭出身等都不相同，每个人的发展都有从不成熟到成熟的阶段，只不过速度有快慢，时间有早晚。因此，组织实践中的员工激励问题还需进行具体分析。

6.3 激励理论概述

激励理论是专门研究如何激发个体行为动机和调动员工积极性的理论。自20世纪二三十年代以来，工业与组织心理学家就从不同的角度开始研究应怎样激励人，并提出了许多激励理论，按激励的侧重点不同，可将其分成三类：第一类，内容型激励理论，着重研究动机被激发的原因与起激励作用的因素的具体内容。第二类，过程型激励理论，着重研究动机的形成和行为目标的选择，即激励过程。第三类，行为改造型激励理论，着重研究激励的目的。另外，还有学者提出了综合激励模式，试图通过一种模式概括上述所有理论。下面详细介绍前两类激励理论。

6.3.1 内容型激励理论

内容型激励理论研究激发动机的原因及需要的内容和结构。这种理论都围绕着如何满足需要进行研究，因此又称需要理论。其中有代表性的理论包括马斯洛的需要层次理论、赫兹伯格的双因素理论、奥德弗的ERG理论及麦克利兰的成就需要理论等。

1．需要层次理论

需要层次理论是由美国人本主义心理学家马斯洛提出的，是一个受到广泛关注的激励理论。马斯洛于1943年在《人的动机理论》一文中，把人的需要分成生理需要、安全需要、爱与归属需要、尊重需要、自我实现需要五个层次。1954年，他又在《激励与个性》一书中，在尊重的需要和自我实现的需要之间增加了求知和审美两个需要层次，把人的需要分成七个层次。该理论被广泛运用于教育、组织与管理、治疗与自我改善等领域，也成为管理心理学揭示需要规律的主要理论。

马斯洛认为，人的需要具有层次性特征，各种需要相互联系、相互影响，共同构成一个完整的需要系统。按照由低级到高级的顺序，人的需要可分为七个层次（见图6-4）。

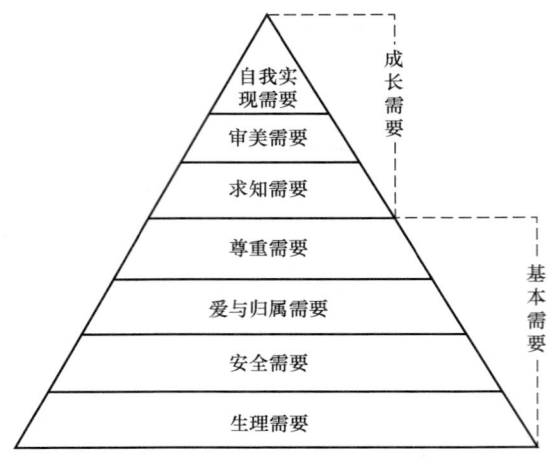

图6-4 马斯洛的需要层次理论

1）生理需要

这种需要是维持自身生命的基本需要，是动物和人共有的，如食物、水、衣物、住所和睡眠。马斯洛认为，在这些需要还没有满足到足以维持生命之前，其他需要都不能起到激励人的作用。生理需要在组织环境中包括向员工提供合适的工资、良好的工作环境。生理需要如果不能有起码的满足，就会完全支配人的活动。对大多数人来说，这种需要容易满足。

2）安全需要

这种需要是保障自身安全、摆脱失业和丧失财产等威胁的需要，包括住宅、工作场地、秩序、安全感等。当一个人的生理需要得到基本满足，便会产生安全需要。处于这个层次中的人，首要目标是减少生活中的不确定性，这在儿童身上表现得最为明显：父母吵架、家人分离、众多意外事件的干扰，都会使儿童产生不安定、不可预测和不安全的感受，影响儿童健康发展。安全需要对员工来说是工作有保障，有申诉制度，有合适的养老保险、医疗保险等。

3）爱与归属需要

当生理及安全的需要得到相当的满足后，爱与归属需要便占据主导地位。人类是有感情的动物，人们希望与别人交往，避免孤独，希望与同事和睦相处，关系融洽。人们希望归属于一个团体以得到关心、爱护、支持、友谊和忠诚，并为达到这个目标而做出努力。有人也把爱与归属需要称为社交需要。企业具有良好的组织文化，员工有共同语言，有归属感，感到自己是群体的一分子，社交需要就得到了满足。

4）尊重需要

当一个人第三个层次的需要得到满足后，他通常开始不满足于做群体中的一员，即产生了尊重需要，包括自尊和受人尊重两个方面。自尊意味着在现实环境中有实力、有成就、能胜任和有信心，以及独立和自由；受人尊重是指有名誉或威望，可看成别人对自己的尊重、赏识、关心、重视或高度评价。尊重需要的满足使人产生一种自信的感觉，觉得自己在这个世界上有价值、有实力、有能力、有用处。而这种需要一旦受挫,就会使人产生自卑感、软弱感、无能感。企业可以通过给予若干外在的成就象征,如职称、晋级、加薪等,以及工作的挑战性、责任和机会,满足员工这方面的需要。

5)求知需要

人有知道、了解和探索事物的需要,而对环境的认识则是好奇心的结果。求知需要具体包括好奇心、求知欲、探索心理及对事物的认知和理解。

6)审美需要

人都有追求匀称、整齐、和谐、鲜艳、美丽的需要,并且通过从丑向美转化而得到心理上的满足。马斯洛发现,从严格的生物学意义上说,人需要美,正如人的身体需要钙一样,美有助于人变得更健康。

7)自我实现需要

这是最高层次的需要,指的是人对自身的潜能得以发挥的向往。一个人希望成为什么样的人,就应该成为那样的人,他所做的符合他的本性,这种需要就称为自我实现需要。能达到者称为自我实现者,但这类人为数不多。但是也应该注意到,自我实现需要并非在重大发明和艺术创造的形式下才能得到满足。勤奋的学生、负责的教师、努力工作的工人、儿童照护者或管理家务者等,都可尽力而为,进而发挥潜能。自我实现需要促使个人不断发展,充分发挥自己的潜能,并富于创造性和独立精神。马斯洛认为,自我实现需要得到满足的人会产生高峰体验。高峰体验是自我实现者的特征之一。当我们的潜能充分发挥时,会带来最大的喜悦,这种体验就是高峰体验。

马斯洛认为,人的需要的发展呈金字塔形,从塔底到塔顶,越来越窄,即越低的层次所占比例越大,越高的层次所占比例越小。其主要原因是,低层次的需要相对容易满足,而高层次的需要受许多因素的制约。

马斯洛还阐述了各种需要之间的递进规律。这些需要可以分为高低两级,其中生理需要、安全需要、爱与归属需要、尊重需要属于人发展的基本需要,这些需要通过外部条件得到满足。而求知需要、审美需要和自我实现需要则是促进人成长的高级需要。同时,个人需要的发展由低到高按顺序逐级递升,呈现出波浪式递进。图 6-5 分析了需要层次的递进。当某个层次的需要得到相对满足时,其激发动机的作用随之减弱或消失,此时高一个层次的需要将成为新的激励因素。人的需要遵循递进规律,在较低层次的需要得到满足之前,较高层次需要的强度不会很大,更不会成为主导的需要。但低层次的需要获得相对满足后,下一个较高层次的需要就占据了主导地位,成为行为的主要驱动力。

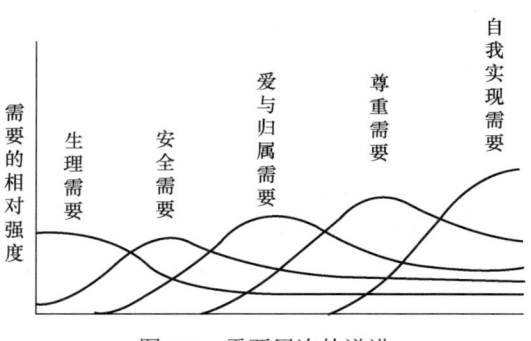

图 6-5 需要层次的递进

需要层次理论对人力资源管理者的启示在于,在工作中应掌握员工的需要及其发展变化规律,根据员工不同层次的需要,采取相应的激励措施。同时,要满足不同员工的需要,还需具体问题具体分析。

但是,实际上每个人的需要并非都是严格地按照由低到高的顺序逐级发展的,因为在不同情况下人们需要的强度是不同的，即使同一个人在不同阶段，其需要层次也不一样，管理者对这些情况必须全面考虑。

2. 双因素理论

20世纪50年代末，美国心理学家赫兹伯格在对工程师和会计群体进行工作满意感的调查时发现，促使员工在工作中产生满意或良好感觉的因素与产生不满或厌恶感觉的因素是不同的，前者往往和工作内容本身联系在一起，后者则和工作环境或条件联系在一起，由此提出了双因素理论。该理论有两个独创性的观点：首先，该理论说明了对工作的满意感和不满意感不是单一连续体的两个极端，其中至少包含两个状态，即没有不满意与没有满意。"满意"的对立面是"没有满意"，而"不满意"的对立面应该是"没有不满意"。其次，该理论强调有些因素能够引起员工对工作的满意感，赫兹伯格称之为"激励因素"；而另一些因素只能防止不满意感的产生，赫兹伯格称之为"保健因素"。

激励因素是指和工作内容紧密联系在一起的因素，如工作本身的挑战性、工作上的成就感、晋升等。这类因素的改善往往能给员工很大的激励，使员工产生工作满意感，有助于充分、有效、持久地调动员工的积极性，是人们行为动力的真正来源。保健因素是指和工作环境或条件相关的因素，如企业政策和管理、工资待遇等。这类因素处理不当，会导致员工不满，甚至严重挫伤员工积极性；反之，这类因素处理得当，则能防止员工产生不满情绪。这类因素带有预防性质，因此称为"保健因素"。两种因素的具体内容如表6-2所示。

表6-2 激励因素和保健因素的具体内容

激励因素（内在因素）	保健因素（外在因素）
工作成就感	企业政策与行政管理
在工作中得到认可和赞赏	技术监督系统
工作本身的挑战性和兴趣	与主管之间的人际关系
对工作职务的责任感	与同事之间的人际关系
工作的发展前途	工作环境或条件
个人成长、晋升的机会	薪酬
	职务、地位
	工作的安全感

双因素理论对激励员工有以下重要启示。

首先，企业为了保持员工原有的积极性，应注意保持或完善保健因素；为了提高员工的积极性，应当在激励因素方面多下功夫。只有激励因素与保健因素双管齐下，才能全方位调动员工的工作积极性。

其次，在实施激励时，对物质需求的满足是必要的，否则会导致不满，但是即使获得满足，它的作用也往往是有限的、不能持久的。要调动员工的积极性，就要注重对员工实施内在激励，如为员工提供发展、成长、晋升的机会等。

最后，要想持久与高效地激励员工，必须注意工作内容的重要性，促使员工从工作本身获得满足感。因此，要适时改进工作任务，工作再设计和工作丰富化是非常必要的手段。

但是也应该看到，双因素理论的适用性还有待进一步研究。在具体实践中，不同职业和不同阶层的人，对激励因素和保健因素的反应不尽相同。高度的工作满足不一定产生高度的激励。产生激励的因素因人而异，取决于环境和员工心理等多方面的因素。

3．ERG 理论

ERG 理论又称成长理论，是由美国心理学家奥德弗于 1969 年提出的。该理论系统阐述了一个关于需要类型的新模式，发展了赫兹伯格和马斯洛的理论。奥德弗和马斯洛一样，认为个体的需要是分层次排列的。但是，他认为需要的层次只有三个：生存需要（Existence）、关系需要（Relatedness）和成长需要（Growth）。因为这三个单词的首字母分别是 E、R、G，所以称为 ERG 理论。

1）生存需要

生存需要指全部生理需要和物质需要，如衣、食、住，工作报酬，对工作环境和条件的要求等。这种需要对应马斯洛需要层次中的生理需要和物质性的安全需要。

2）关系需要

关系需要指维持人与人之间的关系、联系的需要，包括上下级、同级、个人、集体等人际关系和谐等。这种需要对应马斯洛需要层次中人际性的安全需要、全部爱与归属需要及部分尊重需要。

3）成长需要

成长需要指一种得到提高、成长和发展的内在欲望，不仅包括充分发挥个人潜能以有所作为，而且包括开发新能力。这种需要对应马斯洛需要层次中的部分尊重需要和全部自我实现需要。

奥德弗认为，这三种需要之间没有明显的界限，多种需要可以同时存在，高层次需要可以不必以低层次需要的满足为前提，也就是说，甚至在生存和关系需要都没有得到满足的情况下，一个人也可以为满足成长需要而工作。该理论限制性较少，易于应用。该理论的特点表现在它对各种需要之间内在联系的具有说服力的阐述：①各个层次的需要越不满足，越被人们追求。例如，满足生存需要的工资越低，人们越渴望获得更多工资。②低层次需要越获得满足，人们对高层次需要的渴望越大。例如，生存需要满足后，人们对关系需要和成长需要的追求更加强烈。③高层次需要越不能满足或缺乏，人们对低层次需要的渴望越大。这就是所谓的挫折−倒退模式。例如，一个人如果缺乏对事业、成就、理想的追求，就会更多地追求生存需要。

ERG 理论对工作激励的启示在于，它提出了当个体高层次需要受到阻滞时，其他可能取得激励效果的途径，同时提醒人力资源管理者应根据员工需要和自身素质特点设置适当的目标。如果目标设置过高，员工力不从心，就会因达不到目标，无法满足需要而产生挫折感，进而产生退缩、害怕等消极心理，无法实现激励的目的。

4．成就需要理论

成就需要理论是美国哈佛大学心理学家麦克利兰在 20 世纪 50 年代提出的。他对成就需要这一因素做了大量研究，认为成就需要具有挑战性，引起人的快感，增强奋斗精神，是影响行为的主要因素。成就需要理论主要研究在生理需要基本得到满足的条件下，人还有哪些需要。麦克利兰认为，在生理需要得到满足以后，人们还有以下三种重要的动机或需要。

1）成就需要

成就需要指追求优越的内驱力，或者在某种标准下追求成就感、寻求成功的欲望。成就需要强的人具有以下几个特点：①有较强的责任感。他们不仅把工作看作对组织的贡献，而且希望通过工作实现个人价值，因此对工作非常投入。②希望能够得到及时反馈，看到自己工作的绩效和评价，因为这是产生成就感的重要方式。③倾向于选择有适度风险的工作，他们既不甘于去做那些过于轻松、简单而无价值的事，也不愿意冒太大的风险去做不太可能做到的事，因为那样就不可能体验到成就感。

成就需要强的人在创造性的活动中更容易获得成功。但是，他们并不一定能成为优秀的管理者，特别是在大公司中，因为他们通常只关注自己的工作业绩，而不关心如何影响他人取得优秀的业绩。从实际情况来看，杰出的管理者往往没有很强的成就需要。

2) 权力需要

权力需要指促使别人顺从自己意志的欲望。权力需要强的人喜欢支配、影响别人，喜欢对人"发号施令"，十分重视争取地位与影响力。这些人喜欢具有竞争性和能体现较高地位的场合或情境。

研究表明，个人的地位越高，其权力需要也越强，越希望得到更高的职位。高权力是高管理效能的一个条件，甚至是必要的条件。

如果权力需要强的人获得权力的目的是通过影响他人的行为而使整个组织获得好处，他们就会成为优秀的管理者。具有权力需要的人如果通过正常手段获取权力，或通过成功的表现被提拔为领导，他们就能够得到别人的认可。但是，如果其目的是获得个人权力，就难以成为成功的组织领导者。

3) 亲和需要

亲和需要指寻求与别人建立友善且亲近的人际关系的欲望。亲和需要强的人往往重视被别人接受、喜欢，追求友谊、合作。这样的人在组织中容易与他人形成良好的关系，并容易被别人影响，因而往往在组织中充当被管理的角色。

许多出色管理者的亲和需要相对较弱，因为虽然亲和需要强的管理者通常可以建立合作性的工作环境，与员工真诚、愉快地共同工作，但是，在管理上过分强调维持良好的关系会干扰正常的工作程序。

在对员工实施激励时需要考虑这三种需要的强烈程度，以便提供能够满足这些需要的激励措施。例如，成就需要强的人更希望工作能够赋予个人责任感、承担适度的风险，以及及时得到工作情况反馈。

麦克利兰认为，成就需要强的人对于企业和国家都有重要作用。企业中这样的员工越多，企业发展就越快。国家中这样的人越多，国家就越兴旺发达。据他的调查，1925年，英国成就需要强的人的人数在25个国家中名列第5位，当时英国确实是一个兴旺发达的国家。而到1950年再做调查时，英国成就需要强的人的人数在39个国家中名列第25位，事实上第二次世界大战以后的英国确实在走下坡路。

4) 成就需要理论的应用价值

麦克利兰的成就需要理论在人员选拔和激励管理中具有重要的应用价值。

(1) 通过测量和评价一个人的需要和动机特征，可以决定分派工作和安排职位的方向。例如，采用主题统觉测验方法，让被测验者看一张坐在教室里的年轻人的图片，看10秒钟后，要他回答下列几个问题：①图片内容是什么？②图片中是什么人?他在想什么？正在做什么？③将发生什么事?会产生什么结果？通过被测验者的直觉反应和回答，可以判断其固有的、真实的思想意图。如果被测验者对成就比较关注，认为图中的年轻人正在撰写一篇高质量的论文，就反映出他具有很强的成就需要；如果描述的焦点是权力，认为图中年轻人作为组织管理者正在制定经营方针和策略,就反映出他具有很强的权力需要等。

(2) 由于具有不同需要的人需要不同的激励方式,了解员工的需要与动机有利于合理建立激励机制。例如,对于权力需要强的员工,管理者应通过授权、自主工作团队等方式,尽可能让他们参与决策制定,尤其是与他们有关、影响重大的决策的制定。对于亲和需要强的员工,管理者应该确保让他们作为团队的一员从事工作。因为他们更容易从与他们一起工作的人那里得到满足,而不是工作本身,所以应该给予他们大量表扬和认可,委托他们对新员工进行接待和培训,以使他们成为很好的伙伴和教练。

(3) 麦克利兰认为动机是可以训练和激发的,因此可以通过教育和培养造就高成就需要者,以提高生产率。例如,增强员工自信心,鼓励员工参与决策,提供有挑战性的工作、公正的待遇、支持性的工作环境和培训,以及给予员工充分信任和自由空间等,可以有效培养员工的成就需要。

以上几种内容型激励理论都是从人的需要方面来研究激励问题的,因此可统称为需要理论。

6.3.2 过程型激励理论

过程型激励理论着重研究从动机的产生到采取具体行动的心理过程。这类理论试图解释、描述动机形成和行为目标选择的整个过程,即行为是怎样产生的,怎样向一定方向发展,如何保持或结束行为的发展过程。这类理论主要包括弗罗姆的期望理论、亚当斯的公平理论、波特和劳勒的综合激励理论等。

1. 期望理论

期望理论是美国心理学家弗罗姆于1964年在《工作与激励》一书中提出的。弗罗姆认为,双因素理论和需要层次理论在解释激励过程时都犯了简单化的错误。实际上,对不同的人来说,激励因素的效用是不同的。他认为,当人们有需要,又有满足这个需要的可能时,其积极性才高。激励水平取决于期望值和效价的乘积。其公式是:

$$激励水平 = 效价 \times 期望值$$

M(Motivation)即激励水平,是指动机的强度,即调动一个人的积极性,激发其内在潜力的强度。它表明人们为达到设置的目标而努力的程度。

V(Value)即效价,是指目标对于满足个人需要的价值,即一个人对某个结果偏爱的强度($-1 \leq V \leq 1$)。例如,一位员工根据以往的经验和直觉得出以下结论:如果自己在工作上做出优异成绩,则奖金必然增加。而奖金增加这种"结果"具有多大的吸引力,或者人们是否喜欢这个"结果",取决于个人的主观评价。对看重金钱的人来说,吸引力可能很大;而对经济宽裕的人来说,吸引力就很小,甚至是零;也有人不希望奖金增加,他们担心这会导致与同事的关系变差,这时奖金的增加对他们的吸引力就是负的。因此,效价的变动范围为$-1 \sim 1$。

E(Expectancy)即期望值,是指采取某种行为可能导致某个结果的概率,即采取某种行为以实现目标的可能性的大小($0 \leq E \leq 1$)。例如,一位应聘者对自己被某公司录用这一结果可能性的判断,就是期望值;一位员工认为自己努力工作从而获得晋升的可能性为60%,则概率为0.6。概率变动的范围为$0 \sim 1$。应当注意的是,期望值是个人主观评价的概率,而不是实际情况的客观概率。

这个公式表明,激励水平的高低与效价、期望值有密切关系,效价越高、期望值越大,激励水平也越高,反之亦然。如果其中一个变量为零(毫无意义或毫无可能),激励水平就等于零。这就说明了为什么非常有吸引力的目标也会无人问津。要使激励效果最大,就必须遵循人的期望模式,即:

个人努力→个人绩效→组织奖励→个人需要

这个模式阐明了在进行激励时要处理好以下三方面的关系,这也是调动人们积极性的三个条件。

(1)个人努力与个人绩效的关系。人们总是希望通过一定的努力达到预期的目标。如果一个人主观认为只要自己努力,就能够达到预定的目标(达到目标的概率很高),他就会充满信心,有强大的工作动力。但是如果他认为目标太高,即使努力也不会有很好的绩效,他就会失去信心,缺乏动力。反之,如果目标太低,唾手可得,他就会认为不值得费力达到此目标,从而失去内在动力。这种关系通过公式中的期望值这个变量反映出来。期望值是个体对目标的一种主观评价,它既受个人的个性、情感、兴趣、动机等主观因素影响,也受个人的社会地位、外界环境及他人的期望等客观因素的影响。

(2)个人绩效与组织奖励的关系。人总是希望取得良好绩效后能够得到奖励。组织奖励就是企业对个人或团体工作绩效的肯定和报答。奖励是综合的,既包括物质上的奖励,又包括精神上的奖励。如果员工认为取得良好绩效后能得到合理的奖励,就可能产生工作热情,否则就可能没有积极性。因此,员工的行为如果没有相应的、有效的物质和精神奖励来强化,时间一长,员工为组织做贡献的动机就会逐渐消退。

(3)组织奖励与满足个人需要的关系。人总是希望自己获得的奖励能满足自己某方面的需要。由于人们在年龄、性别、资历、社会地位和经济条件等方面都存在差异,同一种奖励,不同的人体验到的"效价"不同,吸引力也不同,激发的工作动力也就不同。因而,为了充分激发人的积极性,就必须根据个人需要,采取多种内容和形式的奖励。

综上所述,激励水平是人们有以下三种信念的结果:①个人努力的结果是个人绩效(期望值);②个人因绩效这一媒介而得到组织奖励(手段);③个人得到组织奖励后,看到组织奖励的价值(效价)。其中,如果一个信念(要素)弱化了,激励就弱化了。因此,期望理论给管理者实施激励提供了以下有益的启示。

首先,应了解员工的期望。了解他们工作中有什么问题,什么影响了其绩效,解决问题后能提高多少效率,并通过设置恰当的目标,激发员工的努力意愿,引导其实现期望。在设置目标时应尽量提高其效价的综合值。例如,每月的奖金不仅影响当月的收入,而且与年终奖、涨工资、评先进等挂钩,大大提高了效价的综合值。

其次,要把奖励与绩效联系起来,引导员工实现期望。对员工说清楚,什么样的行为将导致什么样的奖励和惩罚。适当加大不同员工实际所得效价的差值,以及组织希望行为和非希望行为效价的差值。只奖不罚与奖罚分明,其激励效果大不一样。

最后,要考虑奖励的效价,即员工所得奖励必须是对他们有意义的。奖励不一定是金钱。现今的员工向往多种多样的奖励形式:有人希望增加工资,有人喜欢享受休假,有人愿意得到较好的福利,有人渴望有进修深造的机会,有人期待得到提拔。如果能根据不同的需要层次采用多种奖励办法,必能事半功倍。

2. 公平理论

管理者总认为员工在得到报酬后，一定会获得满足，行为也将更加积极，却不知报酬与满足感之间还存在员工对报酬公正性的感觉。美国心理学家亚当斯对此进行了深入研究，于1967年提出了公平理论。该理论在社会比较中探讨个人所做贡献与所得报酬之间的平衡问题，侧重于研究报酬分配的公平性、合理性对员工积极性的影响，所以公平理论又称社会比较理论。

亚当斯认为，一个人对他所得的报酬是否满意，不能只看其绝对值，还要进行社会比较或历史比较，看其相对值。也就是说，人们总是将自己所得的报酬和做出的贡献的比率，与一个和自己条件相当的人的报酬与贡献的比率进行比较，如果比率相等，就认为公平合理，从而感到满意，继续努力工作；否则就会感到不公平、不合理，从而影响工作情绪。这种比较过程还包括同本人过去报酬与贡献的比率进行比较。该理论可用公式表示为：

$$\frac{O_A}{I_A} = \frac{O_B}{I_B} \quad \text{报酬相当，感到公平}$$

$$\frac{O_A}{I_A} < \frac{O_B}{I_B} \quad \text{报酬不足，感到不公平}$$

$$\frac{O_A}{I_A} > \frac{O_B}{I_B} \quad \text{报酬过高，感到不公平}$$

式中，A、B表示两个条件相当的个体；O表示个体从某项工作中得到的报酬和奖励，如工资、奖金、地位、晋升或对工作的兴趣等；I表示个体对该项工作付出的努力或投入的资源，如技术、体力、智慧、教育、时间、经验和工作态度等。$\frac{O_A}{I_A}$与$\frac{O_B}{I_B}$分别代表个体A和B的报酬与贡献之比。从公式可看出，当$\frac{O_A}{I_A}$小于或大于$\frac{O_B}{I_B}$时就会出现不公平的感觉。这时人们会产生一种力图恢复"公平"的愿望。一般来说，"不公平"的感觉对于多数人都是一种令人不安甚至厌恶的刺激，此时个体会产生一种尽快消除紧张状态的内驱力，这就形成了一种激励，其强度与个体感受到的不公平程度成正比。

员工进行公平比较时，可能是纵向比较，也可能是横向比较。纵向比较既包括员工在同一组织中与过去的比率进行比较，也包括员工将自己在不同组织中的比率进行比较；横向比较既包括员工与本组织中的其他员工的比率进行比较，也包括与其他组织中的员工的比率进行比较。如果员工通过比较认为自己的贡献与报酬不成比例，就会强烈地感到不公平，从而挫伤工作积极性。

感觉到不公平的员工可以通过以下五种方式恢复公平感。

（1）改变贡献。一个人可以选择对组织增加或减少贡献。例如，通过努力工作或工作松懈达到目的。

（2）改变报酬。一个人可以通过要求增加工资或降低比较者的工资来重新建立公平感。任何对个人来说很重要的报酬，都能改变个人的报酬对贡献的比率。

（3）改变对贡献或报酬的认知。虽然贡献或报酬实际上并没有改变，但一个人可以改变对这些要素的认知。例如，一个人可能感到，与他对组织的贡献相比，他从组织那里得到的更多，但他可能通过变换他对贡献的认知（如我比别人更努力、我的工作量更大等）

来重新建立这种公平感。

（4）改变比较对象。当自己和一个人比较产生了不公平感时，换一个人做比较对象可能减少不舒服的感觉。

（5）离开这种环境。如果一个特定的环境总是使一个人感到受到了不公平对待，那么最激烈的解决方法就是离开这种环境。可以采取各种形式，如要求调到另一部门或另一地点，或者离开这个组织，另谋高就。

公平理论对管理实践的重要价值和启示如下。

首先，强调组织建立和保持公平竞争机制的重要性。人的工作动机不仅受绝对报酬的影响，还受相对报酬的影响，因此，管理者必须坚持"各尽所能，按劳分配"的原则，把员工做出的贡献与他应得的报酬紧密挂钩。只有打破平均主义，才能充分调动人们的积极性。

其次，组织不仅要公平地对待它的成员，还要让组织成员看到它确实是这么做的。公平存在于观察者的感觉中。认知上的公平与不公平产生于一种社会比较过程，这一事实有助于强调组织中存在的相互联系与相互依赖。因此，管理部门对待一位员工的方式不仅影响这位特定的员工，还影响组织中所有和这位员工有联系的人。另外，还要教育员工选择恰当的比较对象和正确理解公平的意义。

3. 综合激励理论

综合激励理论是美国行为科学家波特和劳勒于1968年在弗罗姆的期望理论基础上提出的。他们在《管理态度和成绩》一书中指出：激励、绩效和满足都是独立的变量，满足取决于绩效，甚于绩效取决于满足。他们将内在激励与外在激励结合在一起，并在报酬与满足感之间加入了一个中间变量"公平的报酬"，成为传统思想的转折点。该理论既清晰地勾勒出综合激励理论的架构（见图6-6），又揭示了员工在获得报酬后仍然不感到满足的谜底，从而使激励理论的内容更加丰富。

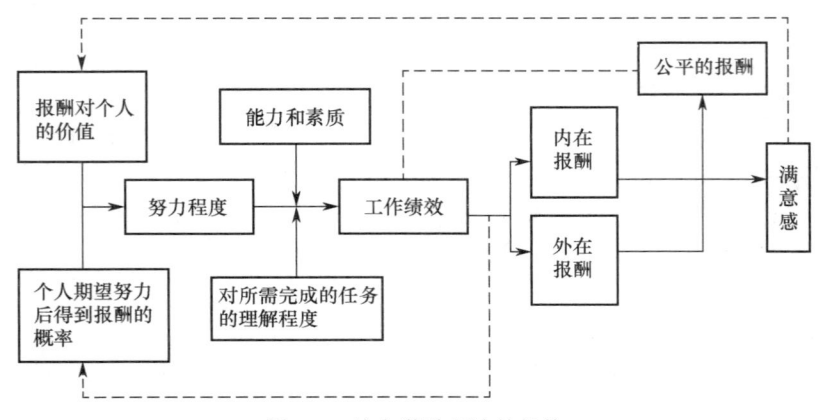

图6-6 综合激励理论的架构

波特和劳勒的综合激励理论主要强调了以下几点：①"激励"决定一个人是否努力及努力的程度。②工作的实际绩效取决于能力和素质、努力程度以及对所需完成的任务的理解程度。③报酬要以绩效为前提，不是先有报酬后有绩效，而是必须先完成组织任务，才能给予精神的、物质的报酬。当员工看到他们的报酬与绩效关联性很小时，报酬就不能成为提高绩效的刺激物。④报酬是否会产生满意，取决于被激励者认为获得的报酬是否公平。如果他认为公平，就会感到满意，否则就会感到不满。⑤满意感反过来影响员工对内在、外在报酬价值的认识，即只有经过努力，达到一定工作绩效，获得了报酬，产生了满意感，员工才会认识到内在、外在报酬的价值所在。同样，工作绩效也会反过来影响员工对努力、绩效、报酬之间关系可能性的感知。

波特和劳勒的综合激励理论是20世纪六七十年代非常有影响的激励理论，对今天的管理实践仍有相当大的指导意义。该理论涉及激励的全过程，包含许多激励因素，吸收了多种激励理论的精华，对它的深入理解可以让我们获得许多有益启示：不一定设置了激励目标、采取了激励手段，就一定能使员工满意和获得所需的激励效果。要形成"激励→努力→绩效→奖励→满足"，并以"满足"回馈"努力"这样的良性循环，就要考虑奖励内容、奖惩制度、组织分工、目标导向行动的设置、管理水平、考核的公平性、领导作风及个人心理期望值等多种综合性因素。

另外，行为改造型激励理论研究激励的目的，对于如何改进和修正人的行为提出了一系列激励理论，主要包括斯金纳的强化理论（参见第5章）、维纳的归因理论（参见第7章）等，这里不再赘述。

6.4 激励的原则与方法

6.4.1 激励的原则

运用各种激励措施来激发员工的积极性是各级管理者的重要职责，也是实现组织目标的前提。为了取得预期的效果，激励必须遵循以下几个原则。

1．公平性原则

激励的效用是员工对它的主观感受，因此任何激励措施的设计和实施都必须从了解员工的需要开始，以满足其需要为归宿，做到公平竞争、各尽所能、按劳分配。要以明确的目标和考核评价体系为支撑，建立起公平、公正和客观的激励制度。如果激励措施不公平，则不仅达不到激励员工的目的，还可能引起员工对企业的不信任，产生消极的工作态度和行为。

2．经济性原则

在设计和实施激励措施的时候，必须考虑到成本与效益的平衡问题。如果某种激励给企业带来的短期效益和长期效益小于激励成本，这种激励对企业的发展就是不利的。例如，有效的激励并不一定要通过高薪来实现，企业应根据每个员工的需要和企业的实际水平，采取灵活多样的激励措施，使有限的激励资源发挥最大效用。

3．时效性原则

激励要把握好时机。激励在不同时间进行，其作用和效果是不同的。人们在付出努力并取得成就后，都希望及时获得反馈，得到认可和肯定。激励越及时，越能促进人们积极性的发挥，越容易使积极行为得到有效强化而保留下来。如果激励滞后，就会使人们感到多此一举，削弱激励效果。如果激励超前，人们对实现目标还没有积累足够的认识，积极行为就不易总结和保留，也达不到激励目的。另外，激励时机与激励频率密切相关，激励频率过高或过低，都会削弱激励效果。因此，选择激励时机和频率时要从实际出发，及时、准确地把握激励的时机,科学实施激励。

4. 物质激励和精神激励相结合原则

物质激励是指通过物质刺激的手段鼓励员工工作。其表现形式有两种：正激励,如发放工资、奖金、津贴、福利等；负激励,如罚款等。物质需要是人类的第一需要,是人们从事一切社会活动的基本动因。物质激励也是目前组织内部使用最普遍的一种激励方式。但是要注意,物质激励对员工的激励作用是很有限的。在实践中,很多企业的加薪只是"激励"员工期待下一次加薪,加薪起到的是"保健"作用,而不是激励作用,企业预期的目的并未达到,员工的积极性并没有提高。事实上,人不但有物质需要,更有精神需要,如领导对员工的关心、认可、表扬、沟通与交流等也能起到很好的精神激励作用。这更需要管理者不断创新,考虑员工多方面的需要,灵活运用各种手段,将物质激励和精神激励相结合,多角度、多层次进行激励,这样才能取得更好的激励效果。

6.4.2 激励的方法

每个员工的需要是不同的,即使同一个员工,在不同的时期、不同的场合,其需要也会发生变化。因此,我们对员工的激励也应该视具体情况而定。常用的激励方法有以下几种。

1. 需要层次与管理策略

一个人只要有需要,就存在激励因素。需要层次中的每个层次都包含众多需要,具有相当丰富的激励因素,可供管理人员设置目标、激发动机、引导行为。赵西萍等学者根据马斯洛的需要层次理论总结了不同需要层次对应的激励因素和采取的管理策略,如表 6-3 所示。

表 6-3 需要层次对应的激励因素与管理策略

需 要 层 次	激励因素（追求的目标）	管 理 策 略
①生理需要	工资 工作环境 各种福利	奖金 保健医疗设备 工作时间 住房福利
②安全需要	职业保障 避免意外事故	雇用保证 退休金制度 意外保险制度
③爱与归属需要	友谊（良好的人际关系） 团体的接纳 对组织的认同感	协商制度 利润分配制度 团体活动计划 互助金制度 教育培训制度
④尊重需要	地位、名誉 权力、责任 与他人工资的比较	人事考核制度 晋升制度 保障、选拔、进修制度 委员会参与制度
⑤自我实现需要	能发挥个体特长的组织环境 有挑战性的工作	决策参与制度 提案制度 研究发展计划

2. 激励要因人而异

每个人都有不同的需要、价值观与奋斗目标，因此对于不同员工应采用不同的激励手段。对于从事危险工作、环境恶劣的体力劳动者，搞好劳动保护、改善劳动条件、增加岗位津贴是有效的激励手段。对于低收入人群，奖金十分重要；而对于知识分子和管理干部，职位晋升、授予职称及鼓励创新会起到更好的激励作用。因此，管理者在进行激励时，要定期对员工的需要进行调查，分析不同年龄、性别、职位、地位、受教育程度的员工最迫切的需要，实行"弹性报酬制度"，对不同的员工给予不同的激励，在总激励费用不变的前提下获得更好的激励效果。

3. 恰当运用目标激励

目标激励就是通过确定适当的目标，激发人的动机，以调动人的积极性。根据期望理论，首先，经过努力，目标实现的可能性越大，人们越感到有信心，激励作用就越强。因此，要恰当设置激励目标，目标过高会使期望值下降，过低则会使目标效价下降。应将长期奋斗目标进行分解，把大目标和小步子相结合，并对阶段性目标的实现及时给予奖励。其次，目标效价越高，即目标实现后满足个人需要的价值越大，社会意义越大，就越能鼓舞人心，激励作用就越强；当人们受到富有挑战性的目标的刺激时，就会迸发出极大的工作热情，特别是事业心很强的人。目标不仅能极大地激发员工的工作热情、积极性和创造力，而且能统一员工的思想和行动，使个人目标和组织目标相结合。目标提出以后，管理者还要帮助员工制定具体的实施步骤，并引导和帮助他们在工作中努力实现目标。

4. 建立参与激励制度

现代员工都有参与管理的要求和愿望，创造和提供机会让员工参与管理是调动他们积极性的有效方法。建立员工参与管理、提合理化建议、质量小组和员工持股等激励制度，有利于提高员工主人翁意识和集体荣誉感。让员工参与管理，可以集思广益，领导者可以听到更多的关于企业发展的好建议。对员工来说，可以形成员工对企业的归属感、认同感，可以进一步满足其自尊和自我实现需要。同时，员工参与决策可以增强参与者执行决策的自觉性。

5. 正确运用责任激励

一个人的工作业绩与其工作动机被激发的程度密切相关。在实际工作中，能力相同的人常常做出不同的成绩，能力差的人也可能比能力强的人做得好。其原因就在于管理者能否对员工实施正确的责任激励。管理者在赋予员工责任时，一定要善于把握时机，把交付责任作为实施责任激励的起点，以鼓舞员工士气，增强其责任心和上进心；在检查责任落实情况时，要有步骤和目的，要善于把检查、督促的过程变成"二次激励"的过程；在追究下属责任时，应根据责任的大小区别对待，并尽可能融隐性激励于追究责任之中，力求使被追究者少受一点挫折，多得一份鼓励。这对自我实现和成就动机较强的知识型员工来说尤为重要。

6. 善于利用竞争激励

竞争激励是指提倡组织内部各成员之间、各部门之间展开有序、平等的竞争，并优胜劣汰。这必须以公平的考核和奖励制度为基础，并注意适当拉开实际奖励效价的档次，控制奖励的效价差。如果效价差过小，就容易搞成平均主义，失去激励作用；而效价差过大，超过了贡献的差距，则会走向反面，使员工感到不公平。应该尽量使效价差和贡献等级相匹配，使员工感到公平、公正，这样才会真正使先进者有动力，后进者有压力，从而在组织中建立一种"你追我赶、奖勤罚懒"的良性竞争环境。

章节测验

1. 选择题

（1）（单选题）马斯洛认为，人的最低层次需要是（　　）。
A．生理需要　　　B．安全需要　　　C．爱与归属需要　　　D．尊重需要

（2）（单选题）关于期望理论，说法正确的有（　　）
A．能够检验工作努力的结果在多大程度上决定工作绩效
B．工作绩效能够与个人获得的奖励联系起来
C．能够检验工作结果对个人价值的影响
D．以上都对

（3）（多选题）关于激励对人力资源管理的启示，说法正确的是（　　）。
A．要了解员工的需求
B．要学会创造和引导员工的需求
C．激励不必关注及时性，只要做到即可
D．组织要调整和更新对员工需要层次的了解，给员工最需要的

（4）（单选题）对于一个尊重需要占主导地位的员工，下列（　　）激励措施最能产生效果。
A．加薪　　　B．升职　　　C．解聘威胁　　　D．工作扩大化

（5）（单选题）以下体现过程型激励理论主要内容及其相互关系的是（　　）。
A．好的工作环境可以让人乐于工作
B．有挑战性的工作会激发人的潜能
C．利用不同的事物对员工进行有针对性的激励，使不努力的员工更加努力工作
D．有挑战性的工作通过何种途径让员工努力并有创造性地工作

2. 简答题

（1）简述激励对组织的作用。
（2）内容型激励理论和过程型激励理论有何区别？
（3）感到不公平的员工会有什么样的表现？消除下属不公平感有哪些措施？

实训练习

全班同学分为6～8人的小组，根据以下两个主题展开讨论或互动，并进行分享。
1. 在课堂上应如何调动学生学习的积极性？
2. 请向组内或组外的同学表达赞美或表扬，可将自己的赞美之词写在纸条上送给对方。最后请每组收到和送出字条最多的同学分享个人感受。

第7章 绩效考评心理

【学习目标】
- 了解绩效考评的作用、内容与方法；
- 理解绩效考评的误差心理；
- 熟悉归因理论与归因偏差；
- 掌握绩效反馈、员工情绪差异与情绪管理。

【关键概念】

绩效　绩效考评　客观考评法　主观考评法　关键事件法　配对比较法　强制分配法　目标管理法　晕轮效应　近因效应　居中趋势　个人偏见　归因　绩效反馈　情绪管理

引例

工作效率与心情

某玩具厂人事部门为了探究员工的工作效率与心情之间的关系，做了一个小实验。根据员工以前的工作记录和表现，管理人员选择了图案移印车间的两名女工小李和小陈。她们性格相似，操作机器的熟练程度也十分相近。实验当天，管理人员要求她们使用同一型号的移印机，印制同一种玩具车的车门图案。

在小李工作之前，管理人员告诉她，她的工作表现非常好，可能被评为"先进员工"并发奖金。在小陈工作之前，管理人员告诉她，因为有人举报，所以自己要调查她上次在宿舍走廊倒垃圾的事情，并要处罚她。随后，在两人同时工作时，管理人员对小李和小陈进行了暗中观察和计时，发现小李和小陈的工作状态完全不同。小李操作移印机1小时后计数为1360，小陈的计数则为876。管理人员当即叫她们停止工作，由质检人员对她们印制的玩具车进行检查，结果是：小李的废品为47个，制品合格率为96.5%；小陈的废品为85个，制品合格率为90.3%。而她俩平时印制这种玩具车车门时，1小时平均印制1100个，平均制品合格率为95%。

从这个实验可以看出，心情对工作效率的影响非常大，这也证明了绩效考评及员工情绪管理对工作的重要性。在实际工作中，企业可以通过一些措施来影响或调控员工情绪。

绩效考评是对组织成员的绩效进行识别、测评和开发的过程，包括人员素质评价和业绩评定两个方面。绩效考评是组织实施绩效管理的核心和关键环节，也是工业与组织心理学研究中最广泛的一个领域。绩效考评的结果将直接影响薪酬支付与调整、职位晋升与调整、培训开发等与员工切身利益相关的活动，这对于激励员工提高绩效，并提高组织的整体绩效和管理水平具有重要意义。但是，在实施绩效考评的过程中，员工也会产生一些不良的心态和情绪反应，如焦虑、恐惧、厌恶、愤怒、抵触等，使绩效考评结果欠佳，甚至导致绩效考评失败。因此，如何在实践中减少绩效考评中的人为误差，排解员工普遍存在的心理问题，促进绩效考评向科学化、合理化方向发展，是本章的重点。

本章将介绍绩效考评的目的、内容和基本方法，并通过分析绩效考评过程中的误差心理和绩效反馈的实施，进一步阐述加强情绪管理、发展情绪智力等问题。

7.1 绩效考评概述

7.1.1 绩效与绩效考评的概念

绩效是一个组织的成员完成工作的结果。具体来说，绩效就是员工在一定时间与条件下完成某项任务所取得的业绩、成效、效率和效益。对组织来说，绩效就是任务在数量、质量及效率等方面的完成情况；对员工来说，绩效就是上级和同事对自己工作状况的评价。良好的绩效是组织追求的根本目标。

绩效考评是对组织成员的绩效进行识别、测评和开发的过程。它是人力资源开发与管理中一项重要的基础性工作，包括人员素质评价和业绩评定两个方面。人员素质评价涉及评价对象的性格、知识、技术、能力、适应性等方面的情况。业绩评定一般包括工作态度评定和工作完成情况评定。工作态度评定是对员工执行工作任务时的态度做出的评定，它与工作完成情况评定相互关联，但二者的评定结果也可能不一致。工作完成情况评定是绩效考评最核心的内容，一般要从工作的最终结果（工作的质与量）和工作的执行过程两个方面进行分析。

7.1.2 绩效考评的作用

在对组织各级成员进行的考核中，绩效考评可以在以下方面发挥重要作用。

1. 帮助员工改进绩效、谋求发展

绩效考评能使员工及时发现工作中的不足和缺陷，了解组织对其执行工作任务的看法；让员工明确自己的工作任务、职责和业绩，提出自己的发展要求，并提出希望组织给予的支持和帮助；使员工了解组织对自己的希望和要求，找出差距，调整工作方式，以更好地完成工作任务；通过绩效反馈与沟通，实现员工主动参与组织工作事务的愿望。

2. 提高组织管理效率与工作质量

绩效考评是一种检查工作任务完成情况的手段，可以掌握员工的贡献与不足之处，也可以建立管理者与员工之间的沟通渠道，表达管理者对员工工作和生活的关怀，从而改善上下级关系。它还可以增强员工对组织、对管理层及对工作的认同感，调动员工积极性，共同为实现组织目标而奋斗。

3. 为人力资源管理提供依据

绩效考评既是升迁、调岗、奖惩、解雇及培训与开发等人事决策的依据，也是人力资源规划、人员招聘和任用、工作进度安排等相关政策的基本信息来源，有助于提升人力资源管理的科学性、公正性、有效性和前瞻性。

7.1.3 绩效考评的内容与步骤

1. 绩效考评的内容

随着时代的进步和经济的发展，员工的自我意识与自我实现的价值观日益增强，这使绩效考评的对象、目的和范围更加复杂多样。评估目的不同，绩效考评内容也不一样。一般来说，一个有效的绩效考评系统要对以绩为主的德、能、勤、个性、绩等方面进行全面综合测评。但在实际运用时，可以对不同方面有所侧重，有时选择单项考评，有时选择多项考评，而且要兼顾可操作性。无论考评项目怎样变化，基本上都可归纳为德、能、勤、个性、绩五方面。

1）德

德即道德，指人们常说的思想品质、道德素质。不同社会、不同时代对"德"有不同的要求。当今社会把以下各项作为"德"：雷厉风行、有事业心、有奉献精神、尊重别人、善于与人合作、有原则、遵守组织纪律、尊重科学、知错即改、有法律常识、有职业道德、有进取心、有集体荣誉感和团队精神等。

2）能

能即能力，狭义上指人的素质，包括能反映人的知识、技能、体魄等方面的要素，如知识总量、分析能力、公关能力、开拓能力、动手能力、认识能力、思维能力、研究能力、创新能力、表达能力、组织能力、指挥能力、协调能力、决策能力等。企业在选拔和使用人才时，往往借助心理学知识，对人员进行能力测试。

3）勤

勤即勤勉、敬业精神。包括出勤率、纪律性、积极性、主动性、干劲、责任心、承担社会工作、兼职服务、对人关心等。

4）个性

个性包括性格、气质、爱好、兴趣等。个性属于心理特质范畴。心理特质不同，往往导致不同的工作效率和结果。因此，工作组织者往往把不同个性（如内向、外向）的人安排在一起工作，以便互补和提高工作效率。另外，也可以根据个性为员工安排适当的岗位。

5）绩

绩即工作业绩、工作效率及效果，包括工作量、成本-收益情况、开拓项目的能力与情况、立功受奖情况、创造精神和贡献大小等。

取得良好的绩效和效益是企业的最终期望，是以上五方面内容的客观表现。

2. 绩效考评的步骤

绩效考评包括三个主要步骤：界定工作本身的要求；评价实际工作绩效；提供反馈。首先，界定工作本身的要求，意味着必须确保主管和下属在工作职责和工作标准方面达成共识。其次，评价实际工作绩效，就是将下属的实际工作绩效与在第一步确定的工作标准进行比较，通常使用某些类型的工作绩效评价等级表。最后，绩效考评通常要求上下级之间有一次或多次反馈与沟通，其间应由主管就下属的绩效和进步情况进行讨论；为了促进下属个人的发展，还要共同制订必要的人力资源开发计划。

7.2 绩效考评的方法与误差心理

7.2.1 绩效考评的方法

绩效考评的方法很多，没有一种能够适用于一切考评的通用方法。管理者的责任就是依据不同的考评目的、任务、对象、内容、要求和指标，设计出不同的考评方法与方案。在实践中，大多数企业会结合使用几种考评方法。

1．绩效考评方法的分类

1）客观考评法

客观考评法主要是对两类硬性标准的考评。一是生产标准，如产量、销售额、废品率、原材料消耗率、能耗等；二是个人工作标准，如出勤率、事故率等。

对这些标准的考评一般来说是过硬的、客观的、定量的，因而也是最可信的。然而事实上影响工作绩效的因素很多，其中不可控的环境因素影响较大。例如，宏观经济萧条，员工个人绩效必定受到相应影响，但他们并不能对此后果负完全责任，因而这种考评有时虽然貌似公允，但实际上可信度并不太高。另外，对于从事复杂脑力劳动的专业技术人员和管理者，其绩效很难有效量化为直接可测的标准。总之，这种方法太注重工作结果，忽略了考评对象的工作行为；太注重短期效果，牺牲了长期目标，所以通常只适用于基层操作人员或从事体力劳动的员工，且仅作为主观考评法的补充。

2）主观考评法

主观考评法通过考评者对考评对象的工作行为进行主观判断而得出绩效考评结果。这种考评可行性强，适用于包括管理者与专业干部在内的各类员工，但因为主要依靠考评者的主观判断，所以受心理偏差的影响较大。在实践中更多地应用多种方法，通过精心设计的程序，从不同角度反复对考评对象的各种重要工作行为进行考评，从而提高考评的信度，减少偏差。

主观考评法又可以细分为以下两种类型：①相对考评法。这是较传统的考评法，是将考评对象与别人对比以评出顺序或等级的方法，因此又称比较法。②绝对考评法。这种方法不做人际比较，直接根据考评对象的行为及表现进行评定。这种方法在实践中使用最为普遍，并演变出多种不同形式。

2．常见的绩效考评方法

绩效考评方法直接影响考评计划成效和考评质量。绩效考评方法必须具备一定的信度和效度，并能被人接受。在绩效考评的不同阶段，需要运用各种不同的技术和方法来解决相应的问题。目前较为常见的绩效考评方法主要有以下几种。

1）描述法

描述法是传统的考评方法，又分为鉴定法和关键事件法两类。

（1）鉴定法。鉴定法是指考评者以叙述性的文字描述考评对象的能力、态度、成绩、优缺点、发展可能性、需要指导的事项和关键事件等，由此得到对考评对象的综合评价。这种方法所得结果比较可靠，资料相对完整；但是往往费时费力、篇幅长，而且描述水平直接影响评价印象，难以对多个对象进行比较。

（2）关键事件法。关键事件法是指管理人员常年登记各种能表明员工良好行为或不良行为及其结果的事件，并按事件性质分类，以此评判员工的绩效水平。这种方法需对每位待考评员工保留一份"考绩日记"或"绩效记录"，由考察与知情的人（通常为考评对象的直属上级）随时记载。应指出，事件记录本身不是评语，只是素材的积累。但有了这些具体事实作为依据，经归纳、整理，便可得出可信的考评结论，以及考评对象的长处与不足。

这种方法的优点是证据和事实清楚，强调工作成效，能为工作的改进提供依据。缺点是记录事件本身是一项很烦琐的工作，会造成上级对下级的过分监视，也不便于对员工进行比较。

2）比较法

比较法是一种传统的相对绩效考评方法，即对考评对象做出比较，从而决定其工作业绩的相对水平。这种方法有以下四种基本形式。

（1）排序法。排序法又分为直接排序法和交替排序法。直接排序法就是经过通盘考虑后，直接将考评对象排出先后序列（见表 7-1）。交替排序法是先从所有考评对象中选出最好的和最差的两名，然后在余下的人员中再选出最好的和最差的两名，以此类推，直至排定全部人员的顺序。一般来说，从员工中挑选出最好的和最差的要比绝对地对他们的绩效进行评价容易得多，因此，交替排序法是一种运用得非常普遍的工作绩效评价方法（见表 7-2）。这种方法在考评对象不多时较简单、迅速。

表 7-1 直接排序法

级　别	员工姓名
最好	1_____
较好	2_____
尚可	3_____
较差	4_____
最差	5_____

表 7-2 交替排序法

级　别	员工姓名
1…最好	_____
2…较好	_____
3…尚可	_____
……	
3…差	
2…较差	
1…最差	

（2）配对比较法。配对比较法是指将若干考评对象一一进行相互比较，根据比较结果排出名次。这种方法的缺点是当考评对象较多时很麻烦，而且相互间的差距不明确。

假定需要对几位员工进行工作绩效考评，在运用配对比较法时，首先，应当列出一张表格，标明所有需要考评的员工姓名及需要考评的所有工作要素。其次，将所有员工根据某项要素进行两两比较，然后用"+"（好）和"-"（差）表明谁好一些、谁差一些。最后，将每位员工"好"的次数相加。例如，在表 7-3 中，员工乙在工作质量要素上评价最高。

表 7-3　某公司员工在工作质量要素上的配对比较

	甲	乙	丙	丁	戊
甲		+	+	−	−
乙	−		−		
丙	−	+		+	−
丁	+	+	−		+
戊	+	+	+		
对比结果	中	最好	中	差	差

（3）强制分配法。强制分配法是指将考评对象分为几类，每类强制规定一个比例，按员工绩效情况归入某类。例如，按照下述比例确定员工的工作绩效分布情况：绩效最高，10%；绩效较高，20%；绩效一般，40%；绩效较低，20%；绩效最低，10%。这种方法的缺点是各分类间差异的内涵不清，而且当考评对象太少时不适用（见表 7-4）。

表 7-4　强制分配法

分类	绩效最高	绩效较高	绩效一般	绩效较低	绩效最低
比例	10%	20%	40%	20%	10%
员工姓名	张×× 陆××	李×× 王××	郭×× 孙×× 周×× 郑××	赵××	钱××

（4）人物比较法。人物比较法最初是第一次世界大战期间美国陆军用来评定军官的方法，因此又称陆军评定尺度法。这种方法先选择一些人作为不同等级的标准代表人物，由此构成评价尺度，然后将其他人与评价尺度中的标准代表人物进行比较，根据其与哪个标准代表人物最接近而确定其分值。这种方法的优点是标准客观、实在，容易比较。缺点是标准代表人物的选择往往非常困难，还会受到考评者主观意识的影响（见表 7-5）。

表 7-5　人物比较法

考评对象姓名	考评项目		业务知识		标准代表人物	—
	A	B	C	D	E
—					
—					
—					

（注：A——更优异；B——比较优异；C——相同；D——比较差；E——更差）

3）量表法

量表法是指利用一系列标准化的量表进行考评，将一定的分数分配给各项考评要素或指标，使每项考评要素都有一个评价尺度，然后由考评者用量表对考评对象在各个考评要素或指标上的表现做出评定、打分，最后汇总计算出总分，作为考评对象的考评结果。常用的量表法包括图表评价法、行为锚定等级评价法、目标管理法等。

（1）图表评价法。这种方法又称评级量表法，是普遍采用的一种方法。常用五点量表，考评者只需根据考评对象的情况在表上"对号入座"，然后把各项得分加总，就得到考评对象的等级（见表 7-6）。

表7-6 图表评价法

考评对象姓名：　　　　　职务：　　　　　考评日期：　年　月　日
工作单位：　　　　　　　　　　　　　考评者：　　　　（签名）

考评项目	考评要素	说明	评　　定
基本能力	知识	是否充分具备现任职务所要求的基础理论知识和实际业务知识	A　B　C　D 10　8　6　4
基本能力	理解力	是否能充分理解上级指示，干净利落地完成本职工作，不需要上级反复提示和指导	A　B　C　D 10　8　6　4
基本能力	判断力	是否能充分理解上级指示，正确把握现状，随机应变，恰当处理	A　B　C　D 10　8　6　4
业务能力	表达力	是否具有现任职务所要求的表达能力，能够进行一般的联络、说明工作	A　B　C　D 10　8　6　4
业务能力	交涉力	在和企业内外的对象交涉时，是否具有使双方接受或协商一致的表达能力	A　B　C　D 10　8　6　4
工作态度	纪律性	是否严格遵守工作纪律和规定；是否对人有礼貌；是否严格遵守工作汇报制度，按时提交工作报告	A　B　C　D 10　8　6　4
工作态度	协调性	工作中是否能充分考虑别人的处境；是否主动协助上级、同事或企业外人员	A　B　C　D 10　8　6　4
工作态度	积极性责任感	是否无条件接受分配的任务，主动积极，尽量多做工作，主动进行改良、改进，挑战困难	A　B　C　D 10　8　6　4

评定标准　　　　　　　　　　　分数换算
A——非常优秀　　　　　　　　A——72分以上
B——优秀，满足要求　　　　　B——64~71分
C——基本满足要求　　　　　　C——56~63分
D——不合格　　　　　　　　　D——55分以下

（2）行为锚定等级评价法（Behaviorally Anchored Rating Scales，BARS）。这种方法是由美国学者史密斯和肯德尔于1963年提出的。BARS是一种采用量表上不同的点来描述特定行为的图形测评方法。量表为每种职务的各个考评维度都设计出一个评分等级，并有一些典型的行为描述说明，与量表上的一定刻度（评分标准）相对应，为考核对象的实际表现评分提供参考。BARS的目的在于，通过一种等级评价表，对特别优良或特别劣等的绩效行为的叙述进行等级量化，从而将描述法和量表法的优点结合起来。

（3）目标管理法（Management By Objectives，MBO）。这种方法依据组织预定的管理目标，对组织管理者及员工的绩效进行检查、考核、评估。MBO是一种现代化管理方法，由著名管理学家德鲁克于1954年提出。

MBO的实质就是上下级共同讨论和制定下级在一定考核周期内需要达到的绩效目标，经过贯彻执行，到规定的考核周期末，由双方共同对照原定目标测评实际绩效，找出成绩和不足，然后制定下一个周期的绩效目标，如此不断循环（见表7-7）。

运用这种方法，在建立工作绩效考评体系的同时，必须确立整个组织的目标，因此目标的制定是关键。目标应符合SMART原则，即目标应是明确、具体的（Specific），不能含糊不清或指代不明；目标应是可衡量的（Measurable），可以用数量、质量等标准来区分；目标应是可实现或可达到的（Attainable），既具有一定的挑战性，又能够通过努力实现；目标应是高度相关的（Relevant），与企业的需要和员工的职业发展相关；目标应是具有时限性的（Time-bound），有合理的时间约束和预期的结果。

表 7-7　目标管理法

员工姓名：		工作名称：			
工作目标	成就水平测定方式	时间维度			实现目标的方法
		现在层次	目标层次	实际层次	
1. 2. 3. ……					

MBO具有目标明确性、民主性、培养性等特点，即双方共同制定的、明确的目标会产生行为动力；执行过程往往由下级自主进行，上级不必时时加以督导；在目标制定和执行过程中融合了个人培养的因素。当然，MBO在实施中也存在一些问题，主要是重结果、轻行为；因人而异地设定目标易出现"苦乐不均"；整个过程费时费力等。

量表法因为比较可靠、易于接受，所以广泛流行。在实际运用中，针对不同的职业特点，可以将量表设计成不同职业和人员的专用表格；针对不同的考评目的，考评要素及其分值、比例也应有所不同。但是量表法也有一些缺点：量表的设计费时费力，且只限于对过去行为业绩的评定；考评要素或指标往往过于烦琐；人们对各指标含义的解释可能不一致，导致考评结果出现人为的主观误差等。

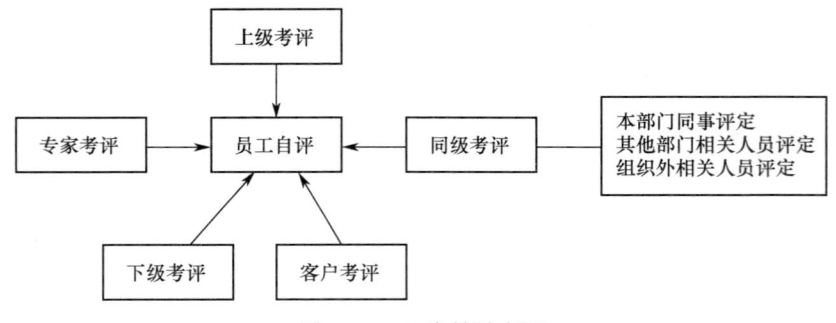

4）360度绩效考评法

360度绩效考评法又称全景式考评或多元化考评，是指上级、同级、客户、下属和本人等对员工绩效、重要工作能力和特定工作行为与技巧等进行考评，同时找出组织及个人在这些方面的优势与发展需求。

360度绩效考评法可以避免单方面考评的主观、武断，提高绩效考评的信度和效度。因为一个人在不同的时间、不同的场合往往有不同的行为表现，所以要全面、客观地评价一个人的德、能、勤、绩和个性是比较困难的。因此，应当从多方面收集与绩效有关的信息，实行"立体考评"。考评包括上级考评、同级考评、客户考评、下级考评、专家考评、员工自评等，如图7-1所示。

图7-1　360度绩效考评

这种立体考评的结果会反馈给考评对象。一方面，这将促使考评对象全面认识自己，提高管理技能和工作业绩，改善团队工作；另一方面，对于整个组织，它可以增强绩效考评的效果，激励员工参与组织变革，提升培训效益和员工满意度，建立新型组织文化，促进组织发展。

总之，不同的考评对象具有不同的考评方式，应当根据考评目的将几种考评方式结合起来运用。

7.2.2 绩效考评的误差心理

绩效考评活动涉及对人的行为及表现进行识别、预测和判断，具备社会认知的一般特点，因此不可避免地受到考评者各种心理因素和情感因素的影响。在绩效考评过程中，不同考评者往往对同一考评对象做出不同甚至截然相反的评价，同一考评者考评不同考评对象时在标准的掌握上也有出入。因此，要注意克服并消除考评中的以下误差心理。

1. 晕轮效应

美国心理学家桑代克发现，考评者在对一个人进行考评时，往往有凭主观印象行事，从而使考评结果偏高或偏低的倾向，称为晕轮效应。当一个人有一个显著的优点时，人们就会误以为他在其他方面也有同样的优点。在考评中，当考评对象具备考评者特别注重的某些特征时，考评者就认为他在其他方面也优秀；反之则会做出较差的评价。当考评对象是那些对管理者表现得特别友好的员工时，这种问题最容易出现。例如，一位对管理者不十分友好的下属通常不仅在"与其他人相处的能力"这方面得到较差的评价，而且在其他绩效要素方面也得到较差的评价。

要想克服这种误差心理，可以采取以下措施：一是考评者本人要能够意识到这一问题。要加强对考评者的培训，使他们认识到晕轮效应的影响。二是应对各项考评指标分别评定，且应在对所有考评对象的某个指标或方面都评定以后再转向另一个指标的评定。

2. 近因效应

一般来说，人们对最近发生的事情记忆深刻，而对以前发生的事情印象不深。考评者在对考评对象某个阶段的工作绩效进行考评时，往往只注重近期的表现和成绩，以近期印象代替考评对象在整个考评期的绩效表现，因而造成考评误差。这就是所谓的近因效应。例如，一年中，员工上半年工作马马虎虎，等到下半年才开始认真工作，照样能够得到较高的评价。

为了减少和消除近因效应误差，可以采取以下措施：考评者每月进行一次当月考评记录。在每季度进行正式考评时，参考月度考评记录来得出正确考评结果。

3. 偏松或偏紧倾向

在考评中，由于考评者本身的因素，可能出现对一组员工的考评过宽或过严的结果。无论员工的实际表现如何，考评者都按照自己的评分习惯或倾向来评定。那些怕引起冲突的管理者可能给予下属比实际工作绩效更高的评定分数，以让人形成宽容的印象。也有管理者考虑到其他考评者的评定结果，希望自己下属的成绩优于其他部门员工的成绩，而采用宽容化评定。那些没有经验的考评者或对考评工作缺乏自信的管理者则容易使用严格的标准考评下属，造成评分普遍偏低的现象。

为了克服偏松或偏紧倾向，可以采取以下措施：一是明确规定考评要素的内容和考评标准，要求考评者根据事实考评并排除其他顾虑，独立进行评定。二是运用行为锚定等级评价法或强制分配法。如果必须使用考评量表，那么最好设定强制的工作绩效分布比例，将员工的工作绩效考评结果适当地区分开。

4．居中趋势

居中趋势又称中心化倾向、聚集化倾向，即无论员工实际工作绩效如何，都用平均水平作为评定结果，导致评价区分度小，各考评对象的成绩拉不开距离。居中趋势的主要原因是人们往往不愿意做出"极好""极差"之类的极端评价。那些寻求"安全稳妥"的管理者，或者对具体工作情况并不熟悉的考评者最容易出现这种倾向。

为了消除这种误差，通常可用强制分配法，使考评者既要评定出最好的，也要评定出最差的员工；或者通过行为锚定等级评价法将行为描述与等级评价相结合。同时，应加强对考评者的培训，使之对考评工作建立信心，按照考评标准客观评定。

5．对比效应

对比效应又称反差效应，是指考评者对不同回答或行为优劣进行区分时产生的一种反差心理。在连续考评一组员工时，考评者容易受到这种心理的影响。例如，与前一个绩效较差的员工相比，一个绩效平平的员工可能显得很出众；但若前一个员工表现出色，则会使这个一般的员工显得很差，这是由于前一次评价对这次评价产生了不公正影响。人们在评价事物时，常常由于选取的参照对象不同而做出不同判断。当参照对象"完美无缺"时，其他事物便有黯然失色之感；反之，在某个较差的参照对象的衬托下，人们就会对其他事物产生良好的印象。

消除对比效应误差的有效措施是采用明确、可靠的考评标准，使考评过程对事不对人。

6．个人偏见

在绩效评价过程中，考评者容易受员工年龄、性别、种族或过去的绩效等情况的影响，从而对他们的工作绩效做出不正确的评定，使考评过程带上个人主观性和随意性，考评结果大大偏离其实际工作绩效。例如，在工作绩效考评中存在这样一种稳定趋势，老年员工（60岁以上者）在"工作完成能力"和"发展潜力"等方面得到的评价一般都比年轻员工低。而员工过去的绩效状况也会影响其绩效考评结果。这种情况导致的误差通常表现为：首先，有时考评者会全面高估一位低绩效员工的绩效改善状况；相反，又会将一位高绩效员工的绩效下滑程度看得过于严重。其次，当员工的绩效改变不明显时，考评者也会忽略其绩效的变化。

要消除个人偏见误差，应采取以下措施：一是采取小组评价或员工互评，避免一对一的考评；二是对考评标准进行细化，明确每条标准的内涵和要求；三是对考评者加强有关考评内容和标准的培训，要求考评者严格按照考评标准行事。

7.2.3 归因理论与归因偏差

归因是指人们对他人或自己的行为进行分析，指出行为性质或推断行为原因的过程，即解释和推测他人或自己行为的原因。

归因理论认为，人在解释行为时，要看行为是由自由意志控制的——内在归因或个人归因，还是由外部力量驱使的——外在归因或情境归因。例如，如果把生产率的下降看作员工消极对抗管理层的新措施，就是行为的内在归因；如果认为这是气候恶劣、生产条件得不到保障导致的，就是行为的外在归因。

1. 凯利的三维归因理论

1967年，凯利提出了一个颇有说服力的归因理论。他认为，要解释人的行为的原因，可依据三个因素做出判断：独特性、共同性、一致性。

1）独特性

独特性又称特殊性，是指行为是否反常。如果一个人的行为一反常态，不同于平常的风格，就可能是外在因素的作用，对此人们很可能做出情境归因。但是，如果一种行为与一个人平常的风格相符，人们就很可能做出个人归因。例如，如果一个人一向认真严谨、一丝不苟，却忘了锁门，人们就会觉得可能有其他外在因素导致他这样做。但如果这个人一向马马虎虎、粗心大意，人们的结论往往就会相反。

2）共同性

共同性又称普遍性，是指在相同情况下是否大多数人都会做出同样的行为。如果很多人都有同样的行为，则人们往往做出情境归因。如果唯独某人的行为与众不同，则人们很可能做出个人归因。

3）一致性

一致性又称一贯性，是指一个人的某种行为是否频繁出现。例如，如果一个人上班一向准时，有一天却迟到了，就很可能有外在原因。但如果这个人总是迟到，就很可能是个人原因。

举例来说，有一份工作，以前不同的任职者绩效差异很大，有的绩效高，有的绩效低，即共同性很低。一位女员工以往的工作表现很普通，没有什么突出的成就，即低特殊性。现在由她承担这份工作，并且工作表现很稳定，即一贯性较高。该如何评价她的工作？一个普通人承担一份并非所有人都能干得很出色的工作，而且工作表现很稳定，应该说这是合理的结果，可以认为该女员工已经兢兢业业、恪尽职守了。

归因理论的重要价值在于说明了解释行为原因的复杂性，即对同一行为可以有不同的解释。例如，一位向来工作出色的员工出现了失误，管理者可能认为这只是偶然现象，是由外因导致的，即做出情境归因，不会改变对该员工的总体评价。但是，如果一位平常表现较差的员工犯了同样的错误，管理者则往往认为是其本性导致的，即做出个人归因。

2. 维纳的归因理论

1974年，维纳在研究人们对成功和失败的归因的基础上提出了一种归因理论（见表7-8）。他认为，行为的原因只是归因判断的一个方面，还应增加另一个方面，即原因的稳定性，并认为这两个方面都很重要，而且彼此独立。稳定的原因是指导致行为表现相对稳定的各种因素、条件和自身的特点，如个体的能力、人格，工作难度、环境优劣等。暂时的原因又称不稳定的原因，是指容易发生变化的那些影响人的行为的因素，如个体的情绪、努力程度、机遇、运气等。

表7-8　维纳的归因理论

原因的稳定性	行为的原因	
	内 在 原 因	外 在 原 因
稳定的原因	能力、人格	工作难度、环境优劣
暂时的原因	情绪、努力程度	机遇、运气

维纳把人的行为归因于这两个方面的四大类之中。许多实验也证明，这个理论对于成功和失败的归因是很有效的。例如，如果我们认为某人工作出色是因为稳定的内在原因，就可以预测，将来遇到同样的任务，他也会出色地完成。如果我们把他的成功归因于暂时的外在原因，就不能判断他将来遇到同样的任务时是否会取得成功。

研究者也发现，维纳的归因理论对于人的坚持性和成就行为具有重要意义。一个人如果把成功归因于能力、性格等内在原因，就会获得满足感和自豪感；如果把成功归因于工作难度低、运气好等外在原因，就会产生意外的激动；如果把失败归因于内在原因，就会感到内疚和无助；如果把失败归因于外在原因，就会产生气愤和敌意。

一个人如果把成功归因于稳定的原因，就会提高以后的工作积极性和坚持性；如果把成功归因于暂时的原因，则以后的工作积极性可能提高，也可能降低。如果一个人把失败归因于稳定的原因，就会降低成功的期望，影响以后的工作积极性；如果归因于暂时的原因，则可能提高以后的工作积极性。有些人在工作上、学习上屡遭失败但毫不气馁，仍继续努力，而有些人遇到挫折就丧失信心，一个重要的原因就在于他们做了不同的归因。在绩效考评中，管理者也常常使用这个理论来激发员工的成就行为。

3．归因偏差

归因理论基本上是一种逻辑的描述，是以假设人们用理性的方法处理各种信息为前提的。但是，人们做事情并不总是合乎逻辑和情理的，因此在实际工作中就会产生以下三种归因偏差。

1）基本归因偏差

基本归因偏差又称对应偏差，是指人们在解释他人的行为时，夸大行为者的内在原因，低估外在原因的现象。例如，当销售代表的业绩不佳时，销售经理倾向于将其归因于下属的懒惰，而不是客观条件的影响。为什么人们倾向于把他人行为的原因归于其人格特点？这是因为当人们看待他人的行为时，他人的人格特点更多地受到关注。较典型的观点认为，环境是静止不动的，而人是动态地做出反应的，因而人们对人的关注更多，更倾向于对行为做出个人归因。

基本归因偏差还可以通过顺序阶段模型来解释。根据顺序阶段模型，人们在第一和第二阶段的归因是快速的、自动的；而在第三阶段的归因是需要努力的、缓慢的，正因为如此，该过程相对容易中断。例如，如果人们因外部干扰或没有很好注意而导致注意力分散，就会保留最初的判断，即个人归因。

2）自我服务偏差

自我服务偏差又称自利偏差或自我防御性归因，是人们出于保护自我和维护自尊心的动机而产生的归因偏差。人们倾向于把成功的、积极的结果归因于内在原因，如能力强、工作努力或具有良好的品质等；而把失败的、消极的结果归因于外在原因，如恶劣的天气、压抑人的机制、不可预料的困难、坏运气等。否则，把成功归因于外在原因而把失败归因于自己的无能，会使人丢面子。

3）行为者与观察者的归因分歧

在归因过程中，行为者更强调情境的作用，更多地做出情境归因，而观察者更强调行为者性格的作用，更多地做出个人归因。为什么会产生这种分歧呢？认知特点是其中的主要原因。首先，行为者和观察者的注意中心不同，行为者更多地着眼于周围的环境对其行为的影响，而观察者通常把注意力放在行为者身上。其次，行为者和观察者拥有的信息资料不同，观察者很少了解行为者过去的信息，只注意到此时此地行为者的表现，因此容易做出内在归因；而行为者对自己过去和现在的行为、当时的情境都有更多体会，因此容易把行为归因于特殊情境中的特殊性质，做出外在归因。例如，一个员工的工作业绩较差，上级往往认为是因为他工作不努力、不够勤奋；而员工本人则会强调是因为工作任务太重，支持不够等。

综上所述，归因理论提出了人们在对他人的行为进行判断和解释时遵循的一些规律。在管理过程中，管理者和员工对绩效的评价和归因也不可避免地受到这些规律的影响。管理者要认识到，员工主要是根据他们对事物的主观认知，而不仅仅是客观现实做出反应的。员工对薪酬、上级的评价、工作满意度、自己在组织中的位置和成就等方面的认知与归因正确与否，对其潜力的发挥和组织的良好运作有重要影响。同时，管理者在对员工的行为进行判断和解释时也应该尽量避免归因中的偏见和误差。

7.3 绩效反馈与员工情绪管理

绩效考评的结果将被应用于员工绩效改善、薪酬设计、培训与开发、人员选拔与职位调整等方面。考评结果良好的员工将得到提拔和发展，考评结果不好或较差的员工将在薪酬增加、职位晋升和保留方面受阻，因而在心理和行为方面受到影响。由于员工在职位、受教育程度、个性、年龄等方面存在差异，对考评的认知和反应也不尽相同，因此，还需要注意考评后与员工进行绩效反馈与沟通，并注重员工情绪管理。

绩效考评只是绩效管理的一个环节。管理者进行绩效考评并不是单纯为了评判员工的好坏，而是为了通过完整的绩效考评达到促进员工、团队和组织共同提升的目的。很多企业的绩效管理过程只进行到绩效考评即宣告结束，管理者觉得很累，而且没有成果；员工也觉得很累，而且充满疑惑和焦虑。考评结果没有反馈给员工，所以问题依然存在，绩效仍然不高，沟通仍然不顺畅，还容易导致组织上下对绩效考评产生怀疑与抵触。因此，实施绩效考评之后，还需要对考评结果进行认真分析，并将结果反馈给考评对象，这样才能保证绩效考评的系统性和完整性。

7.3.1 绩效反馈

只做考评而不将结果反馈给考评对象，考评便失去了重要的激励、奖惩与培训的功能。怎样才能让考评对象了解自己的绩效状况？怎样才能将管理者的期望传达给员工？答案就是绩效反馈。

1. 绩效反馈的目的

如果不让员工意识到他们的工作绩效并没有达到预期，那么他们的绩效肯定不会有所改善。一般来说，绩效反馈有以下几个目的。

（1）让员工了解自己在本绩效周期内的业绩是否达到预定目标，工作态度是否合格，并使双方达成对考评结果的一致看法。这不是一个容易的过程，有时需要通过多次沟通才能完成，因为员工的看法一旦形成，就很难轻易改变。

（2）探讨绩效不佳的原因，并制订绩效改善计划。一旦员工和管理者对绩效考评的结果达成一致，接下来就需要双方就如何解决绩效问题做出探讨，即形成绩效改善计划。

（3）管理者向员工传达组织愿景。组织愿景需要层层分解到具体的工作岗位上才能实施。在与员工讨论工作目标的过程中，可以将组织愿景贯穿其中，让员工感受到具体的目标，而不是一种无形的愿景，这样有利于员工将其落到实处。

（4）双方对下一个绩效周期的目标进行协商，形成绩效合约。绩效合约是一份正式的书面约定，它将管理者和员工双方讨论的结果具体记录下来，既有助于员工清楚自己的任务，又有助于管理者在绩效周期结束时对员工绩效进行评估。

2．绩效反馈的原则

有效的管理者应当以一种能够诱发积极行动反应的方式向员工提供明确的绩效反馈。以下这些原则有助于增强绩效反馈过程的潜在作用。

1）反馈要及时和经常

无论考评期限有多长，管理者对员工的反馈都应该是每天进行、时刻进行的；而且反馈应当是经常性的，不应当一年一次。其原因有两点。首先，管理者一旦意识到员工的工作中存在缺陷，就有责任立即纠正它。如果员工的绩效在1月就低于标准要求，而管理者非要等到12月再对其绩效进行评价，就意味着企业要蒙受11个月的生产率损失。这就要求管理者实行走动式管理，并多给予员工积极反馈，以促进员工自觉改进和提高。

2）对事不对人

在进行负面反馈时，要避免对员工本身的价值进行贬低或表示怀疑。要做到这一点，最好把绩效反馈的重点放在员工的行为或结果上，而不是直接放在员工身上。例如，管理者对员工说："你这个人真差劲，总是不守纪律；你这个人真是要不得了，这么不负责任，这么懒散，我对你极不放心。"这种反馈直接攻击员工的人格，员工的自尊心会受到伤害。如果换一个方式表达："根据我的记录，你上个月连续迟到了三次，并且有早退现象，你这种行为是不遵守纪律的表现，我对你感到有点失望。"因为指出的是事实，所以员工会毫无怨言地接受。反馈应该是描述性的，侧重行为表现的，并有所特指，这才是反馈的精华所在。

3）反馈应具体

管理者应针对员工的具体行为或事实进行反馈，避免空泛陈述，如"你的计划工作很不认真"或"你的出色工作给大家留下了深刻印象"。模棱两可的反馈不仅起不到激励或抑制的作用，而且易使员工产生不确定感。例如，前者可改为"你上次要求追加预算，还要增加加班工时，当时事态紧急，我批准了，但你事先为什么没仔细考虑，预料到这种可能的情况？这说明你的计划做得很马虎"。管理者要用事例说明想看到的改进结果，引导下属看到差距所在。

4）恰当运用赞扬

人们通常认为，绩效反馈过程的焦点应当是找出工作中存在的问题，然而事实并非如此。绩效反馈的目的是提供准确的绩效信息，既包括查找不良绩效，也包括认可优良绩效。赞扬员工的优良绩效有助于强化员工的相应行为，而管理者清晰而客观的分析也增加了绩效反馈的可信度。但是，赞扬也要讲究方式。赞扬应逐渐减少，以免员工把赞扬当成习惯，没有赞扬就热情下降；并且要逐渐转换成其他方式去鼓励，如不是公开赞扬，而是给予一定的物质奖励、培训的机会或承担更多责任的机会。

5）以建设性反馈替代批评

如果一位员工的绩效低于规定的标准，那么管理者必然要对其进行某种批评，然而，直接而频繁的批评容易使员工产生一种防卫心理。如果采用恰当的批评技术，说出来的话即使是批评，员工也会接受，而且不伤自尊。可参考以下建设性反馈流程：首先表扬特定的成就，给予真心的肯定；其次提出需要改进的"特定"的行为表现；最后以肯定和支持结束。使用这种方法犹如"打一巴掌给一个甜枣吃"，员工会比较容易接受。

6）重点在于解决问题

很多管理者把绩效反馈看成对绩效不良的员工进行惩罚的机会，因而总是指出他们的绩效如何糟糕。这种做法只会伤害员工的自尊，强化他们的抵触情绪，不利于员工绩效的改善。为了改善不良绩效，管理者必须努力帮助员工查找导致绩效不良的真正原因，然后就如何解决这些问题达成共识。每种原因都应该采取不同的解决方法。如果不这样进行反馈，那么可能永远都不会找到改善不良绩效的方法。

7）注重双向沟通

在绩效反馈中，探讨绩效不良的原因并共同解决问题必须是双向的过程，不能上级单方面说了算，也不能上级主宰一切，教训下属。这样只会激起员工的抵制心理，而非克服缺点的动力。在沟通中应侧重思想、经验的分享，对员工进行启发和引导，而不是指手画脚地训导。

7.3.2 员工情绪管理

许多员工在绩效考评中不能正确认识和发现工作中存在的问题，不但不能通过考评改进和提高工作技能，反而会产生诸如焦虑、恐惧、厌恶、愤怒、抵触等不良情绪，并为此背负沉重的心理负担和压力。这不仅影响考评工作的成效，也使员工身心健康受损，并对组织的整体效率和人际氛围产生负面影响。因此，人力资源管理者有必要了解和认识员工的情绪反应与情绪差异，并掌握员工情绪管理的相关方法。

1. 情绪反应的基本类型

情绪是指人对各种认知对象的一种内心感受或态度。它是人们对自己所处的环境和条件，对自己的工作、学习和生活，以及对他人行为的一种情感体验。可见，情绪与情感是两个相对应的概念，二者都是与人特定的主观愿望或需要相联系的。

需要是情绪产生的重要基础。根据需要是否获得满足，情绪可分为以下两类：①肯定情绪。凡是能满足已激起的需要或能促进这种需要得到满足的事物，都引起肯定情绪，如喜爱、愉快等。②否定情绪。凡是不能满足这种需要或可能妨碍这种需要得到满足的事物，都引起否定情绪，如苦闷、憎恨、不满意等。

根据情绪的演化过程或刺激类型，情绪可分为以下六类：①原始的基本情绪。这类情绪常常具有高度的紧张性，表现为喜（快乐）、怒（愤怒）、惧（恐惧）和悲（悲哀）四种形式，可派生出其他各种复杂的情绪。②由感觉刺激引发的情绪。这类情绪常常是温和的或强烈的，表现为疼痛、厌恶等。③与自我评价相关的情绪。这类情绪主要取决于评价标准，表现为成功感与失败感、骄傲与羞耻、内疚与悔恨等。④与别人有关的情绪。一段时间后，这类情绪常常转化为持久的情绪倾向或态度，主要表现形式是爱与恨。⑤与欣赏有关的情绪，包括惊奇、敬畏、美感和幽默等。⑥最持久的情绪状态，即心境。

根据情绪对心理和生理健康的影响，还可将其分为正面情绪和负面情绪。正面情绪即积极情绪，负面情绪即消极或不良情绪。在正常人的情绪中，一般正面情绪占43%，而负面情绪占57%。但是在正常情况下，人们都处于情绪的平衡状态，如果打破了这种平衡，人们的情绪就会发生变化。

同时，根据情绪的相似性、强弱性和两极性特点，还可对每种情绪进行细分。例如，恐惧的情绪按从弱到强的顺序可分为担心、不安、紧张、害怕、恐慌、惊恐、极度惊恐等；快乐的情绪根据两极性的特点可分为满意—不满意、高兴—不高兴、愉快—不愉快等。

2. 情绪与工作效率

情绪具有动机作用，情绪状态与人的工作积极性有密切关系。在管理工作中，应该利用适当的刺激，激活人的积极情绪，以提高管理效能和工作效率。但是，情绪与工作效率并不是简单的线性关系。人的情绪有程度之分，工作任务也有简单和复杂之分，因此很难得出情绪与工作效率关系的一般规律，只能具体研究。关于情绪与工作效率的关系，研究者得出这样的结论：不同性质的工作，达到最高工作效率所需的情绪激励水平不同。在一定的情绪背景下，任务越复杂，达到最高效率所需的情绪激励水平越低；而任务越简单，达到最高效率所需的情绪激励水平越高。

在实践中，情绪直接决定和表达人们的态度，员工在工作中的情绪对其工作质量、工作效率及同事关系有非常重要的影响。认识员工个体或团体的情绪，可对员工进行更有效和人性化的管理。

在本章引例中，由于小李和小陈在工作前受到干扰，影响了情绪，她们的工作质量和工作效率产生了明显的变化。与平时相比，小李的制品合格率提高了1.5%，工作效率提高了23.6%，其工作效率几乎提高了1/4。按此效率推及全部员工，将给企业带来巨大经济效益。与平时相比，小陈的制品合格率下降了4.7%，工作效率下降了20.4%，其工作效率至少下降了1/5。而按此效率推及全部员工，将给企业带来巨大额外损失。

上述实验仅仅发生在一家劳动密集型企业，如果是高科技企业，员工情绪导致的工作效率差异将产生更大的盈亏差距。在实际工作中，企业可以通过一些措施来影响或调控员工情绪。

3. 员工情绪差异分析

人的情绪在社会认知过程中产生，并通过社会认知对刺激物产生肯定或否定的判断。由于性别、年龄、生理状况、价值观、认知水平等方面的差异，以及在组织环境中，工作性质、部门、工作环境、管理方式及文化背景不同，员工可以相对选择进入某个群体，并与群体保持一定的相似性，从而形成一定的行为习惯或心理定式。根据费栋华的研究，不同的员工群体在年龄、工龄、工作性质、工作氛围等方面都会表现出不同的情绪差异和特征。

1）年龄与情绪差异

年龄不同会使情绪产生明显差异。一般情况下，人的年龄越小，情绪越不稳定，越容易受到各种环境因素的影响；年龄越大，越成熟老练，情绪越稳定，情绪控制力越强，越不容易受他人影响。我国正常的就业年龄一般是 18～60 岁,这么大的年龄差异,必然在情绪特征上表现出巨大的差异。即使同一个人,随着年龄的增长,其情绪也必然发生很大改变。因此,要进行情绪管理,就必须了解不同年龄段员工的情绪特征(见表 7-9)。

表 7-9 不同年龄段员工的情绪特征

情绪类型	年 龄 段	正向情绪特征	负向情绪特征
青少年型	18～30 岁	大胆、勇敢、激情	易冲动、易产生挫折感
中青年型	31～40 岁	热情、精力旺盛、周密	易抑郁、易产生压力感
中年型	41～50 岁	理智、稳健	易焦虑、易产生低兴趣感
老年型	51～60 岁	理性、老练	迟缓、缺乏快乐感

2)工龄与情绪差异

员工入职时间不同,会表现出不同的情绪特征。一般来说,根据入职时间,可将员工情绪特征分为以下四种类型:入职一年左右的员工,情绪属于试探型。他们处于与企业相互磨合和试探的阶段,情绪变化不定。入职两年的员工,情绪属于波动型。他们面临众多同事交往和工作方面的矛盾冲突,情绪经常受到干扰并产生波动。入职三年的员工,情绪属于成长型。他们在人际关系、劳动技能和社会经验方面都渐趋成熟或得到提高,并感到自身的成长,因此情绪趋向稳定。入职超过四年的员工,情绪属于稳定型。他们对各方面都能成熟应对,基本形成了稳定的情绪和行为反应。

3)工作性质与情绪差异

从事什么性质的工作往往取决于一个人的技能、知识水平和个人素养,同时决定了一个人的社会地位和身份,因此不同的工作性质表现出明显的情绪差异。表 7-10 列出了几种不同性质的工作导致的情绪差异。

表 7-10 不同工作性质员工的情绪特征

工作性质	区 分	正向情绪特征	负向情绪特征
体力和脑力	体力劳动者	稳健、朴实、刚毅	易冲动、认知和预见水平低
	脑力劳动者	周密、理智、智慧	易产生压力感、抑郁、焦虑
车间作业	手工作业者	平实、轻松、愉快	单调、枯燥
	机械作业者	精神集中、充实、控制感	单调、易紧张、缺乏安全感
职责分工	财务工作者	细致、周密、安定	枯燥、严肃
	行政工作者	热情、关心、控制感	易产生压力感、抑郁、焦虑
	销售工作者	热情、轻松、成就感	易产生压力感、抑郁、焦虑

4)工作氛围与情绪差异

组织的管理方式及同事之间的个体、群体行为也可能影响情绪。组织内上级与下属间的沟通如果是单向的,即员工没有机会向上级反映自己的意见,人际关系就缺乏信赖感,会使员工产生不满甚至愤懑的情绪。过分强调竞争与责任的人际关系会造成不必要的紧张气氛,使员工产生不安和焦虑情绪。工作场所中合理的空间位置关系、人员之间良好的人际关系可以形成良好的工作气氛,从而使员工产生愉悦的情绪。他人正面、友好的态度会使员工产生轻松、愉快的正面情绪,反之则会使员工产生紧张、愤怒的负面情绪。人们总是乐于接受他人表示欢迎、兴奋、支持的行为,这些行为充满友好和关爱,是人们融入群体、提高生产效率的重要前提。

另外，环境、他人与个人因素都会影响员工的情绪。当员工家有喜事、收获爱情的时候；在工作中取得重大突破而得到加薪、晋升，获得赞赏与认可的时候；因帮助他人而获得衷心感谢的时候，都会产生喜悦与兴奋的情绪。而当员工家庭发生矛盾、失恋的时候；工作遇到困难、不能达成预期目标、工作成绩得不到承认、长时间超负荷工作、受到严重的不公平待遇及与同事相处糟糕的时候，都会产生烦恼、抑郁甚至怨恨的情绪。

4．员工情绪管理

员工情绪管理可以从组织管理、自我管理和发展情绪智力三方面着手。

1）情绪的组织管理

组织的管理行为和各种现象是影响员工情绪的重要外界因素，组织通过对影响员工情绪的外界因素进行管理，可以实现对员工情绪的管理。但是，情绪管理必须通过员工的自我体验和自我调节机制发挥作用，组织主要起引导和排除干扰的作用。组织管理员工情绪可以从以下方面入手。

（1）提供积极的环境，避免产生不公平。积极的社会或组织环境有助于个体形成良好的心理品质，因为个体的经验与心理品质是在与环境的相互作用中形成的。这就要求组织要尽力为员工创造一个积极、健康、良好的工作环境，以帮助他们形成积极的情绪与人格特质。当领导和同事提供了最优的支持、机会与工作环境时，员工最有可能拥有良好的情感和行为模式，如领导为员工进行职业生涯指导，帮助他确立自己的努力方向和奋斗目标，可以使员工成为有理想、热爱组织和充满自信的人。同时，管理者还要避免产生不公平。不公平是员工产生不良情绪的重要原因，管理者应该廉洁、公正，用相同的标准来处理事件。

（2）加强培训，增强员工对积极情绪的认知和体验。培训除了提升员工的技能和知识水平，还要加强对员工的思维训练和启发，增强员工对自我效能感、希望、乐观等积极情绪的认识，这也是组织管理不可缺少的工作。通过培训，让员工了解工作和生活中的不确定因素，增强自信心；对个人工作、生活质量进行全面、客观的评价，提升主观幸福感，增强积极的情绪体验。同时，将机会给予情绪更稳定的员工，如在同等情况下，优先安排情绪良好和稳定的员工从事重要的工作。通过各种方法培养员工积极稳定的情绪，促使员工情绪尽快成熟。

（3）主动了解、合理调配，引导和控制不良情绪。先观察和了解员工的情绪，再进行工作安排，才是优秀的管理者。在人员管理及岗位安排中，应充分考虑不同员工情绪的相容性与互补性。例如，当安排相互配合的工作时，应该考虑员工彼此之间的接受程度，避免产生情绪矛盾冲突；安排具有不同情绪特征和不同情绪状态的员工执行相互补充的工作，既可以提高工作效率，又可以避免工作单调。另外，对于情绪低落的员工应及时提供帮助，通过多种渠道和方式进行引导，如劝导慰问、适当的岗位调整或安排休假等，并注意对愤怒、紧张、恐惧、悲伤等不良情绪的控制。

第一，化解愤怒。愤怒的员工可能破坏工作，因此，最好先让其冷静思考，待其情绪稳定后再继续工作。管理者要加强与员工的沟通，了解员工愤怒的原因，然后对症下药，帮助员工采取适当的措施以解决问题。

第二，消除紧张和恐惧。紧张可能来自忙碌、竞争、工作效率要求等。由于紧张，员工可能出现肌肉绷紧、手心出汗、身体失调的现象，这时要注意恢复身心平衡，可以采取深呼吸、哼唱歌曲、放松心情、转换环境和注意力等方法加以排解。过度恐惧会使员工拒绝工作或失去工作能力，没有恐惧才是正常的工作环境。

第三，劝慰悲伤。根据员工悲伤程度不同，应安排适当的工作，主要按工作量或工作时间来安排，并进行必要的劝慰。悲伤过度者是不适合工作的。悲伤是悲观情绪的一种表现，悲观情绪主要是不当的思考习惯导致的。当面对失败时，悲观者多认为失败是由内因造成的，是永久的，因而容易出现悲伤、失望、无助等情绪。管理者应帮助其进行正确的归因分析，以消除内疚和悲伤情绪。

2）情绪的自我管理

有效控制自己情绪的过程就是个人走向成功的过程。每个人都具备不同的情绪控制能力。管理好自己的情绪，不但有益于个体自身的身心健康，而且会提高个体的工作效率，促进社会交往的协调发展。管理者应帮助员工树立正确的心态，学习和掌握一些控制情绪的方法。

（1）培养乐观态度和宽容之心。多注意生活和工作中的开心事，避免消极态度，有意培养自己的乐观态度；热爱生活，尊重他人，积极投身于团体和社会活动，确定自己的奋斗目标，不怕困难。做事要心胸开阔，从大处着眼，只要大前提不受影响，小事就不必斤斤计较，以减少自己的烦恼。注意宽容地理解他人的过失，这不仅可以避免伤害他人和自己，也可以增进良好的人际关系。

（2）加强学习，保持冷静。学习可以提高自己的认知能力和判断能力，对事物和自己的状态做出正确、客观的分析，可以避免由于错误的认识而产生不良的情绪反应。如果遇到了不可理喻、故意刁难的人，就应该保持冷静，进行自我压抑，见机行事，千万不要以牙还牙，甚至表现得比对方更激烈，否则自己的缺点有可能马上暴露出来，说不定正中了对方的圈套。

（3）改变性急，合理安排时间。性急既是压力的表现，也是情绪不稳定的表现，如稍不如意就心乱如麻，不屑与人闲谈，对一般的生活情趣觉得难耐，对未完成的事局促难安，争强好胜但输不起、易激怒，等候时十分焦灼等。改变性急的一个方法是进行合理的时间安排，对自身的能力及情绪变化进行分析，并总结出规律。例如，分析自己的情绪在什么时间会产生何种变化，自己适合做什么事情或不适合做什么事情，并进行合理安排。

3）发展情绪智力

情绪智力又称情商、情感智商。有研究表明，一个人成功的关键不是天资，而是性格和情感因素。天资一般用智商（Intelligence Quotient，IQ）表示，与之对应，人们将情感智商称为"情商"（Emotional Quotient，EQ）。1995 年 10 月，美国心理学家戈尔曼出版了《情感智商》（又称《情绪智力》），明确指出人的成功与情绪智力密切相关，并使"情智"这一概念在世界各地广泛传播。情绪智力就是识别自己和他人情绪的能力，以及在人际交往中进行自我协调和自我促进的能力。重视引导和发展员工的情绪智力也是情绪管理的一个重要方面。情绪智力主要包括以下五方面能力。

（1）自我意识。自我意识即正确认识自己的能力，这里主要指认识自身的情绪。它是情绪智力的基础。自我意识的本质在于自我认识感觉、自我体验感受与自我监控情感。不了解自身真实感觉的人必然沦为感觉的奴隶；反之，只有掌握感觉才能成为生活的主宰。

掌握感觉是指客观判断自己的情绪，把握潜藏在身体内部的感受，并在感受基础上做出相应的反应和调整。

（2）自我激励。自我激励即自我促进，指积极开发自己的能力。它依赖完成任务的动机水平、兴趣和意志的影响，以及人生的基本信仰、明确的生活目标、乐观与自信的生活态度。自我激励的实质在于抱着希望想问题，能进行主动学习，促使自己不断提高能力。因此，善于自我激励的人能保持高度热忱完成任务。这种人无论做任何事，效率都比较高，因为自我激励是一切成就的动力。

（3）情绪控制。情绪控制的核心在于妥善管理情绪。情绪管理依赖自我认识，并需做出意志上的努力。因此，情绪控制意味着调控自我的情绪，使之适时、适地、适度。这种能力具体表现在通过自我安慰和运动放松等途径，有效地摆脱焦虑、沮丧、愤怒、烦恼等因失败而产生的消极情绪。这种能力强的人可以从人生挫折和失败中迅速跳出，重整旗鼓，迎头赶上。

（4）认识他人的能力。认识他人的能力即移情能力，包括认知他人的情绪和情感，并管理好人际关系的能力。这种能力是在情感的自我认知基础上发展起来的又一种能力，也是最基本的人际关系能力。其中，移情能力和"同理心"是基本的人际沟通技巧，即能够换位思考、站在他人角度了解他人感受，从细微的信息中察觉他人的需求，并为其提供帮助和鼓励。认识他人还需要在交往过程中以互利互惠的观念来维系友谊、消除分歧。一个人的人际关系和谐程度是与领导管理能力直接相关的，充分掌握移情能力的人常常是社会上的佼佼者。

（5）挫折承受能力。对挫折的承受能力也是情绪智力的一个重要内容。事实上，挫折承受能力强的人往往把失败归因于个人可以驾驭的因素，能从每次失败中总结经验和教训，从而积极进取，越挫越勇。相反，挫折承受能力差的人则经常把失败归因于不可控制的因素，因而容易消沉、悲观和退缩。因此，培养和增强挫折承受能力，增强个体对环境变化的适应性就显得尤为必要。

章节测验

1. 选择题

（1）（单选题）在认知偏差中，（　　）实质上是一种"以偏概全"的现象，即根据一个人的个别品质而做出全面评价。

　　A．晕轮效应　　　　B．第一印象　　　　C．投射作用　　　　D．刻板印象

（2）（单选题）根据维纳的归因理论，一个人如果把成功归因于（　　），就会获得满意感和自豪感。

　　A．情绪、努力程度等内在因素　　　　　B．工作难度低、运气好等外在因素
　　C．能力、性格等内在因素　　　　　　　D．机遇、努力等不稳定因素

（3）（多选题）为克服居中趋势误差，通常可采用的绩效考评方法是（　　）。

　　A．关键事件法　　　　　　　　　　　　B．行为锚定等级评价法
　　C．目标管理法　　　　　　　　　　　　D．强制分配法

(4)（单选题）一年中，员工上半年工作马马虎虎，等到下半年才开始认真工作，照样能够得到较高的评价，这种考评误差现象称为（　　）。

A．晕轮效应　　　　B．近因效应　　　　C．居中趋势　　　　D．对比效应

(5)（多选题）员工的情绪智力主要包括（　　）。

A．自我意识　　　　B．自我激励　　　　C．情绪控制

D．认识他人的能力　E．挫折承受能力

2．简答题

（1）绩效考评的主要方法有哪些？

（2）绩效考评中存在哪些心理误差？应如何应对？

（3）情绪的组织管理应如何开展？

实训练习

不同类型员工的绩效反馈

针对不同类型的员工采取不同的绩效反馈策略，有助于避免或消除对方的抵制心理。下面是一些典型的员工类型，包括绩效考评为"优秀"的员工、绩效考评为"满意"的员工、绩效考评为"不满意"的员工、工作态度差的员工、过于雄心勃勃的员工、沉默而情绪化的员工、嫉妒他人的员工、暴躁易怒的员工、年龄大且工龄长的员工。

要求：

（1）请运用绩效反馈和情绪管理的相关理论，分析各类型员工的心理特点和绩效反馈重点。根据员工类型设计反馈面谈提纲，每组（6～8人）任选一个类型。

（2）分组设定角色，模拟上下级关系进行角色扮演。每组设定观察员，对其他组在角色扮演中的态度和处理方法做出评价，并在课堂上分享。

第 8 章　员工沟通与人际关系

【学习目标】
- 了解沟通的类型与有效沟通的策略；
- 掌握三种基本人际关系需要；
- 理解人际关系的形成与发展；
- 掌握人际吸引的主要因素；
- 熟悉工作中人际冲突的类型与处理策略。

【关键概念】

沟通　正式沟通　非正式沟通　上行沟通　下行沟通　平行沟通　乔哈里窗　PAC分析法　人际关系　人际吸引　人际冲突

引例

邱茹萍的有效沟通

邱茹萍曾与九位控制型的上级共事，但她都能与之和睦相处。这是她作为一名中层管理者的优势，也是她成功的基础。她认为，在用人之前先要做好准备，在制订用人计划时，除了明确所需人才必备的工作技能，"我还很看重品质、个性、幽默感和责任感。选人时谨慎些，用人时就轻松多了"。她待人诚实、坦率，有争执或冲突时马上解决，绝不拖泥带水。但是，她也从不态度强硬，不给对方造成压力。

做了这么多年的中层管理者，邱茹萍总结出三类最难打交道的员工，以及与他们友好相处的办法。一是满腹牢骚的员工，"我尽量开导他们，让他们把目光放长远，给他们尝试的机会"。二是桀骜不驯的员工，"他们真令人头疼，我曾被他们气得浑身发抖，但我有原则，绝不纵容不讲道理的人。我会让他们知道，在我们这里，只要有道理，就什么都可以商量，否则免谈"。三是能力差的员工，"我并不歧视他们。我给他们创造改进技能的机会，并给予指导，通常花费半年时间。多数员工进步很快，我会继续鼓励他们"。

邱茹萍认为，与难打交道的员工即"问题员工"相处的诀窍是主动与他们沟通，深入了解他们。通过不断思考和吸取教训，邱茹萍对待各类员工的技巧日渐成熟。她不仅"读人"的本领大增，处理问题的能力也有所增强。"我从不排斥另类，他们虽然与我个性不同，但都有自己的优点。一个多元化的组织环境就应该有各类人才，这样创造力才能增强。只要对公司有用，就应充分发挥他们的潜能。"

（资料来源：康青.管理沟通[M]5版.北京：中国人民大学出版社，2020.）

引例是一个成功的组织沟通案例，展示了作为中层管理者的邱茹萍通过有效的管理沟通，成功处理了与上级和下属的关系，因此营造了和谐的工作环境，保证了工作顺利开展。

对于人力资源管理者，沟通是其工作的必要环节和基本技能，贯穿于人力资源管理的整个过程。处于工作群体中的人们通过沟通交往建立起人与人、人与群体之间的人际关系网络。良好的人际关系是提高群体工作效率和促进个体发展的重要保证。想在工作环境中处理好人际关系，我们不仅要学会有效沟通的技巧，还要掌握人际交往的基本原理和影响因素。由于这样或那样的原因，人们会产生意见分歧、争论或对抗，彼此间关系紧张。因此，探讨冲突产生的原因，寻求处理冲突的方法，进而协调人际关系，提高工作效率，也是人力资源管理者关注的重要问题。本章将重点探讨员工沟通、人际关系与人际吸引、人际冲突及处理等内容。

8.1 员工沟通概述

沟通就是信息的传递和交流过程。如果这种沟通是人与人之间、人与群体之间、群体与群体之间的信息交流，就是人力资源管理心理学研究的课题。更确切地说，人力资源管理中的员工沟通，就是指组织成员运用一定的载体传递信息，交流思想和情感的过程。有组织和群体就有沟通，组织成员间如果缺乏沟通，就不能建立和谐的人际关系，就会影响组织绩效和个体的发展。

8.1.1 沟通的过程与要素

任何形式的信息交流都服从信息传递的一般规律。沟通过程主要包括五个要素：信息源（发送者）、信息、渠道、接收者和反馈。图 8-1 是信息交流的一般模型。

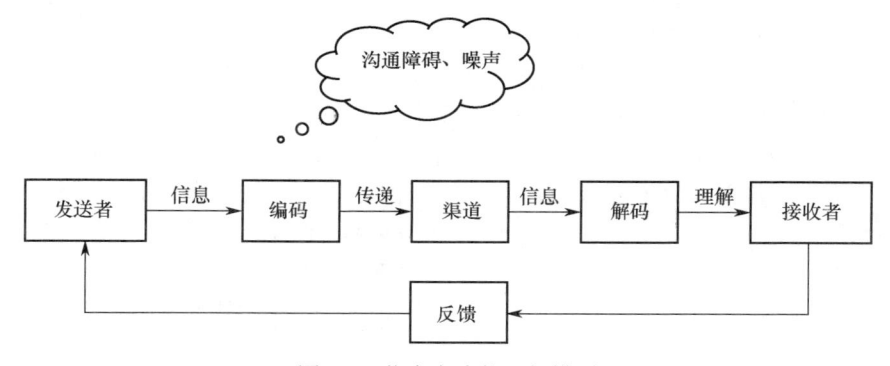

图 8-1 信息交流的一般模型

这就是说，发送者将头脑中的信息进行构思并编码之后，信息被组织成一系列符号，如语言、手势、动作或图画等。这些信息沿着一定渠道，以口头、书面或非语言的方式传递给特定的接收者。信息到达时，接收者先将信息解码，即理解信息。信息会引起接收者的行动和反应，即接收者向发送者发出的信息，也就是反馈。在信息传递的整个过程中，还有各种主客观因素的干扰，即沟通障碍或"噪声"。人与人之间的沟通过程符合这个一般模型。但是，人与人之间的沟通也有以下不同于其他沟通过程的特殊性。

（1）人与人之间的沟通主要是通过语言进行的。

（2）除了信息的交流，人与人之间的沟通还包括情感、思想、态度、观点的交流。沟通的关键是理解。如果信息被理解，沟通就是成功的。反之，如果信息不能被理解，沟通就是失败的。

（3）在人与人之间的沟通中，心理因素有重要意义。发送者与接收者需要彼此了解对方进行信息交流的动机和目的，而信息交流的结果是改变人的行为。

（4）在人与人之间的沟通中会出现特殊的沟通障碍。这种障碍不仅包括信息渠道的失真或编码、解码的错误，还包括人们特有的心理障碍，如由于人们的知识、经验、职业、政治观点等不同，对同一信息可能有不同的看法和不同的理解。

8.1.2 沟通的作用

沟通是人与人之间相互联系的一个最主要的方面。人除睡眠外，大约 70%的时间都在与他人沟通。当衡量一个人生活质量的高低时，一个很重要的指标就是其人际沟通的广度和深度。从组织和人力资源管理角度来看，沟通具有以下重要作用。

首先，沟通具有信息传递与引导的基本作用。组织内的沟通可以准确传递各项政策与计划，使管理者全面了解员工的工作情况和各部门之间的关系，把握员工的需要、态度和行为模式，不断提高管理效能。组织外的沟通可以使组织及时获取外部环境的各种信息，不断适应环境变化和提升自身实力，并通过制定有潜力的发展规划，引导员工为实现组织目标而共同奋斗。

其次，沟通是建立和改善人际关系的必要条件。"远亲不如近邻"等俗语就生动说明了沟通对人际关系的重要性。有效的组织沟通满足了员工社会交往与合群的需要，并能及时提供有利于员工身心发展的信息。对员工来说，工作群体是社交场所，在这里他们不仅可以交流信息，还可以通过沟通表达自己的烦恼、挫折或满足感。组织可以通过沟通提升管理透明度，减少员工的不满和牢骚，以降低组织变革的阻力，并消除分歧和紧张气氛，化人际冲突为有利于组织发展的合作局面。

最后，沟通是激励与改变员工态度的重要手段。沟通有助于在组织中营造良好的工作氛围，发挥激励与心理保健作用。管理者通过沟通可以培养员工团结奋发的主人翁责任感，鼓舞工作士气；可以告诉员工应该做什么、如何做、如何改进，以帮助员工认识自我和提升自我。员工通过感受、反省、比较他人对自己的认识和评价而逐渐形成对自我的正确认识。例如，员工想要确定自己的工作绩效是否优秀或有进步，往往要以领导、同事和朋友对自己的评价作为重要的参照点，并从中增强对工作的参与意识和满意感。

8.1.3 沟通的类型

1. 正式沟通与非正式沟通

按沟通方式的组织化程度不同，沟通可以分为正式沟通与非正式沟通。

1）正式沟通

正式沟通是通过组织明文规定的渠道进行的信息传递和交流。例如，组织规定的汇报制度，定期或不定期的会议制度，上级的指示按组织系统逐级向下传达，或者下级的情况逐级向上级反映等，都属于正式沟通。

按照信息的流向，正式沟通可分为上行沟通、下行沟通和平行沟通三种形式。上行沟通是指下级的意见向上级反映。只有上行沟通渠道通畅，企业领导者才能全面掌握情况，做出符合实际情况的决策。下行沟通是指企业的领导者把企业的目标、规章制度、工作程序等向下传达。员工只有了解了企业奋斗目标和具体措施，才能以主人翁的态度去积极完成各项任务。平行沟通是指企业中各平行组织之间的信息交流。在企业中，经常可以看到各部门发生矛盾和冲突，除其他因素外，部门之间互不通气也是重要原因之一。保证平行组织之间沟通渠道通畅，是减少各部门之间冲突的一项重要措施。

正式沟通的优点是效果较好、比较严肃、有较强的约束力、易于保密，可以使信息沟通保持权威性。重要和权威的信息都应当采用这种沟通方式。其缺点是因为依靠组织系统层层传递，所以速度较慢、比较刻板、不够灵活。因此，组织为顺利开展工作，必须以非正式沟通补充正式沟通的不足。企业中的许多沟通都属于混合式沟通，如员工会议、换班前的总结、电子邮件、绩效评估等。

2）非正式沟通

非正式沟通是在正式沟通渠道之外进行的信息传递和交流。非正式沟通往往起源于人类爱好闲聊的特性，闲聊时的信息称为传闻或小道消息（并非谣言）。例如，企业员工之间私下交换意见，议论某人某事及传播小道消息等。

非正式沟通的优点是沟通方便、内容广泛、方式灵活、速度快。而且因为人们在这种沟通中比较容易表露思想、情绪和动机，所以这种沟通能够提供一些在正式沟通中难以获得的信息。它的重要作用表现在：①可以满足员工情感方面的需要。②可以弥补正式沟通的不足。组织中的管理者为了某些特殊的目的，往往不便于通过正式沟通传播信息，此时非正式沟通便发挥了作用。③可以了解员工真正的心理倾向与需要。通过正式沟通，员工心中存在戒备，不愿透露真实的想法，而非正式沟通便可以在很大程度上解决这个问题。④可以减轻管理者的沟通压力。⑤可以防止管理者滥用正式沟通，有效避免正式沟通中的信息"过滤"现象。

非正式沟通的缺点主要是信息欠缺真实性和可靠性，有时甚至歪曲事实，出现以讹传讹的现象，由此可能导致产生小集团、小圈子，影响组织的凝聚力和人心稳定。

2．单向沟通与双向沟通

按沟通的方向不同，沟通可以分为单向沟通与双向沟通。

1）单向沟通

单向沟通是指在沟通时，一方只发送信息，另一方只接收信息，接收者不再向发送者反馈信息，如报告、演讲、下达指示等。

2）双向沟通

双向沟通是指在沟通时，信息发送者不仅要发出信息，还要听取信息接收者对信息的反馈，发送与反馈可进行多次，直到双方有了共同的理解，如交谈、协商、谈判等。

单向沟通和双向沟通有各自的优缺点：单向沟通的速度比双向沟通快，双向沟通比单向沟通准确。在双向沟通中，信息接收者能得到较丰富的信息，对自己的判断比较有信心；但是，由于会受到信息接收者的批评或挑剔，双向沟通中的信息发送者容易产生心理压力，也容易受到干扰，并缺乏条理。

3. 语言沟通与非语言沟通

按沟通的媒介不同，沟通可以分为语言沟通与非语言沟通。

1）语言沟通

使用正式语言符号进行的沟通称为语言沟通。语言沟通又分为口头沟通与书面沟通。口头沟通是指访谈、讨论、会议、演讲及电话联系等；书面沟通是指布告、通知、刊物、书面报告等。一般来说，在企业管理工作中，口头沟通和书面沟通都是必不可少的，而且各有其优缺点。例如，书面沟通的优点是比较正式，信息具有权威性、正确性，不容易在传达过程中歪曲，可以长期保存，信息接收者可以反复阅读等。其缺点是反馈速度较慢，甚至不反馈，接收者对信息的接收不够主动。口头沟通的优点是比较灵活，速度快，双方可以自由交换意见等。其缺点是如果信息发送者口头沟通能力差，就无法使接收者了解真意。如果接收者不专心或不注意，则口头信息一过即逝，不利于记忆和保存。但在企业管理中一般应更重视口头沟通，因为面对面地交换意见不仅可以传递信息，而且可以传递感情、态度等，特别是可以利用语言的辅助手段（表情、语调、手势等）增强沟通效果，这是书面沟通不能做到的。例如，亲自参加会议比看会议记录印象更加深刻，掌握的信息也更准确。

在语言沟通的过程中，要特别注意语言的得体性和激励性。表8-1列举了如何变消极语言为积极语言。

表8-1 变消极语言为积极语言

	消 极 语 言	积 极 语 言
1	我们这次的任务失败了	我们没有完成任务
2	别忘了在下班前把货送到	记住在下班前把货送到
3	我希望你对此满意并继续订货	当你有什么需要时请打电话给我
4	这次的报告写得好多了	这次的报告写得更好了
5	我们不允许刚刚参加工作就上班迟到	对刚刚参加工作的人来说，保证按时上班很重要
6	免费早餐仅限于20元以内，超出部分请自付	你可以免费享用20元以内的早餐
7	如果您对我们的服务不满意，可终止续约	（废话，完全可以省略）
8	外派工作本身就是不确定的，困难比较多	外派工作非常有利于你的职业生涯，但也的确需要克服一些意想不到的困难

2）非语言沟通

借助非正式语言符号进行的沟通称为非语言沟通，包括身体语言沟通（如表情、动作、姿态、衣着打扮）、副语言沟通（如语调、重音、哭笑）和人际空间距离三个方面。古希腊哲学家苏格拉底曾经说过："高贵和尊严、自卑和好强、精明和机敏、傲慢和粗俗，都能从静止或运动的面部表情和身体姿势上反映出来。"一些学者高度重视非正式语言符号在沟通中的作用。美国心理学家梅热比列出了这样一个公式：

$$100\%信息传递（相互理解）= 7\%语言 + 38\%语调 + 55\%姿势$$

正所谓"无声胜有声"，非语言沟通在信息传递中具有不可替代的特殊作用，其重要性并不亚于语言沟通。心理学家莎宾等人通过对人们日常生活的细致观察，用简图形式概括总结了一些常见身体姿势及意义，如图 8-2 所示。

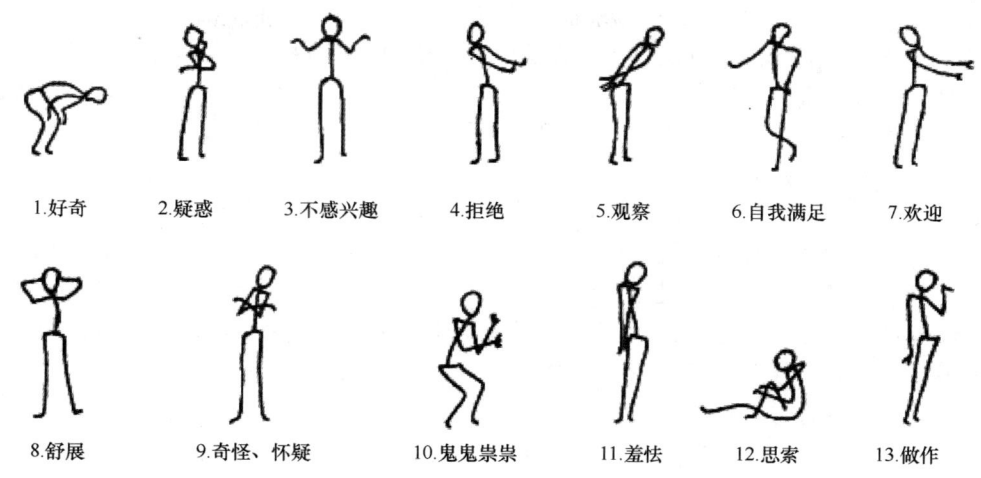

图 8-2　常见身体姿势及意义

1.好奇　2.疑惑　3.不感兴趣　4.拒绝　5.观察　6.自我满足　7.欢迎
8.舒展　9.奇怪、怀疑　10.鬼鬼祟祟　11.羞怯　12.思索　13.做作

8.1.4　工作中的人际沟通网络

人际沟通网络是指人际沟通的结构。根据已有研究，在工作环境中，群体信息和意见沟通存在不同的结构。其中，正式群体和非正式群体各有一些典型的结构。不同的结构对群体行为有不同的制约，进而影响群体的工作绩效。

1．正式沟通网络

在组织沟通中有垂直、横向等模式，通过组合，就形成了各种沟通网络。图 8-3 列举了五种正式沟通网络，即链式、Y 式、轮式、环式、全通道式。

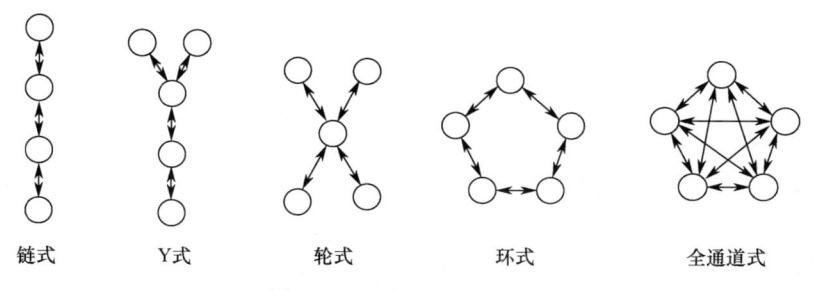

图 8-3　五种正式沟通网络

链式　Y式　轮式　环式　全通道式

（1）链式网络。在这种网络中，成员们上下或左右沟通。链式网络是垂直等级组织特殊的交流形式，适合单线联系的群体。

（2）Y 式网络。如果将 Y 式网络倒过来，我们可以看到有两位下属向一位管理者报告，而这位管理者上面还有两级领导。多数社会组织都可以采用 Y 式网络，"Y"的分叉点是秘书、助理或基层主管。

（3）轮式网络。这种网络的特点是群体集中，即每个成员只能与中间那个人沟通。站在轮式网络上面往下看，很显然，中间的点代表主管，四周的点代表下属，所有的沟通都是主管与下属的沟通。

（4）环式网络。在这种网络中，每个成员都从他旁边的两个成员那里接收信息，但不与其他成员沟通。这种网络适合分散小组，经常用于突击队、智囊团或委员会之间的沟通。

（5）全通道式网络。这种网络允许所有成员彼此沟通。这是一种没有人以某种领导者的身份处于网络中心位置的沟通。这种沟通不受限制，所有成员都是平等的，因此彼此可以顺畅地交换意见。

人力资源管理者必须根据组织目标确定一种有效的沟通网络。不同沟通网络的速度和效率是不一样的。一般认为，轮式网络适用于有一位核心人物的群体，在这种群体中传递信息最有效，准确性较高。而比较分散的网络，如链式网络和环式网络，信息传递则很费时间。当然，信息传递最快的是全通道式网络。如果目标是让员工有高度满意感，则采用全通道式网络进行沟通最好。总之，上述五种沟通网络各有利弊，在群体沟通过程中，应根据组织内部结构、层次、工作性质、沟通目标等选择最佳沟通网络。

2．非正式沟通网络

在群体中或组织中，有时会出现一些非正式沟通，如小道消息。有学者对小道消息的传播进行了研究，发现有四种传播网络：集束式、偶然式、流言式、直线式，如图8-4所示。其中，集束式是指把小道消息有选择地告诉自己的亲戚朋友或有关的人。这是传播小道消息最普通的形式。偶然式是指通过偶然的机会传播小道信息，由一个人将小道消息传播给某些人，这些人又将小道消息传播给别人。流言式是指小道消息由一个人主动地传播给其他人，如在小组会上传播小道消息。直线式是指通过一连串的人把小道消息传给最终的接收者。

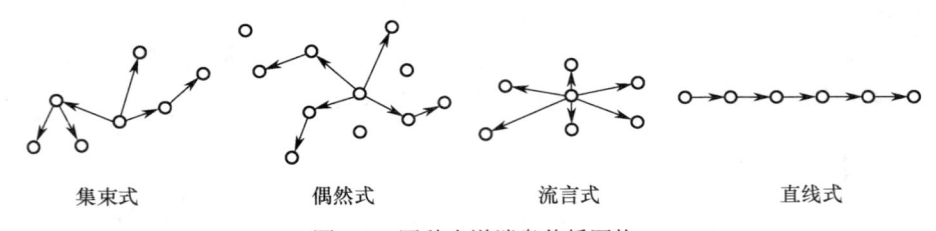

图8-4　四种小道消息传播网络

非正式沟通往往以非正式组织为基础，成员之间有感情纽带，所以信息传递迅速，但往往容易失真。一般来说，散布小道消息对达成企业目标是不利的。不过，因为人们往往在非正式沟通中更能表达真实的思想感情，所以领导者应关注非正式沟通方式。例如，管理者应注意关心员工生活，平时注意与员工接触，交流思想，沟通信息，充分调动员工的积极性。

3．电子沟通

新型电子技术极大地改变了组织中的沟通方式，电子沟通从根本上改变了信息在即时输出和即时接收方面的能力。现在我们利用许多复杂的电子媒介进行沟通，除了常见的电话及公共通信系统，还有电视、计算机网络等。电子沟通使我们不必去工作单位或坐在办公桌前就能进行沟通，员工的工作与生活之间的界限被打破了。例如，跨国公司的总裁可以通过电子媒介召开电话或网络会议，而不需要每个月将各分公司的经理召集在一起进行绩效评估、研究战略决策。

电子沟通使组织的界限更加模糊。通过国际互联网，企业集团或跨国公司可以迅速实现内部信息交流与反馈，使经营管理不受地域或空间限制。另外，互联网又是一个世界性大邮局，信息传输便捷、准确、响应及时，促使企业走向虚拟化、柔性化，形成虚拟组织，甚至虚拟人力资源。

8.1.5 沟通中的障碍

沟通是客观存在的，而且任何沟通系统中都存在沟通障碍。例如，在电话、电报等通信系统中就存在沟通障碍，这种障碍称为"噪声"或"干扰"。但人与人之间的沟通障碍有其特殊性。沟通中的障碍一般有以下几种。

1．语言障碍

语言障碍指语言表达不清，使用不当，造成理解上的困难或产生歪曲和误解。首先，一个组织中可能有来自各个地域的人，语言差别大，有时互相听不懂。其次，不同的人语言修养和表达能力差异很大，有人可能用词不当或说话意图不清，使听者不知何意；有时即使意图清楚、用词得当，由于语音复杂、一词多义，理解差异也极大。年龄、教育程度、文化背景是三种较明显的因素，会影响人们对语言的使用及对词汇的定义。再次，组织内的成员具有不同背景，而且从事不同工作，必然产生各自的"行话"或技术用语。最后，有时谣言的传播也使组织内的真实信息传播受到阻碍。为了克服语言障碍，进行广泛的语言训练是非常有必要的。

2．过滤障碍

由于认知的选择性，人们在接收和发送信息时总是习惯接收一部分信息而摒弃另一部分信息，从而形成对信息的"过滤作用"，使沟通受到很大影响。过滤障碍的原因既有客观因素，又有主观因素。组织信息对接收者的价值大小、个人心理品质等，都会影响人们对信息的注意和接收程度。例如，有的人在接收信息时，对于符合自己需要的、与自身有利害关系的信息，很容易"听进去"，反之则不容易"听进去"；有的人为了让信息接收者高兴，故意操纵信息；一些部门的负责人对上级领导报喜不报忧，经常说领导爱听的话。这些都会导致信息的过滤和歪曲，影响沟通的顺利进行。

3．心理障碍

心理障碍是指个性特征和个性倾向导致的沟通困难。个人与个人之间、组织与组织之间、个人与组织之间需要和动机的不同，以及气质、性格、兴趣与爱好的差异，都会造成人们对同一信息的理解不同。另外，沟通双方不和谐的心理关系，以及一方或双方的人格缺陷也会对沟通产生不良影响。一般来说，外向、豁达、平易近人的个体，往往容易沟通；反之，性格偏执或冷淡的个体则很难沟通。

4．时间压力障碍

如果信息接收者只有很短的时间理解接收的信息，就可能误解或忽视其中一部分信息。管理者有时间压力，因为决策是有时间限制的，而时间压力会导致沟通障碍。例如，有的人可能忽略信息中的"不"字，从而颠倒原意，造成失误。当事情需要迅速处理时，正式的沟通层次会减少，因此有些人会被蒙在鼓里；有时时间紧迫，因此信息传达得不完整或模糊不清。

5. 信息过多障碍

管理者接收的信息有从上面传下来的，有从下面报上来的，也有相邻单位或同事转过来的。由于受到个体记忆、思维能力、态度的影响，以及缺乏自动控制系统，管理者可能一时无法掌握信息的精华，选出最重要的信息。因此，管理者不得不忽视一些信息，或者只是浏览一下，这就可能漏掉一些重要信息或出现理解错误。有的管理者可能无限期地拖延处理信息，也可能留待日后处理。

6. 组织机构与地位障碍

由于组织机构庞大复杂、层级太多，信息从决策层传递到下级单位时，不仅要耗费大量时间，还很容易造成信息损耗和失真。例如，在组织沟通中，每经过一个中间环节就要损失约 30%的信息，这主要是人的文化程度、认知能力和接受水平差异导致的。而组织机构设置不合理、各部门职责不清、分工不明、形成多头领导，或因人设岗、人浮于事，也会给沟通双方造成一定的心理压力，使人际沟通出现困难。另外，员工与管理者之间存在地位差别。一般人在接收信息时不仅判断信息本身，而且判断信息的发送者，发送者的地位越高，便越倾向于相信。一般来说，上级对下级的沟通顾虑少，而下级对上级的沟通往往顾虑很多。这样就使领导者不容易得到充分而真实的信息。特别是当领导者不愿意听取不同意见时，必然堵塞言路，使下级保持沉默，这显然会给沟通造成严重的障碍。

8.1.6 有效沟通的理论

"如何有效沟通"是研究组织中的沟通的重点。以下理论可以为我们进行有效沟通提供参考和依据。

1. 乔哈里窗模型

乔哈里窗模型认为，由于个体的差异性和认知过程的复杂性，每个人对同样的事件会有不同的印象和理解，这就导致了人们在沟通上的障碍。但是，如果我们了解对方，就比较容易沟通。不了解对方和自己在价值观、认知特点和理解能力上的差异，就不可能实现有效的沟通。乔哈里窗模型为我们提供了一种在沟通过程中客观地了解对方和自我的视角。

乔哈里窗模型认为，按自我和他人对自己的信息的了解程度，沟通可分为四个窗口：公开的自我、隐藏的自我、自我盲区和未知的自我，如图 8-5 所示。

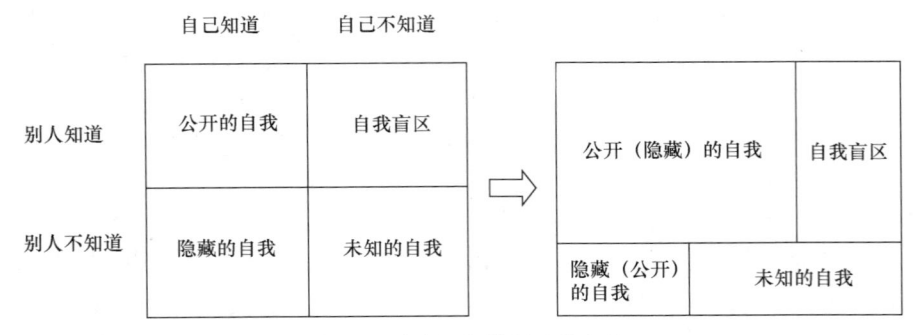

	自己知道	自己不知道
别人知道	公开的自我	自我盲区
别人不知道	隐藏的自我	未知的自我

公开（隐藏）的自我	自我盲区
隐藏（公开）的自我	未知的自我

图 8-5 乔哈里窗模型及其变化

在人际沟通中，"公开的自我"表示自己和别人都知道的信息，如性别、身高、相貌、工作经历、教育程度等。"隐藏的自我"包含的是自己知道而不与别人分享的信息。人们不想让别人知道这些信息，可能出于自我防卫的心理，如害怕被嘲笑、被拒绝，或者不信任别人。大多数人会有选择性地隐藏或公开自我。"自我盲区"是指他人知道但自己却茫然无知的信息。这类信息包括某些不经意的习惯、自己看不见的优点或错误等。一般情况下，自我盲区会在加强沟通和加深或扩展人际关系时变小，即在得到有关自己的反馈信息后才会变小。但是，自我盲区的表露与否也因人、因时而异，一些脆弱的人或在生活中遭遇痛苦的人往往无法面对自我盲区。"未知的自我"表示自己和他人都不知道的信息。这是一个双盲区，沟通一般不易进行。

因此，为了进行有效沟通，就必须与对方加强互信与合作，扩大公开的自我，缩小自我盲区和隐藏的自我。要达到这一目的，可采取两种方法：第一是增加自我表露，这可以使隐藏的自我转为公开的自我。这种方法要求诚实地与对方分享信息。在上级和下属之间、团队成员之间，合适的自我表露能促进对话，分享与工作相关的问题。第二是提高反馈程度，这可以使自我盲区转化为公开的自我。在工作中，建设性反馈是促进沟通的一个重要手段。这种方法要求人们与他人分享自己关于他人的想法、感受。想要取得沟通成果，反馈应该是支持性的或修正性的。这两种方法相互作用，可缩小未知的自我。

乔哈里窗模型使我们认识到，在人际沟通中，只有正确认识自己的长处与短处，做到知己知彼，才能准确分析客观条件和环境，努力减少沟通中的认知偏差，有效地与他人沟通。

2．PAC 分析

PAC 分析又称相互作用分析理论，是加拿大心理学家伯恩于 1964 年在《大众的游戏》一书中提出的。该理论旨在提高个体的人际交往和沟通能力。伯恩认为，人际沟通是人们相互作用和相互影响的过程。因此他认为，个体的人格特征会影响人际沟通的效果。PAC 分析的理论基础是心理学上的"自我状态"，即认为每个人都有三种自我状态：父母自我状态（Parents ego state）、成人自我状态（Adult ego state）和儿童自我状态（Child ego state），分别用 P 状态、A 状态、C 状态表示。这三种状态是一个人在其成长过程中逐步形成的心理结构的组成部分。当两个人进行沟通时，就可能有六种相互作用的状态。

P 状态表现为权威和优越感，如统治、支配、教训等权威式作风，这种作风学自父母或其他权威人物。人格结构中 P 状态占优势者，行为通常表现为凭主观印象办事、独断专行、滥用权威，讲话中常有"你必须……""你应该……"等。

A 状态表现为客观和理智。这是注重事实根据和理智分析的一种状态。人格结构中 A 状态占优势者，行为多表现为客观冷静、脚踏实地、尊重他人，能合乎逻辑地分析和处理情况，讲话中常有"我个人的想法是……"等。

C 状态像儿童一样冲动，表现为服从和任性。一会儿逗人可爱，一会儿又突发脾气，令人生厌，其行为往往源自个人的一时冲动。人格结构中 C 状态占优势者，行为多表现为无主见、遇事好奇、冲动、退缩、感情用事，讲话中常有"我猜想……""大概……"等。

上述三种自我状态可以分别用简单的形容词描述为"权威的""教诲的"；"理智的""逻辑的"；"情感的""感觉的"。根据 PAC 分析，P 状态和 C 状态对客观世界的感受和反应往往不一致，而 A 状态的思考与反应则具有统一性和一贯性，因此理想的状态是"成人刺激"和"成人反应"。以上三种自我状态在每个人身上的比重各不相同，在一定条件下会不自觉地表现出来。不同的管理者受其自身 PAC 结构的影响，在管理活动中会表现出不同的行为。表 8-2 列举了不同 PAC 结构的管理者的行为特征。

表 8-2　不同 PAC 结构的管理者的行为特征

PAC	行 为 特 征
高低高	喜怒无常、难以共事、支配欲强、有决断、喜欢被人称赞和照顾
高低低	墨守成规、按规办事、家长作风、养成下属的依赖性，是工业革命时代早期的典型管理者
低低高	有稚气、对人有吸引力、喜欢寻求友谊、用幼稚的幻想进行决策、讨人喜欢，但不是称职的管理者
低高低	客观、重视现实、工作刻板、待人比较冷漠、难以共处、只谈公事不谈私事、别人不愿与他谈心
高高低	容易从 P 状态过渡到 A 状态，经过一定的学习和经验积累，可成为成功的组织者
低高高	最理想的管理者，"成人"和"儿童"的良好性格结合在一起，人和事都能处理好

PAC 分析可用来研究人际沟通行为。人们进行信息沟通时往往处于某种自我状态，或处于由某种自我状态转变为另一种自我状态的选择中。作为管理者，应了解下级在沟通中处于何种自我状态，以便做出适当的反应和进行引导。根据学者陈国海的总结，人际沟通可以有如下两种主要形式。

（1）平行沟通。平行沟通是一种在符合正常人际关系的自然状态下的反应，也是符合预期的反应。这种相互作用是"平行"的，即当甲处于某种自我状态与乙交流时，乙以甲期望的相应的状态做出反应。在这种情况下，沟通可以无限制地继续进行。

（2）交叉沟通。在交流中，如果得到的不是适当的反应或预期的反应，就可能成为交叉沟通。这时相互作用是交叉的。这种情况与平行沟通正好相反，良好的沟通随时可能中断。PAC 的对话范例如表 8-3 所示。

表 8-3　PAC 的对话范例

平 行 沟 通	交 叉 沟 通
上级（A 状态）： 这个任务一周能完成吗？ 下级（A 状态）： 如果没有其他干扰，我想可以。	下级（A 状态，期望对方以 A 状态回应）： 这次加薪的名单上有我吗？ 上级（P 状态，将对方当作 C 状态）： 任务都完成得不好，还谈什么加薪？
下级（C 状态，期望对方以 P 状态回应）： 主任，我不太舒服，想请假回去休息。 上级（P 状态）： 可以，回去吧，剩下的工作明天再做。	上级（A 状态，期望对方以 A 状态回应）： 老王，今天下班后希望你留下来处理一件紧急任务。 下级（C 状态，将对方当作 P 状态）： 哎呀，我晚上有一个重要约会，为什么你不能找别人呢？

在实际管理中，应力求避免交叉沟通，以保证信息沟通渠道的畅通。当出现交叉沟通时，应尽量引导其过渡到平行沟通状态。因此，在实践中，应尽量以 A 状态控制自己和对待他人，同时引导对方进入 A 状态。理想的相互作用方式是"成人刺激"对"成人反应"，即 A—A 方式。

8.1.7　有效沟通的策略

1．选择恰当的沟通方式

组织内沟通的内容千差万别，是依照常规或惯例行事，还是采取变通或弹性的措施；

是正式还是非正式沟通；是书面还是口头沟通，都需要针对具体情况进行分析和选择。在组织的人际沟通中，根据不同的沟通目的、沟通对象特点、人际关系的协调程度和沟通渠道的性质等因素，应该选择不同的沟通方式，这样才能事半功倍，否则可能导致严重的后果。例如，对于一个新组建的项目团队及新加入的员工，团队成员会小心翼翼、相互独立，若此时采取快速沟通与参与决策的方式，就可能导致失败。一旦一个团队或组织营造了学习型氛围，就可以导入深度会谈、头脑风暴等开放式的沟通方式。

2．选择适当的措辞和表达方式

在沟通内容的组织上，还需要选择适当的措辞和表达方式。有效的沟通不仅需要信息被接收，而且需要信息被理解。语言使用不当，可能造成理解上的偏差，从而形成沟通障碍。具体可采取以下策略：首先，简化语言，注意使用与接收者一致的思维和语言方式，这样可以提高信息被理解的程度。其次，多使用积极、友善的措辞，使接收者做出积极的反应和承诺，以实现有效沟通。再次，根据接收者的特点选择适当的语言表达方式也非常重要，如在特定群体内使用"行话"会使沟通十分便利，而在特定群体外使用"行话"则会带来无穷的问题。最后，需要积极搭配肢体语言。在倾听他人的发言时，应当注意结合非语言信息来表达自己对对方的关注，如赞许性地点头，做出感兴趣的面部表情，保持积极的目光接触，不做与谈话无关的动作等。如果对方觉得你对他的话很关注，他就乐意向你提供更多信息；否则，对方即使知道许多信息，也不愿向你诉说。事实上，在沟通过程中，更多的信息是靠肢体语言来传达的。

3．学会倾听与反馈

倾听与交谈同样重要。调查显示，许多管理者一天中40%的时间都是用于倾听的。实践表明，倾听能力是可以通过训练提高的。倾听并不只是听到别人的声音，还包括积极感知信息发送者的信息，精确地评估信息，并恰当地做出反应。只有当信息发送者传递的信息被倾听者接收并理解时，倾听才是有效的。在组织内部，来自三种重要来源的信息需要认真倾听：顾客、下属和上级。认真倾听顾客意见，有助于了解产品或服务的真实信息，提高顾客满意度，增加销售量。对管理者来说，倾听下属的观点、意见也很重要。认真倾听下属意见，能够有效地表达出自己对下属的支持和关心，从而在组织中形成一种开放式的工作氛围。认真倾听上级意见，有助于领会和准确把握上级的要求和期望，从而出色地完成任务，改善与上级之间的关系。

另外，及时反馈也很重要。一个完整的沟通过程包括信息接收者对信息做出反应，只有确认接收者接收并理解了发送者传递的信息，沟通才算完整与完成。发送者只有通过提问、聆听、观察、感受等方式获得接收者的反馈，才能确定沟通是否达到目标。

4．营造良好的沟通氛围

良好的沟通氛围有利于增强接收者的理解力和信任感，增进相互了解与合作。为了更好地完成其特定职能，管理者可以运用不同的沟通方式，创建有利于交流的沟通氛围，促进有效沟通的产生并提升管理的有效性。反之，充满压抑、冷漠的防御性的沟通氛围则会降低沟通的有效性。因此，从组织和个体的长远发展来看，营造一个和谐、开放和平等的良好沟通氛围是非常重要的。

8.2 人际关系与人际吸引

个体作为群体中的成员，其心理特征的形成与群体中的人际关系是密不可分的。人与人之间的交往始于沟通，而交往要深入发展，就需要建立、发展和保持和谐的人际关系。

8.2.1 人际关系的实质

人际关系就是指人们在交往过程中形成的直接的心理关系。心理关系是指人与人之间心理距离的远近，主要表现为心理上的好恶喜厌、远近亲疏等。从心理学角度分析，人际关系可从以下三方面来理解。

首先，人际交往是人际关系的重要条件，人际关系是人际交往的结果。人际交往是指人与人之间联系的过程和形式。没有人际交往，就没有人际关系。缺乏交往，就难以形成密切的人际关系。人际关系是好是坏，是在人与人的相互交往中表现出来的。巩固和发展人际关系更需要经常、深入地交往。

其次，人际关系反映了个人或群体寻求满足其社会需要的心理状态。因此，人际关系的变化与发展，取决于交往双方需要的满足程度。如果双方在相互交往中都获得了各自社会需要的满足，就会建立、保持和发展亲近、友好的心理关系；反之，则产生疏远、回避甚至敌对的心理关系。

最后，人际关系包括认知、情感和行为三种成分。认知成分是指个体通过人际认知对相互关系状况的认识和了解；情感成分反映了个体对相互交往状况的态度和评价；行为成分是指围绕关系的建立、巩固和发展而表现出来的一切交往行为和反应。在三种成分中，情感反映了人们的交往与彼此需要满足的关系，是人际关系的核心成分，情感上的好恶喜厌常常决定关系的远近亲疏。因而，带有鲜明的情感色彩成为人际关系的主要特征。

8.2.2 人际关系的基本倾向

交往需要是人类的基本需要之一，它是推动人们建立和发展人际关系的内在动机。但是，每个人在长期的社会生活过程中都形成了特有的人际关系基本倾向，不同的人际关系基本倾向对人际关系的需要也不同，从而形成了个体差异。

1. 三种基本人际关系需要

美国心理学家舒茨提出，每个人都有以下三种基本人际关系需要。

（1）包容需要。这种需要表现为与别人建立并维持一种满意的相互关系的愿望。强烈的包容需要会提升与他人的相互作用水平，与他人形成肯定性关系，交往行为以沟通、相容、归属、参与、融合为特征；反之，则会降低与他人的相互作用水平，与他人形成否定性关系，交往行为以孤立、退缩、疏离、忽视、排斥为特征。

（2）控制需要。这种需要表现为在权力或权威基础上与别人建立和维持良好关系的愿望。控制需要较强的人，其行为特征表现为运用权力、权威来影响、控制、支配和领导他人等；而相反的表现则比较复杂，或是抗拒权威、忽视秩序，或是受人支配、追随别人等。

（3）感情需要。这种需要表现为在感情上与他人建立和维持亲密关系的愿望。由此产生的积极动机和行为包括喜爱、亲密、赞许、友善、热心、关怀等。反之，在人际交往中则表现为冷漠、厌恶、紧张、排斥、疏远等。

在理想情况下，每种需要的表现都应处于一个最适宜的水平，表现不足或表现过度都不利于良好人际关系的建立与维持。例如，控制别人的欲望过度膨胀，就必然争权夺利，专横跋扈，使人厌恶，造成人际冲突。

2．六种基本人际关系倾向

舒茨认为，根据三种基本人际关系需要，以及满足需要的两种行为倾向（主动、被动），可以得到六种基本人际关系倾向（见表 8-4）。基本人际关系倾向不同，人们在实际生活中表现出来的人际交往行为和方式也就不同。

表8-4　基本人际关系倾向

人际关系需要	行为倾向	
	主　动	被　动
包容	主动包容型	被动包容型
控制	主动控制型	被动控制型
感情	主动感情型	被动感情型

（1）主动包容型。主动与他人交往，希望与他人建立并维持相互包容的和睦关系。其行为特征是待人宽容、忍让，主动大胆地交往、沟通、参与等。

（2）被动包容型。虽然希望与他人交往并保持和谐关系，但在行为上表现为被动地期待别人接纳自己，缺乏主动性。

（3）主动控制型。总想控制、支配别人，将自己摆在人际活动的中心或左右局势的位置。其行为特征是运用权力和权威，超越和领导别人。

（4）被动控制型。易追随他人，愿意受人支配，与他人携手合作。

（5）主动感情型。喜欢并主动与别人建立感情，主动向人表示亲密、友好、热心、照顾，并乐于向别人表达自己的感情。

（6）被动感情型。虽然希望与别人建立感情，但在行为上只是期待他人对自己表示亲密，不能主动大胆地吐露自己的感情。

3．人际交往的类型

根据人际交往的反应方式，可以从不同角度划分出不同的人际交往类型。了解这些不同类型，有助于我们分析人际交往中的各种行为。

根据人际反应的外部表现，人际交往类型可分为：①外露型。性格外向，愿意向他人表达自己的感情，也乐意打听他人的信息。外露、爽直。对相容者满面春风，亲密无比；对相斥者横眉冷对，不屑一顾。②内涵型。性格内向，善于克制自己，喜怒哀乐不形于色，很少对他人敞开心扉。对好感者或反感者均不露声色，外表平淡而内心深沉。③伪装型。趋炎附势，以私利为中心，以情境为转移。表里不一，口是心非。对有用者当面奉承，对没用者冷若冰霜。戒备心强，善于保护自己。

根据在交往中处理人际关系的方式，人际交往类型可分为：①合作型。以相互谦让、互利、合作为特征。在交往中尊重、关心他人，考虑问题全面、稳重，很少计较个人得失。②竞争型。以竞争、争强好胜为特征。凡事都想超过他人，以显示自己。有时甚至不择手段，贬低、压制、损害他人。③分离型。以与世无争、疏远他人、独善其身为特征。性格孤僻，人际反应迟钝。

8.2.3 人际关系的形成与发展

1．人际关系形成与发展的阶段

研究发现，良好人际关系的形成与发展，从交往由浅入深的角度来看，需要经过以下四个阶段。

1）选择或定向阶段

在这个阶段，主要初步确定要交往并建立关系的对象，包括对交往对象的注意、选择和初步沟通等。人们对交往对象有高度的选择性，选择是建立人际关系的第一步。选定交往对象后，人们就会利用各种机会和途径去接触对方、了解对方，通过初步沟通，人们可以明确双方进一步交往并建立人际关系的可能性与方向。例如，通过观察和评价对方的外表、信念、态度、言谈举止等，决定是否与之发展人际关系，以及了解对方是否愿意与自己发展人际关系。这个阶段通常是一个渐进的过程，但也不乏戏剧性的发展，如两个一见如故的人，其关系在第一次见面时就建立了。

2）情感探索阶段

在这个阶段，人们会有意识地努力寻找彼此共同的兴趣和经历，表达自己的观点、态度和价值观，观察对方的反应，并力图建立真实的情感联系。尽管已经有了一定程度的情感卷入，但双方仍然避免触及私密性领域，表露出的自我信息比较表面，因此交往仍然具有很大的正式性。在这个阶段，每件事情似乎都是愉快、轻松和非批评性的。许多人际关系停留在这个阶段，这是因为沟通的双方喜欢这个阶段的相互关系。

3）情感交流阶段

在这个阶段，双方的人际关系开始出现由正式交往转向非正式交往的实质性变化。这是情感的加强阶段，双方要花更多的时间进一步探索，表现在彼此形成了相当程度的信任感、安全感、依赖感，可以在私密性领域进行交流，能够相互提供诸如赞赏、批评、建议等真实的互动信息，情感卷入较深，如使用昵称，开别人不能理解的玩笑，谈话中出现共同的期望和假设。在这个阶段，开放是一种风险，因为自我暴露既可能使相互关系加强，也可能使双方受到伤害。

4）稳定交往阶段

这是人际关系发展的最高水平。双方在心理上高度相容，不仅相互包容理解，而且能很好地相互预测和解释对方的行为。彼此允许对方进入自己绝大部分私密性领域，分享自己的生活，成为"生死之交"。达到这个阶段的人通常是最好的朋友、恋人或亲人。但实际上，能够达到这个阶段的人很少，人们与自己亲朋好友的关系大多处在第三个阶段。

2．人际关系状态

人与人之间从没有关系到关系密切，要经过一系列的变化过程。当双方彼此没有意识到对方存在的时候，双方处于零接触状态。从双方开始直接谈话的那一刻起，彼此就产生了直接接触。随着双方沟通的深入和扩展，双方共同的心理领域也逐渐被发现。双方共同心理领域的发现意味着双方真实情感的融合。已发现的共同心理领域的多少与情感融合的程度一致。一般来说，心理学家按照情感融合的相对程度，将人际关系分为轻度卷入、中度卷入和深度卷入三种。

图 8-6 以图解的方式对人际关系的各种状态及其相互作用水平的递增关系做了直观描述，图中的圆圈表示人际关系的双方。从图中也可以看出，不存在双方心理领域完全重合的情况。学者章志光指出，无论人们的关系多么密切、情感多么融洽，也无论人们主观上怎样感受彼此的完全拥有，关系的卷入者都不可能在心理上取得完全一致。由于利益与情感上的差异，人与人之间只存在在多大程度上一致的情况，而不存在完全一致的情况。

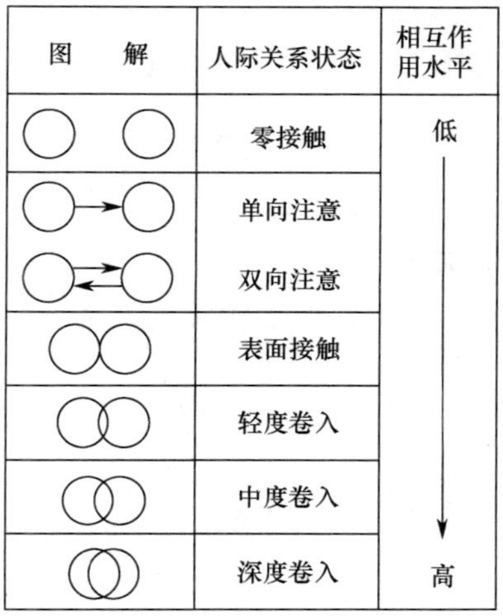

图 解	人际关系状态	相互作用水平
○ ○	零接触	低
○→○	单向注意	↓
○⇄○	双向注意	↓
◯◯	表面接触	↓
◐◑	轻度卷入	↓
◐◑	中度卷入	↓
◉	深度卷入	高

图 8-6　人际关系状态

8.2.4　人际吸引的主要因素

人际吸引是指人与人之间的相互悦纳和积极态度，即人与人之间通过交往而表现出的相互喜欢，在情感上相互肯定，在态度上相互接受，并有继续交往的倾向。人际吸引直接影响人际交往水平。以下是人际吸引的主要因素。

1．相似性

无论是友谊关系还是爱情关系，相似性都扮演着重要角色。相似性会导致人际吸引，已被大量社会心理学实验证明。信念、价值观、社会地位、年龄等的相似会促进友谊，尤其是态度或观点的相似。这是因为与你相似的人能给你一种个人获得肯定的感觉。他人在对问题的看法上保持与自己相同的观点，实际上是对自己的一种社会性支持，同时是一种酬赏或报答。一般来说，我们是喜欢自己的，因而也喜欢与自己相似的人。

2．互补性

由于人与人之间存在差异，当交往双方的需要和满足途径正好互补时，双方对彼此的喜爱程度也会增加。所以，人们更乐于与能体现自己长处的人交往，或者与能修正自己短处的人交往。例如，脾气急躁的人往往喜欢与脾气温和的人相处，依赖性强的人更愿意和独立性强的人共事，温柔顺从的人与支配欲强的人常常成为伙伴，这样一般能够使双方的关系更为协调。人力资源管理者了解这一点，在岗位安排、人才选拔和团队合作等方面有重要帮助。研究表明，互补性吸引更多地发生在交情深厚的朋友，特别是异性朋友、恋人和夫妻之间。互补的另一种情况是他人的某个特点满足了一个人的理想，从而增加了其对他人喜欢的程度。

根据研究，人们在初次交往时，外貌、社会资源等是构成吸引力的重要因素；结交后，双方在态度、信仰、价值观等方面的相似性显得更为重要；而推动双方关系进一步向亲密的友谊和婚姻发展，则起作用的主要是人格特征和需要的互补。

3. 喜欢程度的增减

在人际交往中，人们的相互吸引水平是不同的，一般可以用人与人之间相互喜欢的程度来衡量。研究发现，人际吸引不仅取决于相互喜欢的总量，更取决于这种喜欢程度的变化与性质。我们最喜欢的是对我们的喜欢程度不断提高的人，而最厌恶的是对我们的喜欢程度不断降低的人。

4. 个人魅力

在人际交往中，有魅力的个体总是受人欢迎和喜爱的，常常成为人们择友的首选。个人魅力突出体现在外表、个性品质和才能等方面。

（1）外表。俗话说"人不可貌相"，但在实际的人际交往中，人却往往"以貌取人"。个人的长相、穿着、仪态、风度等都会影响人际吸引，尤其在第一次见面时，外表因素占重要地位。布雷舍德发现，有个人魅力的学生约会次数比别人多，而且通常有更多朋友。人们喜欢外表漂亮、富有魅力的人，是因为在潜意识中不自觉地把外表吸引力与内在的个性特征、能力等同了。人们往往认为外表富有吸引力的人要比一般人更聪明、能干、快乐、自信，即"晕轮效应"。

（2）个性品质。随着交往的深入，个人的内在品质直接影响人际交往的密切程度。良好的个性品质是保持稳定、持久的个人魅力的根本所在，也是人与人之间建立亲密关系的基础。国内外很多研究表明，最具吸引力的个性品质是真诚、热情、友善、宽厚，最被人排斥的个性品质是虚伪、冷漠、自私、说谎。可见，要想赢得他人的友谊，真诚待人是最重要的。

（3）才能。人们喜欢聪明能干、富有才华的人似乎是毫无疑问的，但实际情况却没有这样简单。阿伦森的研究表明，一个看起来很有才华的人，如果表现出一点小小的过错，或者暴露出一些小小的缺点，反而会使人想要接近他（见表8-5）。如果一个人表现得十全十美，就会使人感到高不可攀，望而却步，甚至感到自卑无能，因而敬而远之。

表8-5 能力与吸引力的关系

能力水平	吸引力评分
甲：能力强	20.8分
乙：能力强，有小差错	30.2分
丙：能力一般	17.8分
丁：能力一般，有小差错	−2.5分

5. 空间距离

空间距离相对较近的个体，相互接触的机会较多，能够增进彼此的了解，特别是在交往初期。空间上的接近还会使彼此互动的成本降低，这也容易导致相互吸引和喜欢。心理学家费斯廷格曾以麻省理工学院学生为研究对象，多次研究他们之间的吸引力与彼此居住距离的关系，结果发现，相互交往的多少与彼此居住距离的远近有关。人们选择的新朋友多为隔壁邻居（41%），其次是隔一个门的邻居（22%），最后是同一层的邻居（10%）。工位相邻的两个员工交往机会更多，也更容易成为好朋友。

6．交往频率

一般来说，人与人之间的交往频率越高，就越容易形成更多的一致性，如相同的知识水平、相同的工作技能、相同的兴趣爱好等，这样就会产生更强的人际吸引。反之，人与人之间的交往频率越低，产生的人际吸引也就越弱，如多年前非常要好的同学各自参加工作后，交往频率降低，彼此之间就可能产生冷落和疏远感。但是，这种交往频率应该是双方自愿的，如果是非自愿的单方频繁交往，则会引起对方的反感，或对对方造成伤害，也就不会产生人际吸引。

8.3 人际冲突与处理

人际冲突在一定程度上会破坏正常的人际关系，从而影响团体或组织的和谐性与协调性。从某种意义上说，企业管理的过程就是处理人际冲突的过程，企业的兴衰成败与其处理人际冲突的方法和能力有直接关系。

8.3.1 人际冲突的基本概念

人际冲突是指在人际交往中，由人与人之间的认识水平、价值观念、需求和目标不同而导致的一种思想或行为上的矛盾状态，它常伴有阻碍对手取得成功的行为及情绪上的敌意。从组织心理学角度来看，冲突被理解为两种目标的互不相容和互相排斥。当人们面对两个互不相容的目标时，就会体验到心理上的冲突。

冲突对任何组织而言都是不可避免的。人们对冲突是好是坏的认识有一个发展过程。传统观点认为，冲突只有消极意义，所有的冲突都是不良的、有害的，它不利于企业中正常活动的进行，只能起破坏作用，因此要采取各种办法避免冲突。

现代观点认为，冲突有积极的一面。适度的组织冲突是组织进步的动力。如果组织内长期保持一种融洽、和平的关系，就很容易对变革表现出冷漠和迟钝。管理者应该鼓励适当的冲突，以保持组织旺盛的生命力。

近年来，人们越来越认识到冲突不一定都是消极的。一些管理学家认为，应把冲突分为建设性冲突和破坏性冲突。有利于达成组织目标的冲突是建设性冲突，只有那些对达成组织目标起阻碍作用的冲突才是破坏性冲突。因此，不能一概反对或避免冲突，重要的是设法控制和驾驭冲突，使之有利于组织目标的达成。表 8-6 对建设性冲突和破坏性冲突做出了比较。研究表明，任何组织都要有适量的冲突。冲突过多，要设法减少；冲突过少，要设法增加。

表 8-6　两种不同性质的冲突

建设性冲突	破坏性冲突
双方对实现共同目标有共同的关心	不愿意听取对方的观点或意见
乐于了解对方的观点或意见	由意见或观点的争论转变为人身攻击
以通过争论解决问题为中心	对赢得观点上的胜利最为关心
交换情况日益增加	交换情况减少，以致完全停止

8.3.2 人际冲突的类型与原因

1. 人际冲突的类型

冲突有人际间的冲突和群体间的冲突。人际间的冲突指的是个人与个人之间的冲突，如上下级个人之间、同级个人之间的冲突。群体间的冲突指的是群体与群体、一群人与一群人之间的冲突，如这个班组与那个班组、这个科室与那个科室、上级部门与下级部门的冲突。所有这些冲突都发生在组织中，形成组织内部的冲突。

行为科学家杜布林认为，可以把冲突划分为有益的和有害的、实质的和个人的。所谓实质的冲突，指的是涉及技术或行政因素的冲突。所谓个人的冲突，指的是涉及憎恨、妒忌等源于个人的情感、态度、个性等因素的冲突。在此基础上把两种划分方法结合起来，就得到了冲突的四种类型，如图8-7所示。

	有益的	有害的
实质的	类型Ⅰ 有益-实质	类型Ⅱ 有害-实质
个人的	类型Ⅲ 有益-个人	类型Ⅳ 有害-个人

图8-7 冲突的四种类型

2. 人际冲突产生的原因

冲突既是一种普遍存在的社会现象，又具有破坏或建设的两重性。正确处理冲突，就要限制或消除破坏性的一面，利用建设性的一面，因而首先必须研究产生冲突的原因。

（1）人的个性。在企业中，恶意攻击和中伤，使用带有敌意、嘲讽的语言等，都容易引发冲突。

（2）对有限资源的争夺。资源总是有限的，因而各个部门常常会因争夺材料、资金和人员而发生冲突。

（3）价值观和利益。价值观的不同和利益的不一致也是引起冲突的一个重要原因，如销售部门往往倾向于满足顾客的多种需求，要求生产部门经常更新产品，而生产部门则多着眼于生产效率，希望产品少变动。

（4）角色冲突。企业中的个人和群体承担的角色不同，各有其特定的职责和任务，从而产生了不同的需要和利益，因此引发了冲突。

（5）权力追逐。对权力的追逐是引起冲突的重要原因，如为了取得某项权力，不惜攻击对方，抬高自己，导致明争暗斗。

（6）职责不清。由于职责规定不清，某些部门对工作互相推诿或相互指责，导致冲突发生。

（7）组织变动。当组织变动时（如机构的精简、合并和增设），原来的平衡被打破，新的平衡尚未形成，这时很容易出现冲突。

（8）组织风气不正。组织风气不正会成为冲突的温床。特别是当上层管理者之间存在频繁和激烈的冲突时，冲突会很快向下蔓延，使下级也产生冲突。

8.3.3 处理人际冲突的策略

1. 冲突处理的两维模式

过去，社会心理学家用一维空间来表述人们在冲突中的行为，即从竞争到合作，认为有的人倾向于合作，有的人倾向于竞争，有的人则介于两者之间。近年来，许多研究证明，这种看法不能全面反映人的冲突行为。其中最受人注目的是托马斯和他的同事提出的冲突处理的两维模式，如图 8-8 所示。

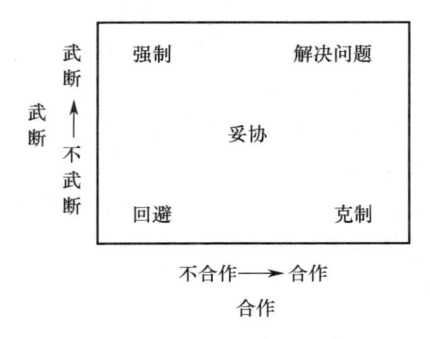

图 8-8　冲突处理的两维模式

图 8-8 中，横坐标表示"合作"的程度。这里的"合作"是指满足他人的利益。纵坐标表示"武断"的程度。这里的"武断"是指满足自己的利益。在这个两维模式中，有五种处理冲突的策略，即强制、回避、妥协、克制、解决问题。①强制（竞争）。不合作且高度武断，即为了自己的利益，牺牲他人的利益。②回避。合作与武断程度都很低，即对自己的利益和他人的利益都缺乏兴趣。③妥协。两个维度都取中间程度，寻找一种权宜的可被接受的解决方法。④克制。合作精神很高而武断程度很低，即牺牲自己的利益去满足他人的利益。⑤解决问题。对自己和他人的利益都给予高度关注。

托马斯认为，要解决冲突，必须注意人与人之间沟通的技巧，并适当确定解决问题的次序，以此来协调"武断"和"合作"，建设性地解决冲突。

伯克就上述各种冲突处理策略的有效程度进行了调查研究和归纳，发现使用解决问题策略，能很好地处理冲突；使用强制策略，效果很不好；回避和克制策略一般很少使用，使用时效果都不好；使用妥协策略，效果好的占 11.3%，效果不好的占 5.7%（见表 8-7）。

表 8-7　五种冲突处理策略的有效性

策　略	有效果/%	没有效果/%
回避	0.0	9.4
克制	0.0	1.9
妥协	11.3	5.7
强制	24.5	79.2
解决问题	58.5	0.0
其他（包括未解决、无法讲明如何解决等问题）	5.7	3.8

2. 冲突处理中"胜与负"的策略

处理冲突的关键问题是双方要考虑自己的胜负与得失。常见的结果是"一胜一负"。冲突处理的两维模式和"胜与负"的策略，两者互有联系。

（1）采取负／胜或胜／负对策，反映了克制或强制两种冲突处理策略。其出发点是，冲突的结果必然是一方胜利，另一方失败。前者克制自己以满足对方的需要，后者对抗或竞争，结果是一胜一负。

（2）采取负／负对策，反映了回避和妥协两种冲突处理策略，即双方都有所失或都没有达到预期目的。其出发点是，大家都吃一点亏总比一方什么都没有得到要好。前者退避或保持沉默，不寻求满足对方需要的方法，也不设法满足自己的需要。后者往往通过协商，双方同意放弃自己的部分利益。这比一胜一负的对策风险更低，花费也较少。

（3）采取胜／胜对策，反映了解决问题的策略，要求双方直接、坦率地交换意见，自我克制，相互尊重和信任，消除敌意和猜疑，最后找到双方都能接受而且对双方都有利的方案。这是一种双赢的方法，双方都感到自己是胜利者。这种方法要精心安排，促使双方协作，共同解决问题，任何一方都不要试图征服另一方。

实践证明，负／负对策固然两败俱伤，胜／负对策也没有彻底解决问题。失败的一方由于受到挫折，往往引发新的甚至更大的冲突。唯有胜／胜对策能够打破冲突的循环，是管理者应该尽量使用的策略。

心理学家布朗在《团队冲突的处理》一书中提出，应该把冲突保持在适当的水平上，限制破坏性冲突，促进建设性冲突，刺激良性冲突，充分发挥和利用冲突的积极影响并控制其消极影响，将冲突的力量引导为组织的动力。

章节测验

1. 选择题

（1）（单选题）100%信息传递（相互理解）＝ 7%语言 ＋ 38%语调 ＋ 55%姿势，这个沟通公式说明（　　）在信息传递中具有不可替代的特殊作用。

　　A．非正式沟通　　　　B．非语言沟通　　　　C．双向沟通　　　　D．正式沟通

（2）（多选题）乔哈里窗模型说明，为了进行有效沟通，必须（　　）。

　　A．增加自我表露　　　B．扩大公开的自我　　C．提高反馈程度

　　D．缩小自我盲区　　　E．缩小隐藏的自我

（3）（多选题）作为人际吸引的主要因素，个人魅力的内容不包括（　　）。

　　A．外表　　　　　　　B．个性品质　　　　　C．才能

　　D．交往频率　　　　　E．互补性

（4）（单选题）在工作中的人际沟通网络中，（　　）是"谣言"和小道消息传播最普通的形式。

　　A．下行沟通　　　　　B．正式沟通　　　　　C．非正式沟通　　　D．双向沟通

（5）（多选题）有效处理人际冲突的策略包括（　　）。

　　A．强制　　　　　　　B．回避　　　　　　　C．妥协

　　D．解决问题　　　　　E．克制

2．简答题

（1）沟通对组织和个人有何作用？

（2）常见的沟通障碍及有效沟通策略有哪些？

（3）影响人际吸引的主要因素有哪些？

（4）冲突处理的两维模式是什么？

实训练习

全班同学分成6~8人的小组，根据以下两个主题展开讨论或辩论，并在课堂上分享。

1．根据人际吸引的主要因素，人际交往中的相似性与互补性哪个更重要？

2．根据人际吸引的主要因素，喜欢程度的增减与个人魅力哪个更重要？

要求：既可以在小组间展开讨论，也可以由全班同学选择一个主题，设计辩论流程，展开辩论。

第 9 章
心理健康管理与员工援助计划

【学习目标】
- 掌握心理健康的概念和判断标准；
- 理解职业压力源；
- 熟悉职业压力的影响及职业压力管理；
- 掌握挫折产生的原因、影响及管理方式；
- 了解员工援助计划的基本内容与发展。

【关键概念】
心理健康　职业健康心理学　职业心理健康问题　职业压力　职业压力管理　挫折管理　员工援助计划（EAP）

引例

中铁物贸集团武汉有限公司引入 EAP，关爱员工心理健康

近日，中铁物贸集团武汉有限公司员工"心灵驿站"入选武汉市全国社会心理服务体系建设试点最美典型。这是该公司工会引入 EAP（员工援助计划）关爱员工心理健康取得的成效。工会于 2018 年引入 EAP，分别在本部、经营中心建立了员工"心灵驿站"，按照"工会牵头、员工受益、专家参与"的工作思路，通过环境的个性设计、色彩的合理搭配和空间布局的优化，为员工提供释放压力的场所，并在"心灵驿站"开展沙盘活动、心理健康测评和个体咨询服务等。同时，工会定期开展涉及员工心理健康的主题培训、专题讲座、心理调查、团队体验活动等，提升员工对心理健康的关注度。针对员工工作场所分散的实际情况，工会开展"送心理健康服务进一线"活动，采用在线测评和专业老师一对一、面对面访谈的方式提供心理健康服务。

目前，该公司员工"心灵驿站"已帮助约 70%的员工提升应对心理问题的能力，为百余名员工及其家属提供免费心理援助。

（中工网—工人日报，2023.11.16）

在经济高速发展的现代信息社会，规范企业用工管理，加强对员工心理健康的关注与援助，对于企业和社会的持续健康发展意义重大。在受到不确定性环境影响，工作压力倍增的情况下，企业应注重对员工职业压力的监测与管理，增强对员工的人文关怀和社会支持；面对职场压力、各类突发事件和意外风险，企业应加强员工心理健康的培训和引导，有效测评和管理员工的职业压力，保持员工工作与生活的平衡。

第 9 章 心理健康管理与员工援助计划

9.1 心理健康概述

近年来,随着全球经济的发展和组织形态的变革,一个崭新的心理学研究领域——职业健康心理学(Occupational Health Psychology,OHP)逐渐出现在人们的视野中。职业健康心理学运用心理学的理论构架和研究方法,结合心理学相关分支领域,与社会学、管理学、经济学、法学、人类工效学、职业医学等学科密切联系,目的是创造一个安全、健康的职业环境,从而提升从业者的工作品质,提高组织的整体绩效。

9.1.1 心理健康的相关概念

1. 健康

长期以来,健康的范畴局限于生理层面,人们认为健康就是身体没病,即生理健康。随着经济发展,人类对生活质量的追求与日俱增,迫切需要对健康进行全面而客观的界定。1948年,世界卫生组织对人的健康做了这样的描述:健康不仅包括没有身体上的缺失和疾病,还包括具有完整的生理、心理状态和社会适应能力。这就是现代有关健康的"生理-心理-社会"三维模式。1989年,该组织拓展了健康的概念,增加了道德健康的内容,补充指出,健康应包括以下内容:躯体健康、心理健康、社会适应良好及道德健康。由此可见,健康不仅指没有躯体疾病或不正常症状,而且指个体在生物层面、心理层面及社会层面均能保持最佳状态。为了达到这种完美的健康状态,人们既需要身心健康,又要取得工作和生活的平衡。

2. 心理健康

美国健康与人类服务部发表的心理健康报告将心理健康定义为"心理功能的成功性表现,它带来富有成果的活动、完善的人际关系,以及适应环境变化和应对逆境的能力"。

判断心理健康与否需要依据一定的标准,即划分心理正常与心理异常的参照体系,使之具有标准性特征。心理学家、社会学家及医学专家等都对心理健康的标准问题进行了研究。就现有标准而言,存在"学者标准"和"特征标准"两类取向。"学者标准"可细分为如下七类:统计分析标准、社会规范标准、医学症状标准、生活适应标准、主观感受标准、心理成熟标准、心理机能充分发挥标准。"特征标准"更加具体和细微,认为心理健康者应具备如下特征:心理和行为符合年龄特征;行为反应适度;有正确的自我观;自我控制良好;自尊感适度;情绪健康;善于与人相处;人格具有一贯性;正视问题、直面现实。

3. 职业健康心理学

职业健康心理学是职业心理学和健康心理学的交叉领域。作为一门新兴的心理学边缘学科,职业健康心理学研究的内容非常广泛。美国国家职业安全与健康研究所强调职业健康心理学应该把职业压力、职业疾病、工作伤害等组织危险因素作为特别的、首要的关注对象。该组织和美国心理学会提出的职业健康心理学的定义为"主要研究心理学在提升工作者的工作生活品质,保护和促进工作者的安全、健康和幸福等方面的应用"。其中,"保护"主要是指尽量避免工作者暴露在危险的工作场所中,"促进"主要是指训练工作者掌握知识和资源,以提高他们自身的健康水平,以及抵抗工作环境危害的能力。

职业健康心理学的目标是:"在工作场所中,使工作者达到身体(如安全、健康)、心理(如满意、幸福)和精神(如成长、归属)的平衡,除去工作场所中可能威胁工作者身心健康的因素(如不安全的工作环境、不当的工作流程、不合适的管理方式、模糊的角色设计等),最终达到工作者与企业的双赢。"对于工作者,职业健康心理学能使他们在舒适的工作场所发挥潜能,创造卓越绩效,进而享受幸福的人生。对于企业,职业健康心理学能减少用工成本,使企业持续健康发展。

9.1.2 职业心理健康的重要性

职业心理健康对人的身体健康、生活质量、人际关系、组织绩效等方面意义重大。心理不健康可能导致员工出现生理疾病、生活质量下降、对工作和生活更加不满,甚至出现异常行为。对于组织,可能导致员工缺勤率、离职率、事故率上升,资源管理开支增加等。

1. 影响员工的身体健康

许多疾病都属于心身疾病。心身疾病又称心理生理疾病,是心理因素在其发生、发展、治疗和预防方面起着重要作用的一类躯体性疾病的总称。无论是西医还是中医都认为,躯体性疾病至少部分地与心理因素有关。

常见的心身疾病有很多,如表9-1所示。

表9-1 常见的心身疾病

器官或系统	心 身 疾 病
皮肤	神经性皮炎、荨麻疹、瘙痒症、湿疹、斑秃、银屑病、多汗症
神经	肌紧张性头痛、偏头痛、抽搐、书写痉挛、痉挛性斜颈、自主神经功能失调
泌尿及骨骼	遗尿、性功能障碍、激惹性膀胱炎;月经紊乱、经前期紧张综合征;类风湿关节炎、肌痛、颈肋综合征、腰背部肌肉疼痛
心血管	冠心病、原发性高血压、心律不齐、心绞痛、低血压、心脏神经官能症
呼吸	支气管哮喘、过度换气综合征、神经性咳嗽
消化	胃溃疡、十二指肠溃疡、溃疡性结肠炎、肠易激综合征、神经性厌食、肥胖症、神经性呕吐、过敏性结肠炎
内分泌	甲状腺功能亢进、毒性甲状腺肿、糖尿病、肥胖症
其他	肿瘤

不同的性格特点也可能诱发不同的疾病。依赖性强、幼稚、希望受人照顾的性格可能导致哮喘;喜怒不形于色、竞争性过强、压抑情绪的性格可能导致溃疡;听话、强迫性、抑郁、矛盾、吝啬的性格可能导致结肠炎;渴望得到感情、思念重、有罪恶感的性格可能导致荨麻疹;好高骛远、易冲动、易焦虑、固执保守、敏感多疑、胆小自卑的性格可能导致高血压;忙碌、急躁、雄心勃勃、常感到时间紧迫、有压力的性格可能导致心脏病;追求尽善尽美、死板、嫉妒的性格可能导致偏头痛。

2. 影响组织的发展

经济学界和管理学界常说,组织的发展就是人的发展。员工是组织发展的动力源,拥有健康员工的组织才能快速成长。健康的员工是在躯体、心理、社会适应及道德等方面都健康的个体。如果没有健康的心理机制作为保障,个体就有可能出现适应和应对方面的困难。这正是职业心理健康在个体层面对组织发展的重要意义。

职业心理健康在组织层面对组织发展也有重要意义。在组织中,个体不是孤立的。在绝大多数情况下,个体是在与他人的合作中完成任务的。组织沟通顺利进行的一大保障就是心理健康。心理健康问题可能导致损害组织气氛等恶果,因此应当得到足够的关注。事实上,员工心理保健应该作为现代人力资源管理的重要组成部分,并受到重视。

9.1.3 职业心理健康问题

虽然职业心理健康的研究领域日益扩展和深入,但纵观对职业心理健康问题的研究,职业压力、职业倦怠、工作-家庭关系、工作场所暴力及个体、组织和环境等问题始终是研究者关注的焦点。有关职业压力和职业倦怠的研究将在9.2节详细介绍,这里主要介绍其他几个问题。

1. 工作-家庭关系

工作与家庭是成人生活中的两大主题,由于精力的有限性,人们常常无法同时满足工作角色与家庭角色的需求。工作-家庭冲突是许多人都会经历的一种压力,根据格林豪斯等人的定义,它是一种角色间的冲突,是工作与家庭两种角色在某些方面彼此不相容导致的角色压力。工作-家庭冲突与较低的工作满意度呈正相关,与离职意向和员工缺勤率呈正相关,与心理压力和应激呈正相关,且性别差异不显著。对于工作-家庭关系问题,组织可以采取弹性工作制、生育期与子女幼年期工作照顾等措施,使之得到一定程度的缓解。

2. 工作场所暴力

美国国家职业安全与健康研究所把工作场所暴力定义为:"发生在工作场所的各种身体攻击、威胁行为或口头谩骂,不局限于殴打、自杀、枪杀、强奸、自杀未遂、心理伤害(如威胁、猥亵电话、性骚扰、跟踪、诅咒或大声呵斥)。工作场所暴力不一定在工作场所中发生,也可能发生在工作场所以外,员工因与工作相关的原因受到的暴力侵害也包括在内。"现在,工作场所暴力已经被公认为一种职业危害,在美国、英国已成为公众和政策制定者关注的焦点。除了导致身体伤害,工作场所暴力可能产生的负面影响还有员工士气下降、工作压力增加、离职率上升、对组织和同事的信任度降低等。从心理学角度出发,有关工作场所暴力的研究主要集中在暴力产生的原因和暴力预防上。

3. 个体、组织和环境

在职业健康心理学研究中,特定的个体水平研究变量主要包括人格、情绪、年龄、愤怒、工作狂、健康状况、自我依赖和性别差异等。例如,伴随工业化社会出现的A型人格及最近出现的D型人格,与工作压力大、睡眠不足、超时工作、过劳死高度相关。个体因素在职业健康心理学研究中主要有两个任务:一是确定研究变量对工作者心理健康的影响,从认知-情感角度探求压力等心理因素的发生机制;二是从工作者的实际工作出发,确定职业健康心理问题的预防策略。

工作者的心理健康还会受到组织和工作环境中多种因素的影响:①工作环境及内在属性,如物理环境、工作节奏、工作负荷、工作时间、管理控制程度等;②与个体的组织角色有关的因素,如角色模糊、角色冲突、角色期望等;③与个体的职业发展有关的因素,如职业规划、工作发展潜力等;④与个体的工作关系有关的因素,如社会支持、同事关系、参与决策与管理等;⑤组织属性,如组织文化、组织结构、组织内沟通等。

9.1.4 职业心理健康的鉴定

职业心理健康的鉴定是指依据一定的心理健康标准，运用心理学的方法和技术对员工的心理状态、心理差异及行为表现进行评定，并确定其性质和程度。科学、合理、有效的职业心理健康鉴定有助于企业管理者了解员工的心理健康状况，适时对管理策略做出相应调整，从而协调企业内部人际关系，提高企业凝聚力和员工工作效率，促进企业发展。

1. 鉴定方法

判断员工心理健康与否不能仅凭单个人或某些人的主观评价，必须依赖一些可量化、可操作的比较方法。在实践中，对员工心理健康的鉴定通常采用综合方法，一般包括行为观察法、个案分析法、会面诊断法和量表评定法，必要时可配合生物医学检查法。以上多种方法的结合使用可以使收集到的资料更加全面，鉴定结果更加科学。

1）行为观察法

行为观察法是指对被鉴定员工在自然工作环境或特定实验情境下的语言、活动等进行有目的的考察，进而收集资料，判断其心理健康与否的一种方法。根据观察环境的不同，该方法分为自然观察和实验情境观察两种。前者观察的行为对象范围较广，但需要的时间较长，同时要求观察者具备敏锐的洞察力；后者观察的行为对象有限，但具有更高的可比性和科学性。

2）个案分析法

个案分析法是指通过收集、整理和分析员工中某个特定群体或个人的医疗、生活及工作记录，全面、深入、系统地了解其心理特征的方法。在掌握了充分的资料后，一般要求写出传记式个案记录。无论记录来自何处、公开与否，鉴定者都要严格遵守职业道德，做好保密工作，保护员工利益。

3）会面诊断法

会面诊断法是指通过与被鉴定者进行有目的的会面交谈，系统了解和掌握其当前的心理状态，对其心理过程进行分析，并做出判断的一种方法。通过会面交谈，鉴定者与被鉴定者在思想、情感方面进行沟通，建立起互相信任的合作关系，使鉴定工作在和谐的氛围中进行。

4）量表评定法

量表评定法是指使用标准化的量表对员工心理健康状况进行鉴定的一种方法。心理健康评定量表形式多样，常见的有他评量表、自评量表等。

5）生物医学检查法

生物医学检查法是指医生运用自己的感官或借助简单的工具、精密的电子仪器和大型医疗设备等获取被鉴定者的人体结构、形态和功能变化的检查方法。该方法对于做出全面的心理健康鉴定十分重要，需要由医务人员来进行。

2. 常见心理健康评定量表

职业心理健康鉴定工作常需要借助一定的工具进行，心理健康评定量表就是最常见的鉴定工具之一，具有简便性、敏感性、可分析性等优点，在现实生活中得到广泛应用。

1）90项症状自评量表

90项症状自评量表（SCL-90）通过员工自评，帮助其加深对自身心理状态的了解，从而做出合理调适，促进其心理健康发展。

该量表由德瑞盖特斯在前人研究的基础上编制而成。该量表包含90项症状，容量大，涉及广泛的精神症状，如思维、情感、行为、人际关系、生活习惯等，能够较为准确地刻画被鉴定者的自觉症状。该量表还包含10个因子，分别为躯体化、强迫观念和行为、人际敏感性、抑郁、焦虑、敌对、恐怖、偏执、精神病性和附加项目，每个因子都反映某个方面的症状。该量表被广泛应用于临床及日常心理健康鉴定，常被用来评定某段特定时间（如一周以来）的心理健康状况，具有较高的敏感性。

2）抑郁自评量表和抑郁状态问卷

抑郁自评量表（Self-rating Depression Scale，SDS）由苏格于1965年编制，为自评量表，用于评估抑郁状态的轻重程度及变化。1972年，苏格又增编了与之相应的他评量表，称为抑郁状态问卷（Depression Status Inventory，DSI）。SDS和DSI的适用评定时间为最近一周，操作方便，容易掌握，可以有效反映抑郁状态的有关症状及严重程度。

3）焦虑自评量表

焦虑是一个人预料将有某种不良后果产生或模糊感到有威胁将出现时的一种不愉快情绪。通常，轻度的焦虑不仅对人无害，而且可以激发斗志，唤起警觉，使员工提高工作绩效。但是，强烈的焦虑常常导致适应不良和应对失败，以及一系列不良情绪，对员工的工作绩效和身心健康都是有害的。使用焦虑自评量表（Self-rating Anxiety Scale，SAS）有助于个体了解自身的焦虑状态。

焦虑自评量表由苏格于1971年编制完成，是一种包括20个项目、有四级评分的自评量表，用于评估近期（通常为一周内）焦虑状态的轻重程度及变化，有较为广泛的适用性。

4）生活事件量表

生活事件即人们平时所说的精神刺激（也包括良性刺激），不同精神刺激对不同人的影响可能有显著差异。使用生活事件量表有助于了解员工的精神压力程度，从而采取相应的对策。

1967年，赫尔姆斯和瑞赫编制出社会再适应评定量表（Social Readjustment Rating Scale，SRRS），得到社会的普遍认可。我国于20世纪80年代初引进SRRS，由湖南医科大学杨德森等人修订，按照新的思路编制成生活事件量表（Life Event Scale，LES）。该量表为自评量表，包括48项我国常见的生活事件，涉及生活、工作和社交三方面内容，采用定性与定量相结合的方法，分别观察正性（积极性质）和负性（消极性质）生活事件的影响。LES综合评分越高，表明个体承受的精神压力越大。

5）生活质量综合评定问卷

生活质量综合评定问卷（Generic Quality of Life Inventory-74，GQOLI-74）由湖南医科大学李凌江、杨德森于1998年推出，共74个项目，包括物质生活功能（项目F1~F10）、躯体功能（项目F11~F30）、心理功能（项目F31~F50）和社会功能（项目F51~F70）四个维度，用20个因子来反映被鉴定者生活质量的某个方面，包括住房、经济状况、躯体不适感、正负性情绪、家庭婚姻、人际交往等。该问卷具有良好的信度和效度，适用范围也比较广泛。

9.2 职业压力与压力管理

2004年5月,中国首届"职业压力与心理健康"国际研讨会在北京召开,与会专家、企业界人士达成共识:过度的职业压力不仅使员工长期感到疲劳、烦躁,损害个人身心健康,而且极大降低了组织的工作效率,"高效、健康、幸福"的员工队伍建设问题需要引起社会的关注和重视。

9.2.1 职业压力的概念

职业压力又称工作压力、职业紧张等,是指在工作环境中,使工作行为受到逼迫与威胁的压力源长期、持续地作用于个体,并在个体的主体特征及应对行为的影响下产生一系列生理、心理和行为反应的系统过程。压力是一定环境刺激与个体对环境可能产生的威胁的评价相互结合的产物,是个体和环境交互作用的结果。压力不是一个静态的结果,而是一个动态的过程,这一过程随着时间和任务的变化而变化。

9.2.2 职业压力源

压力源是可能产生压力刺激的环境和事件。压力并不是无缘无故形成的,任何压力都有其压力源在起作用。只有找到了压力源,才能正确地处理职业压力带来的问题。著名管理学家罗宾斯在《组织行为学》一书中提出的压力源模型指出了职业压力的来源(见图9-1)。

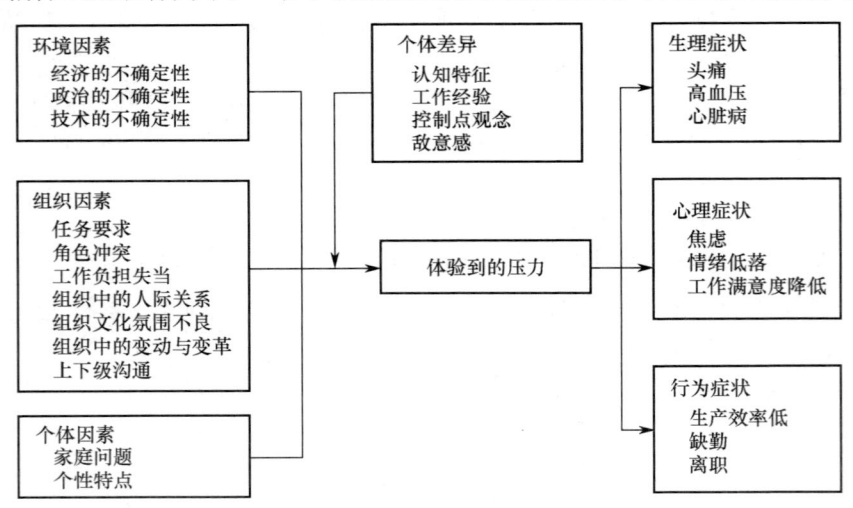

图 9-1 压力源模型

从图9-1可以看出,职业压力源包括环境因素、组织因素和个体因素三方面。当然,这些因素是否会导致压力还取决于个体差异,如个人的工作经验和认知特征等。

1. 环境因素

环境的不确定性不仅会影响组织结构的设计,也会影响员工感受到的压力水平。上述压力源模型指出,环境的不确定性分为经济的不确定性、政治的不确定性和技术的不确定性。中国正经历转型，社会发展带来日趋激烈的社会竞争、变化多端的生存环境、高度紧张的生活节奏，使人们处在高度应激状态。如果一个人对于变化着的社会环境和生活事件，特别是急剧的变化，不能通过调整自身的心理活动形式和机体生理机能来进行恰当、有效的适应性反应，就会不可避免地出现种种心理上的矛盾和冲突，使自己处于紧张状态。

2．组织因素

1）任务要求

各种不同职业之间存在极大的工作压力差别。有些人从事的职业工作压力较大，如医护人员、流水线操作工人，而有些人从事的职业工作压力则相对较小。容易引发较大工作压力的职业主要有以下几点特征：①需要经常做出正确的决策；②需要快速、准确地处理大量信息，并及时做出反应；③工作难度较大，需要复杂的心智活动；④需要较多地进行人际接触；⑤工作环境恶劣，条件较差；⑥工作比较危险；⑦工作活动变动频繁。

2）角色冲突

当个体在工作中面临多种期待时，如果满足一种角色的要求，就很难满足另一种角色的要求，这时便产生了角色冲突。角色冲突有以下两种类型。

（1）角色内冲突。角色内冲突主要指角色扮演者对同一角色产生了相互矛盾的期待，使其角色行为产生冲突，引发工作压力。例如，某操作工既想长期在一家企业工作，以获得晋升的机会，又想去另一家工资更高的企业，以获得眼下的实惠。

（2）角色间冲突。角色间冲突主要指同一个人因承担的不同角色产生矛盾而引发的冲突。企业中的人力资源管理者经常遇到角色间冲突的问题：既是企业利益的维护者，也是员工利益的代言人，还是员工的朋友。当有冲突时，人力资源管理者首先应代表企业利益，其次代表全体员工利益，最后才能代表朋友的利益。如果不能处理好这些角色间的关系并让员工理解自己的角色，就往往陷入费力不讨好的困境。

3）工作负担失当

个体在组织中最主要的压力往往来自职位工作负担失当，主要表现在人与事之间不匹配，即个体不具备其职位必需的技能或能力，或个体在其职位上没有能够全力发挥技能或能力的机会。具体包括以下两种情况。

（1）任务超载。当工作难度过大，时间和自身能力不足，导致难以顺利完成工作任务时，便会产生任务超载。任务超载作为一种重要的压力源，已经成为威胁人们身心健康的重要危险因素。时间管理是与任务超载有关的重要问题。不能有效利用时间而产生压力，主要原因是事先没有缜密地计划。

（2）任务不足。任务超载会让人产生压力，与此相反，任务不足同样能让人产生压力。所谓任务不足就是指分配到的工作太少或过于单调。惰性、体力和精神上的厌倦和疲惫是任务不足可能造成的恶果。

4）组织中的人际关系

与同事关系紧张、缺乏社会支持等都会使员工产生相当大的压力。另外，企业加薪、晋升等奖励措施也会让员工之间的人际关系变得紧张。虽然加强沟通可以在一定程度上改善并缓和人际关系，但不得不承认，人际关系是个非常棘手的问题。与此相反，在面对各种压力时，同事之间的相互支持是非常重要的，它能够产生积极有效的正面影响。社会支持缓冲了压力事件对个体健康的影响。

5）组织文化氛围不良

如果企业中弥漫着不信任的气氛，该企业的员工就很难互相支持和协作。企业形成何种类型的氛围，企业高层的领导风格常常起着决定性作用。

6）组织中的变动与变革

变动与变革表现在组织中的各个方面。组织层面的有快速扩张与萎缩、企业兼并、组织内在结构与工作流程的改变、产品结构和管理政策等方面的变化。个体层面的有工作内容、方法、技术的变化，工作技能、知识的更新，人际关系的改变等。所有这些改变都会在不同程度上给组织成员带来各种形式的压力。变动与变革导致个体心理压力的原因在于：①稳定性下降；②习惯状态被打破；③工作要求提高。

7）上下级沟通

上级的行为是下级的一个直接压力源，可能导致角色模糊和角色冲突。上级可以通过调整自己的行为来减轻下级承受的角色压力，同时上级也有义务和能力来帮助下级更好地处理他们的压力。角色压力是缺乏信息或信息冲突造成的，而沟通是处理信息的一种有效手段，因此上下级之间的沟通应起到缓解下级角色压力的作用。

3．个体因素

1）家庭问题

随着市场竞争日趋激烈，企业对员工的工作要求越来越高。要想保住自己的职位，或获得晋升，谋求更好的发展机会，员工在工作中需做出更大的努力。如果员工把主要精力投入工作而无暇顾及家庭，影响了与配偶、子女的关系及家庭的正常生活，员工就会产生较大的职业压力。

2）个性特点

压力形成中关键的一点是人对事件的评估和理解。个性特点方面的种种不足是产生压力的重要原因，如自卑、过分追求完美、缺乏冒险精神、过分关注自我形象及自我身份、自我贬低、期望过高、性格懦弱等。大部分环境因素是个体难以控制的，只有自身的因素才是个体能够有效掌控的。健康的生活方式、积极的生活态度及有效的压力应对方式可以缓解压力对身心的负面影响，这也是积极心理学的研究热点。那些虽历经艰难困苦，却较好地完成发展任务，符合社会、年龄和性别发展期望的个体，被认为是具有心理弹性者。这种面对困难或逆境的有效应对和适应能力，也成为个体压力形成或应对的关键因素。

9.2.3 职业压力的影响

在日常工作中，适度的压力对达到一定工作水准是有帮助的。但是，在绝大多数情况下，职业压力会对个人和组织造成若干负面的影响。

1．个体层面

个体层面的影响主要包括压力作用下的生理反应、心理与行为变化及良性压力三个方面。

1）压力作用下的生理反应

（1）植物神经系统反应。在压力作用下，植物神经系统对机体各项功能的调节及其反应主要包括：促使呼吸、心跳加快，血压升高；手掌和脚底出汗，瞳孔放大；机体的警觉性提高，反应敏捷性增加等。同时，短期内不影响生存的生理功能会受到抑制，如需要消耗能量的食物消化生理过程被打断，导致唾液分泌减少、食欲消失和肠道功能紊乱等。

（2）下丘脑-垂体-肾上腺系统反应。这个系统在压力作用下被激活后，肾上腺会分泌并释放肾上腺素和去甲肾上腺素。肾上腺素的主要作用是促使心跳加快、血管收缩、血糖升高。去甲肾上腺素也有这些作用，但主要作用是使血管收缩，其他方面的作用较弱。肾上腺皮质激素也在机体的压力反应中扮演重要的角色，最重要的一类激素是皮质醇。

2）心理与行为变化

（1）行为信号。在面临职业压力时，员工行为上的表现主要有：①活动的计划性和目标感下降；②对工作与生活的兴趣和热情下降，做什么事都觉得索然无味；③忙于应付事务，总觉得自己没有时间；④对所遇到的问题拖延、应付了事；⑤喜欢转嫁工作责任于他人；⑥不爱与人交流，沉默寡言；⑦睡眠被搅乱，有比较严重的失眠问题；⑧对成瘾物品的依赖增加。

（2）心理不适。过度或长久的职业压力会引发情绪或关系上的问题，如情绪失去控制，原本和谐的人际关系与社会关系受损等。另外，职业压力还可能给人的心理造成一定程度的伤害，引发心理不适，如注意力不集中、记忆力衰退甚至丧失、睡眠不足、食欲不振、动机极度衰减甚至丧失、心情郁闷等。心理不适会影响人的成长与发展，不良影响甚至会通过组织沟通渠道扩散到组织的各个层面。

（3）职业倦怠。职业倦怠是工作中的不良应激长期积累，超过了个体的应对水平，导致个体疲惫不堪、情绪低沉、成就感降低的一种现象，是个体长期应对不良工作的最后崩溃阶段。其原因是工作要求和个体应对资源的长期不平衡，或者延长的工作应激效应。

职业倦怠是工作压力不断积累，达到临界程度的状态。职业倦怠的发生率和工作性质、工作要求有很大关系。例如，与人打交道多的群体都存在职业倦怠高发的问题，如话务员、医护人员等。这类职业属于高情绪卷入的人际性工作，因此具有较强的人际压力源。

3）良性压力

卡拉塞克最早提出了"良性压力"的概念。他认为，职业压力来源于工作要求和工作控制的共同影响。工作要求是指存在于工作情境中，反映员工工作任务的数量和困难程度的因素，即各类压力源；而工作控制则反映了员工能够对工作行为施加影响的程度，又称工作决策幅度。职业压力取决于工作要求和工作控制的交互作用。卡拉塞克提出两个假设：①高工作要求、低工作控制导致高职业压力；②当工作要求和工作控制均处于高水平时，工作动机增强，因此有利于提高员工的工作绩效和工作满意感。在这种情况下，高工作要求非但不是压力源，反而是对员工的激励因素，产生所谓的良性压力。

良性压力会给人带来活力。在良性压力下，人们采取的是迎接性行为，接受新的工作职务，在工作中继续保持杰出表现。因此，克服压力的一个诀窍就是找到一种办法，使自己感到拥有某种程度的控制力。有时需要人为制造控制感，如做些家务。这种看起来毫无意义的行为能使当前压力源产生的影响分流到其他事务中。这类手段有助于将压力导向可利用的水平，在这个水平上，人们会获得控制感，将不良压力转化为良性压力。

2．组织层面

适当的压力有时会促进企业内部的团结，提高工作效率；但是过度的压力往往给企业带来消极影响，可能导致内部摩擦和内部不和谐现象增多，以及原料的浪费和成本的增加等。职业压力对组织层面的影响主要表现在以下三个方面。

1）内部摩擦

压力在部门之间会引发摩擦。对于两个存在协作和支持关系的部门，其中一个部门可能因为另一个部门所施加的压力超出了自己承载的极限而与之发生摩擦，最终导致双方不和，影响正常工作的开展，摩擦严重时甚至会导致组织冲突。

2）成本增加

员工可能由于职业压力而产生职业倦怠或个人心理失调方面的问题，使企业生产率降低、产品质量下降，以及导致工伤、质量事故。无论是生产损失还是事故给付，无疑都增加了企业生产经营的成本，而成本增加恰是阻碍企业发展的关键所在。

3）员工缺勤

在工作中，企业员工因压力过大而产生的直接反应就是缺勤率提高，多是托病或假借其他理由请假等。个体承受压力的极限存在差异，只要企业施加给员工的压力超出其所能承受的范围，就会产生不良的压力反应。企业人力资源管理者及各部门负责人应该对员工的缺勤情况多一分思考，对员工的生活多一分关心。

4）离职意向

离职意向是离职行为、离职率的最佳预测值。员工的离职也许是企业最不愿意看到的。职业压力与离职意向之间存在相关性，角色模糊和角色冲突对员工工作满意度和生理状况有直接影响，进而影响员工的离职意向。

9.2.4 职业压力管理

过度的职业压力不仅会困扰员工，也会困扰企业，因此，企业管理层应采取有效措施，重视并加强职业压力管理。

1. 职业压力管理流程

职业压力管理通常包括三部分：一是针对导致问题的外部压力源，即减少或消除不适当的管理和环境因素；二是处理压力造成的反应，即情绪、行为及生理等方面症状的缓解和疏导；三是改变个体自身的弱点，即改变不合理的信念、行为模式和生活方式等。职业压力管理的核心目标是缓解员工的压力和心理负担对其造成的不良影响，这对企业来说无疑是大有裨益的。

一套完整的职业压力管理方案应该包括压力评估、管理改进、宣传推广、教育培训、压力咨询等内容。

（1）压力评估。压力评估就是运用科学、专业的方法和工具来测评员工的压力、心理健康水平、压力来源及压力对组织的影响和结果（如工作满意度、缺勤率、离职率等）。它是设计职业压力管理方案的基础。

（2）管理改进。管理改进是职业压力管理方案的重要内容，其目的在于通过减少、消除导致职业压力的不合理的外部管理和环境因素，预防和减轻职业压力。

（3）宣传推广。宣传推广是职业压力预防的重要手段，旨在增强员工压力管理意识，丰富其心理健康知识。宣传推广的具体形式包括手册、卡片、海报、网页、书籍等。

（4）教育培训。教育培训就是向员工提供必要的职业压力管理培训，如时间管理、工作与生活协调、职业心理健康等方面的培训和讲座。

（5）压力咨询。专业的压力咨询可以为员工提供个性化的压力管理建议，帮助他们解决与压力有关的情绪和心理问题。

2．职业压力应对方法

部分员工在面临职业压力时，会采取一些消极的应对方法，如回避、自责、幻想等。这不仅不能缓解压力，还可能造成恶性循环，导致严重的心理疾病。因此，在人力资源管理实践中，管理人员必须采取有效的措施来帮助员工应对职业压力。对于普通员工，学会管理压力也是相当重要的。良好的压力管理有助于压力朝着有利的方向发展。"化压力为动力"并不仅仅是一种愿望、一种口号，而是一个通过科学手段完全可以达到的目标。

具体的职业压力应对方法，可以从组织和个体两个层面加以考虑。

1）组织的应对方法

（1）建立良好的企业文化。组织中的职业压力处于可接受的水平，这是良好企业文化建立的必要条件。在企业文化建立过程中应广泛征求员工的意见，使他们对自己的工作有更多控制权；明晰工作中的规章和规范，以促进员工之间、上下级之间的沟通和交流。

（2）员工参与企业目标管理。企业员工对工作目标、工作预期、上级评价这类问题常常产生不确定感。一旦不确定感产生，职业压力就随之产生。要解决这个问题，就应该让员工参与到企业目标设计工作中。这种举措可以给员工带来更强的自主性和工作责任感。如此一来，压力感就会转化为自主感和责任感，其产生的不良影响也会相应减少。

需要指出的是，在员工参与企业目标管理的过程中要考虑到员工的个体差异。对于那些成就动机相对较高的员工，应增强他们工作内容的丰富性，使其承担更多的工作职责；而对于那些喜欢程式化工作的员工，就不一定需要增强其工作内容的丰富性。

（3）加强企业内外部沟通。企业是以盈利为目标的组织，职业压力在企业中是不可避免的。但是，有效的内外部沟通可以适度减轻工作带来的压力。企业可以通过以下沟通形式加强企业内外部沟通，如面谈、商务会议、宴会、记者招待会、酒会、股东大会、看戏、朋友间谈话、培训课程等。

（4）为员工设立明晰的目标。员工的目标越具体，越具有挑战性，并及时获得反馈，员工的绩效水平往往就越高。这是因为，目标具体且可行能够增强员工的工作动机，减少员工对工作的不确定感。工作动机的增强和不确定感的减少将极大提升员工应对压力的信心和能力。

（5）建立员工身心保健系统。为员工提供身心保健方案，如戒烟方案、饮食方案、减重方案、锻炼方案等，并将这些方案系统化，构建一个完整的随需要而变化的反应机制。这有助于提高员工应对压力的能力。

（6）工作安置尊重个体差异。不同的员工对职业压力的承受力不同，不同的工作给个体带来的压力也不同。因此，在工作安置过程中应充分尊重个体差异，尽量使员工压力承受力与职业压力程度相匹配，从而将职业压力对员工的不良影响降至最低。

2）个体的应对方法

（1）观念层应对法。从本质上讲，职业压力是一种主观体验和主观感受。员工只有从观念上认识到这一点，才能保证操作层面的压力应对策略发挥作用。员工应改变完美主义的思想倾向，将自己的工作期望定位在稍高于现实的位置上。只有这样，员工才能对在工作中遇到的职业压力有正确的认识。

（2）制度层应对法。职业压力的产生在许多情况下是因为在规定时间内不能完成特定的工作量，也就是时间管理不到位，而时间是衡量工作绩效最根本的指标之一。这里提供几个关于时间管理的技巧：第一，列出目标事件；第二，排出目标事件优先序列；第三，基于优先序列安排工作日程；第四，总结自己的日常活动周期。

（3）生理层应对法。主要是指进行适度的非竞技性活动来分散注意力，如散步、慢跑、游泳、骑自行车等。这些体育锻炼有助于个体加强心脏功能、降低心率，从而提高对职业压力的适应性。除了适度运动，还需要注意调整饮食，保证充足的睡眠。很多保健专家建议，在较大压力下，个人不宜吃酸、辣的刺激性食物，而宜多吃清淡爽口的食物，这是减缓压力的食疗方法。

（4）心理层应对法。职业压力本质上是一种心理感受，只有从心理层面来疏解压力，才能从根本上解决问题。实践证明，通过各种放松技巧，如自我调节、催眠、生物反馈等方法，员工可以减轻紧张感。达到深度放松的境界后，心跳、血压及其他生理状况也会有所改善。例如，瑜伽可调节人们的内心活动，消除烦恼，是一种减压的良方。

9.3 挫折与挫折管理

在现实社会中，个体无法达成预期目标就会感受到失败。失败会带来一系列情绪反应，挫折感就是其中之一。挫折感是个体面对挫折的主观感受，严重的挫折感会导致个体产生一系列消极的行为反应。尽量避免员工产生这些消极的行为反应，并使其尽快从职业和生活的失败中走出来，就是挫折管理的主要内容。

9.3.1 挫折与挫折感

挫折是指在达成某个目标时受到的干扰或阻碍。挫折感是指一种情绪状态，即个人在某种动机推动下，为达到某个目标而做出的行为受到无法克服的阻碍时产生的一种紧张状态与情绪反应。一般认为，挫折既有消极作用，又有积极作用。从消极角度看，挫折会使人产生影响其身心健康的负面情绪体验；从积极角度看，挫折能给人教育和启迪，磨炼人的意志，激励人奋发向上，增强人的忍耐力，使人更加成熟和坚强。在企业实践中，挫折是一个不可回避的现实问题，需要建立挫折的预防与管理机制。

9.3.2 挫折产生的原因

1. 客观原因

1）自然环境因素

严重的自然环境因素包括火灾、地震、台风、洪水等使人们无法达到预定目标的自然灾害类因素；轻微的自然环境因素程度要轻些，如下雨无法郊游，强噪声使人无法舒适地工作等。

2）社会环境因素

社会环境因素是指人在社会中受到政治、经济、法律、道德、宗教、风俗习惯等人为因素的影响而无法达到预定目标。

2. 主观原因

1）生理与心理限制

生理与心理限制是指个人在生理上存在缺陷或在能力上存在不足等。生理与心理限制使个人无法实现目标，产生挫折感。

2）动机冲突

在日常生活中，个人有时会出现多种动机并存的心理状态，即动机冲突。这些并存的动机可能互相对立、互相排斥，而且无法同时获得满足。这使个体难以做出决策，从而产生挫折感。在常见的动机冲突模式中，双避式冲突产生的挫折感最大，双趋式冲突产生的挫折感最小。

9.3.3 挫折的影响

在企业中，员工一旦遭受挫折，必然就会有各种各样的反应。这些反应可分为非理智性反应和理智性反应。挫折对绩效的不良影响主要来自非理智性反应。非理智性反应有攻击、退行、冷漠、妥协、固执、回避及自我惩罚等形式。

1. 攻击

攻击是指个体为了排除需要满足过程中的阻力而采取了对他人有伤害的行为。攻击是挫折的结果，攻击行为可以作为挫折存在的判断指标。攻击行为分为直接攻击和转向攻击两大类。

直接攻击是指员工在受到挫折之后，产生愤怒情绪，直接攻击那些导致挫折的人或物。直接攻击往往导致同事之间的人际关系恶化。如果直接攻击企业财产，就会造成一定的经济损失。当然，也存在口头性的直接攻击行为，如嘲笑谩骂、讽刺挖苦、埋怨指责等。如果口头性的直接攻击行为演化成人身攻击行为，就会给企业文化的健康发展蒙上阴影。一般来说，直接攻击是受挫后立即反应的主要形式。直接攻击行为并不利于问题的解决，甚至会导致严重的后果。所以，在企业生产经营中，应尽力避免直接攻击行为的发生，要对挫折做好预防和引导。

转向攻击不是对导致挫折的人或物进行直接攻击，而是把挫折引发的愤怒情绪发泄到其他人或物上。例如，有些员工在企业中受了气，回到家拿孩子出气，这就是转向攻击行为。这种攻击行为往往存在内隐的破坏功能。企业同样应该防止这种转向攻击行为发生。

2. 退行

退行又称倒退反应或回归反应，是指个体在遭到挫折时采取的一种与自己的年龄和身份很不相称的幼稚的反应形式，恢复了个体童年时期的某种习惯与行为。

退行有两种表现。一种是用童年时期的一些习惯与行为来应对挫折情境，如遇到挫折时满地打滚、大哭等。这对个人心理有暂时的缓冲作用，但对解决问题毫无帮助。另一种是表现出较强的依赖性，把别人的帮助视为缓解挫折的唯一途径，缺乏自信，盲目追随他人。

3. 冷漠

员工在受挫之后，有时并不采取攻击行为，而是将愤怒情绪压抑住，表现为反应冷漠。冷漠与受挫程度、心理承受力、自信心强弱、环境压力的大小等因素有关。一般来说，性格内向、心理承受力较弱、自信心不强的人往往以冷漠行为应对挫折。冷漠行为多在长期受挫而感到没有希望的情形下出现。

4．妥协

员工受到挫折时，有时会采取折中的方式来减轻心理紧张，这就是妥协。尽力原谅自己、为失败辩护、酸葡萄心理等都是妥协反应的行为表现。

妥协反应大致可分为：①表同反应，即把自己身上存在的不良品质强加于别人身上，从而在一定程度上减轻自己的不安与焦虑；②替代反应，即当认识到既定的目标与社会要求相矛盾或受到主客观条件的限制而无法达成时，设置另一个目标取代原来的目标；③压抑反应，即受挫后，用意志力压抑住愤怒、焦虑等情绪反应，表现出谈笑自若的正常情绪状态。

5．固执

固执是指员工受挫后不愿接受他人意见，不肯变通，以某种固执的方式做出反应。具有固执反应的人往往缺乏机敏的品质与随机应变的能力。在企业中，惩罚措施可能改变人们的不良习惯，但有时也可能诱发员工的固执反应，使不良行为变得更加顽固。

6．回避

回避是指员工受挫后不敢面对挫折，不敢正视挫折，采取放弃原有目标、逃避受挫现实的行为。回避反应尽管能暂时起到缓解心理痛苦的作用，但在本质上无益于问题的解决。另一种比较典型的、特殊的回避反应形式就是幻想。幻想是指员工以自己想象的虚幻情境来应对挫折，借以脱离现实痛苦。幻想行为在一定程度上有益于调整心态，但如果过于频繁，则可能造成更大的负面后果。

7．自我惩罚

如果员工遭受挫折后感到万念俱灰，同时得不到周围人的关心和帮助，则往往生出厌世轻生的念头。这种人往往将自己作为发泄的对象，进行自我惩罚，同时必然对企业的绩效产生较大的消极影响。

企业中的攻击、退行、冷漠、妥协、固执、回避及自我惩罚等非理智性反应均会对员工的工作绩效产生消极影响。因此，企业人力资源管理者一定要注意对挫折心理与行为的预防，并及时疏解因挫折而产生的各种消极情绪。

9.3.4 挫折的管理方式

挫折既有消极影响，也有积极影响，关键是如何面对挫折。但挫折大多引发的是消极情绪，所以应尽可能地避免挫折出现。秉持上述原则，对挫折的管理可分为预防和应对两大部分。预防在挫折出现之前，其目的是尽可能避免挫折出现或在挫折来临之前做好应对措施；而应对在挫折出现之后，其目的是采取正确的态度和措施，以减少挫折的消极影响。

1．挫折的预防

一般来说，企业开展挫折预防工作要从两方面着手，即组织层面和个体层面。

1）组织层面

首先，构建良好的关系平台。让组织内的所有人都能顺利地进行沟通与交流，让员工相互支持、相互帮助、相互信任和相互尊重；鼓励员工不怕失败、积极进取，培养员工的乐观精神。

其次，创建有利于员工发挥积极性的企业文化，提升员工自我效能感。为此，需要去除不合理的管理制度，改进管理制度和工资奖励制度，实行参与制、授权制、建议制等。企业应该提供一切有利于员工工作成功的环境，使员工的自我效能感提升成为可能。另外，企业可以通过开展内部培训等形式，请有能力和受人尊敬的人与员工交流，发挥暗示和榜样的力量，从而提升员工的自我效能感和必胜的信心。

最后，增强员工心理弹性。企业可以对员工进行提高挫折承受力和增强心理弹性的训练。通过"增加资源、规避风险、干预影响过程"的思路增强其心理弹性；帮助员工做好资源准备，并预测可能遇到的障碍，做好思想准备，以积极心态应对工作上的挑战。

2）个体层面

从个体层面上讲，员工能够客观地评价自己，能从自身条件出发制订合理的计划，有助于减少挫折。这就要求制订计划时既切实可行，又留有余地。执行计划时要及时检查计划的执行和完成情况。如果条件发生变化，就要对计划做出适当调整。另外，要正确地分析主客观条件，既要看到有利条件，对前景充满信心，也要看到不利因素，根据不利因素制订危机处理方案。

2．挫折的应对

在企业中，无论预防工作如何扎实有效，都不可能完全避免挫折事件的发生。面对挫折，企业和员工应该如何正确应对，才能最大限度地降低挫折感？通常，可以从管理者和员工两个层面同时切入。

1）管理者层面

（1）情境变换法。对于身陷挫折或面对挫折的员工，管理者万万不可排斥他们。与之相反，应创建一个宽容的团队环境，必要时，甚至可以考虑为其更换工作环境。

（2）精神宣泄法。精神宣泄法就是创建一个可以让员工自由表达压抑情绪的场所或情境，使员工紧张的情绪得以宣泄。合理宣泄的方法有：心中有委屈时向领导、同事、亲朋好友及有较高学识修养和实践经验的人倾诉；矛盾双方面对面地、开诚布公地交换意见，消除误会；到操场上去跑几圈、做重体力活，累得满头大汗、精疲力竭，释放积聚的负面能量。另外，大哭一场也是释放负面能量的一个方法。需要注意的是，宣泄应该适度且合理，不能因为心情不好而迁怒于人、找替罪羊、向他人泄愤、破坏生产设备等。

（3）宽容法。宽容法是指对受挫者的攻击行为不采取针锋相对的反击措施。不反击并不是示弱，而是向受挫者暗示还有比这更好的方法来处理攻击行为，从而形成有利于解决问题的氛围。

（4）引导法。既然挫折、失败在所难免，领导者就应该采取耐心引导的方法来处理员工的挫折反应行为。引导工作一定要在冷静、宽容的氛围中进行，帮助员工分析挫折产生的原因，制定应对挫折的策略，同时为员工的进一步发展提出切实有效的建议和意见。

2）员工层面

（1）目标调整法。员工遇到的许多挫折都是因工作目标完成状况不尽如人意而产生的。这时，员工可以适当调整自己的工作目标。当然，大多数企业都实施目标管理，子目标的改变可能对系统目标产生一定的影响。因此，目标调整法一定要在员工自己的授权范围之内进行。

值得注意的是，目标调整还存在与领导者沟通及领导者授权的问题。如果领导者没有授权员工，员工就应该及时与领导者沟通，至少应该有沟通的意识。其实，从预防和战胜挫折的角度考虑，领导者应当做出适当的授权。

（2）自我鼓励法。当员工遇到挫折时，一定要自我鼓励，充分相信自己完全有战胜挫折的能力和耐心。这就需要进行自我修炼。

（3）思路改变法。思路改变法要求受挫者在面对挫折时能够从挫折和困难中跳出来，而不是深陷其中。其实，这种方法就是从导致挫折的机制本身出发去寻求方法上的突破。当然，思路改变法并不容易做到，需要当事人能够迅速转移注意力，并且具有全局和系统观念，剖析清楚问题，并找到突破口。

（4）悦纳法。员工要对自己有正确、客观、全面的认识和评价。既要肯定自己的优点和长处，也要勇于承认自己的不足，愉快地接受自己；还要知道怎样规避自己的缺点，发挥自己的优势，争取最大限度地发展自己，努力寻找自己的发展空间和适合自己的位置。只看到自己的优点或只看到别人的缺点，就是只能接受自己，不能接受别人的表现。人需要接受自己和别人，多看好的一面，少一些误解，多一些相互支持和帮助，以获得良好的人际关系。

9.4　员工援助计划

随着经济、社会的快速发展，个人面临的工作、生活压力越来越大，有些压力已经成为个人不能承受之重，进而演变成严重的心理问题，导致个人工作、生活质量下降，同时影响了组织的效率。员工援助计划在解决员工心理问题方面卓有成效，为提高组织效率发挥了很大作用。

9.4.1　员工援助计划概述

1．EAP 的概念

员工援助计划（Employee Assistance Program，EAP）是指组织为员工设置的一套系统的、长期的福利与支持项目。它通过心理专业人员对组织的诊断、建议和对员工及其家庭成员的专业指导、培训和咨询，帮助解决员工及其家庭成员的各种心理与行为问题，提高员工的工作绩效，改善组织气氛和管理。

2．EAP 的兴起和发展

EAP 最早起源于 20 世纪二三十年代，当时美国一些企业注意到员工酗酒问题影响个人和企业绩效，于是有的企业聘请专家帮助员工解决这些问题，建立了职业酒精依赖计划，这是 EAP 的雏形。到了 20 世纪六七十年代，美国社会急剧变动，酗酒、吸毒、药物滥用等问题日益严重，家庭暴力、离婚、精神抑郁越来越影响员工的工作表现，于是很多职业酒精依赖计划项目进一步扩大范围，把服务对象扩展到员工家属，同时项目增多，内容也更丰富。如今，EAP 已发展成一种综合性服务，内容包括压力管理、职业心理健康、裁员心理危机、灾难性事件、职业生涯发展、健康生活方式、法律纠纷、理财问题、饮食习惯、减重等方面。

20 世纪 90 年代末，EAP 的概念和相关活动逐渐由跨国公司和心理学家引入我国。2001 年 3 月，我国出现了第一个完整的 EAP 服务项目——联想客户服务部的员工援助计划。在我国，EAP不仅受到了企业界的重视，也被广泛应用于政府部门、军队及医院等多个领域。

3．EAP的运作模式和分类

人们普遍认为，EAP不存在统一的标准模式。不同的企业对EAP有不同的需求和偏好，企业内部不同部门对EAP的理解和要求也有冲突；EAP是一种跨学科的项目，心理学家、社会工作者和医生等在一起很难形成一种统一的模式，再加上EAP在各个国家和地区都发展出了不同的模式，因此很难有一个统一的EAP标准模式。下面是几种EAP模式分类。

1）长期EAP和短期EAP

根据EAP实施时间的长短，可以分为长期EAP和短期EAP。一般来说，EAP作为一个系统项目，应该是长期实施的，持续几个月、几年甚至永远。但是，企业只在某种特定状况下才实施EAP也是有可能的。例如，在并购过程中，业务再造、角色变换、企业文化冲突等导致压力和情绪问题；在裁员期间产生了沟通压力、心理恐慌和被裁员工的应激状态；在灾难性事件中，部分员工的不幸会导致企业内悲伤和恐惧情绪的蔓延；等等。这种时间相对较短的EAP能帮助企业顺利度过一些特殊阶段。

2）内部EAP和外部EAP

根据EAP服务提供者的不同，可以分为内部EAP和外部EAP。

内部EAP是企业在内部建立的EAP，配置专门的机构或人员为员工提供EAP服务。一般大型和成熟的企业才会建立内部EAP，这时企业已经把EAP视为管理战略的一部分。内部EAP由企业内部的机构和人员实施，所以更加贴近和了解企业、员工的情况，能更加及时、有效地发现和解决问题。

外部EAP由企业之外的专业EAP服务机构提供。企业需要与EAP服务机构签订合同，并安排1~2名EAP专员负责联络和配合。一般来说，内部EAP比外部EAP更加节省成本，但由于心理问题的敏感性和保密性，员工对内部EAP的信任程度可能不如外部EAP。专业EAP服务机构往往有比较广泛的服务网络，能够在全国甚至世界各地提供服务，这是内部EAP很难做到的。所以在实践中，内部和外部的EAP往往是结合使用的。另外，在没有EAP实施经验及专业机构指导帮助的情况下，企业想马上建立自己内部的EAP是很困难的，所以绝大多数企业都首先引进外部EAP，然后建立内部的、长期的EAP。

9.4.2 员工援助计划的实施程序

1．明确负责EAP项目的职能部门

EAP是一种系统的、长期的项目，涉及诸多环节，且环环相连，彼此支持和呼应；同时要与组织现有资源匹配和融合。因此，企业应根据自身情况和项目本身的定位，明确项目的职能部门，以便统筹调度和组织实施。

2．成立EAP专项小组

由负责EAP项目的职能部门牵头，成立EAP专项小组。在规模较小的组织中，EAP专项小组成员来自负责EAP项目的职能部门；在规模较大的组织中，往往有其他部门人员的参与，他们可以站在不同的角度提供意见。

3．EAP项目方案的需求分析

EAP专项小组应根据组织特性和员工需求，对EAP项目初步进行需求分析，为EAP模式的选定、专业机构的选择做好相应的准备。通常，如果组织倾向于采用外部EAP模式，则该项工作往往由外部专业机构协同进行。

4．确立 EAP 项目目标及编制预算

EAP 专项小组的一个至关重要的任务就是确立项目的预期目标。当然，这个目标需要得到公司高层管理者的最终认同，否则将极大影响项目的最后评估。目标可以从短期、中期和长期的角度来阐述，具体根据组织情况和员工需求进行设定。

像企业导入其他项目一样，成本问题是专项小组考虑的另一个重要问题。编制项目预算要结合企业的财务状况和年度预算，并尽可能在细化的基础上进行量化。

5．设置专职人员或指定专业机构

对于采用内部模式的 EAP 项目，需要设置专职人员具体负责项目的执行，并对该岗位的工作职责予以澄清和明确，确立相应的工作流程和制度。外部模式需要甄选具备专业能力和实施能力的外部专业机构，并通过合同形式明确整体合作事宜。

6．实施 EAP 项目

无论何种模式的 EAP 项目，都需要形成项目详细规划书，并由专项小组对其进行完备的论证，在提交高层管理者批准后实施和执行。实施前的规划方案与相关准备工作对 EAP 项目的顺利导入有较大影响，一方面容易说服高层管理者并获得最大限度的支持，另一方面容易得到员工的认同和信任。

7．评估 EAP 项目

根据设定的项目周期，EAP 专项小组进行效果评估分析，对前期实施过程中存在的缺陷和不足进行修正，同时将评估分析结果和相关建议向管理层汇报，作为组织层面审定后期项目实施和执行问题的相关依据。

9.4.3 员工援助计划在中国的发展

中国和西方在社会背景、历史文化、民族性格、生活方式，以及对心理问题和隐私问题的认识上存在较大差异，尽管 EAP 诞生并成熟于美国，在美国企业中获得了实践检验，但中国企业在导入 EAP 时，绝不能照搬美国模式，而应根据中国的社会、文化背景，针对中国企业的特点进行 EAP 本土化。目前国内多数 EAP 服务机构采用由心理评估、EAP 规划、宣传促进、心理培训、心理咨询、效果评估六个环节组成的模式。

1．心理评估

与美国 EAP 不同，中国的 EAP 最重要的功能是解决问题，其次才是提供精神福利。因此，前期能否准确了解员工的职业心理健康现状，以及组织中存在的需要改进的问题，就成为后期干预是否具有针对性的决定因素。六个环节中，心理评估可以说是技术要求最严格的环节。这个环节通过运用心理学科学研究方法和工具，对组织员工进行心理评估，系统诊断员工的职业心理健康。由于不同的组织具有不同的特点，不同 EAP 项目中的心理评估环节无论是研究设计还是调查工具，都不能简单地照搬、复制，而需要根据组织的实际特征进行有针对性的研发。

2．EAP 规划

EAP 是一个系统的、长期的职业心理健康问题解决方案，一般的干预周期是 3～5 年，短期的 EAP 至少也要以 1 年为周期。进行 EAP 规划可以让 EAP 项目更具有计划性、系统性、针对性。以心理评估为前提，EAP 专家经过座谈研讨、反复论证，构建出 EAP 干预模型和组织职业心理健康整体解决方案。在此基础上，EAP 专家系统规划 1 年期 EAP 项目及组织长远的 EAP 运行计划，帮助组织逐步建立起 EAP 系统。

3. 宣传促进

在国内，很多人对 EAP、心理咨询要么不了解，要么在认识上存在误区，大大影响了对 EAP 的接纳。因此，宣传促进非常重要。在美国，对 EAP 的宣传促进仅仅局限于信息传播，但在中国，对 EAP 的宣传促进则不同，具有工具和服务的双重功能。一方面，宣传促进作为信息传播的工具，把"EAP 是什么""EAP 的使用方法""怎么使用心理咨询"这样的信息介绍给员工，增进他们对 EAP、心理咨询的了解和接纳；另一方面，宣传促进还扮演着干预的角色，通过"压力管理""职业倦怠干预""健康生活方式"等职业心理健康知识的讲授和分享，让员工学会对自己的职业心理健康进行管理，同时让他们体验到组织的人文关怀，以起到积极干预的效果。

需要注意的是，EAP 宣传促进是整体项目的一个系统、有机的模块，尽管承载的是专业内涵，但在原理、形式上，还是以传播学思想为基础的。因此，EAP 宣传促进是一个在传播学思想指导下进行资源整合的过程。

4. 心理培训

EAP 心理培训与传统培训的区别在于，它是为 EAP 整体项目目标服务的，培训的内容、形式等均服务于目标的实现。具体来说，EAP 心理培训覆盖职业心理健康、压力管理、职业倦怠干预、EAP 实务、人际沟通、工作与家庭平衡等多个领域，以协助组织开发员工潜能、实现人力资本最大化为目标，在提升员工价值的同时，实现企业管理水平的提升和效益的显著提高。

5. 心理咨询

心理咨询是美国 EAP 项目最主要的干预手段，同时在中国 EAP 项目中扮演着重要角色。对员工来说，专业心理咨询是最具针对性、最能真正起到帮助的服务。心理咨询可以帮助受心理问题困扰的员工走出困境，帮助他们疏导由职业压力、职业倦怠、人际关系、夫妻情感等问题引起的负面情绪，使他们在心理层面自立自强，更加积极、从容地面对工作和生活中的有关问题。

心理咨询分为个别咨询和团体咨询。个别咨询指的是一对一的咨询方式，包括面谈咨询、电话咨询和网络咨询。其优点在于，求助者通常能够减少顾虑，表达自己的真实情感。团体咨询指的是将具有同类问题的求助者组成小组，共同分享、讨论、指导或矫治。其优点在于，团体中的成员能够相互支持，同时某个成员行为的改变也会在团体内部形成榜样。另外，在 EAP 项目中，将团体咨询用于工作团队，能够促进团队成员相互沟通和交流，拉近彼此的距离，给团队营造一种和谐的氛围。

EAP 心理咨询师与传统心理咨询师不同，他们的任务除了矫治心理缺陷，更多的是促进员工的发展，帮助员工快乐工作、幸福生活。

6. 效果评估

作为项目周期收尾阶段的工作，效果评估是对整个 EAP 项目工作的总结分析，是对成果和不足的扬弃，更是对组织投资回报的一次深入分析。在这个阶段，通过焦点座谈、深度访谈等形式对项目成果进行定性分析，通过问卷调查的形式对员工职业心理健康状况的变化和组织改变进行定量分析。然后综合各方信息，对 EAP 项目整体效果进行客观分析，并将结果反馈给组织。

章节测验

1. 选择题

（1）（多选题）心理健康者应具备的特征包括（　　）。
A．行为反应适度　　　　B．自我控制良好　　　　C．善于与人相处
D．有正确的自我观　　　E．人格具有一贯性

（2）（单选题）职业压力源不包括（　　）。
A．环境　　　　B．组织　　　　C．个体　　　　D．工作-生活平衡

（3）（单选题）挫折的非理智性反应不包括（　　）。
A．攻击　　　　B．退行　　　　C．冷漠
D．妥协　　　　E．自我奖赏

（4）（多选题）根据世界卫生组织的描述，健康应包括（　　）。
A．社会适应良好　　B．躯体健康　　C．心理健康　　D．道德健康

（5）（多选题）下列选项中，可能和压力有关的个性特点是（　　）。
A．自卑　　　　B．期望过高　　　C．缺乏冒险精神
D．性格懦弱　　E．过分追求完美

2. 简答题

（1）如何进行职业压力管理？
（2）如何开展职业挫折管理？
（3）EAP将如何发展？

实训练习

随着从线下办公到线上办公的转变，人们丧失了很多社会接触和交往机会。没有这些社交，在工作中找到乐趣可谓难上加难。我们能做些什么来弥补呢？有研究发现，一些有效的社会支持，如礼貌待人、乐于助人、友善和称赞等行为在职场发生得越多，企业的生产力和效率就越高，人员流失率就越低。当管理者和员工彼此友善相待时，就会促进协作和创新。

要求：全班同学分成6～8人的小组，以"职场中应如何传递友善，增进社会支持，以获得快乐和幸福感"为主题展开讨论；收集相关文献资料，每组完成一份小组报告，在课堂上分享。

第 10 章 跨文化人力资源管理心理

【学习目标】
- 了解文化与跨文化的含义；
- 理解文化差异的含义、识别维度和内容；
- 掌握跨文化人力资源管理策略。

【关键概念】

跨文化　文化层次　文化差异　跨文化经营　跨文化沟通　思维方式　风俗习惯　价值观　跨文化人力资源管理

引例

国际化进程中海尔集团的跨文化人力资源管理

20世纪末，海尔集团在美国南卡罗来纳州建立了美国海尔工业园，占地700亩，年生产能力达50万台。2000年，美国海尔工业园正式投产，生产家电产品，并通过高质量和个性化设计逐渐打开了市场。这意味着第一个"三位一体本地化"的海尔集团海外公司的成立，即设计中心在洛杉矶、营销中心在纽约、生产中心在南卡罗来纳州。为表彰海尔集团对南卡罗来纳州的投资和对当地发展做出的贡献，2002年，南卡罗来纳州政府授予海尔美国公司"创造就业奖"，当地市政府无偿将市内的一条道路命名为"海尔大道"，这是美国国内第一条以中国企业命名的道路。

在国际化进程中，海尔集团海外公司的跨文化人力资源管理的核心在于始终贯彻本地化的原则。海尔集团在美国的工厂是其目前最大的海外生产基地。这个工厂看起来完全是一个美国企业，除了总部派去的总经理和两名技术人员，所有员工都是美国人。工厂的管理虽然体现了美国企业的风格，但也融入了一系列独特的海尔管理模式。海尔集团有一种优胜劣汰的制度，每个月都会对员工进行优劣的考评。最初，海尔集团美洲事业部部长跟基层主管迈克讲到这个制度时，迈克觉得非常可笑，因为员工会觉得这是对他的一种侮辱。于是，他们改变了做法，把评劣的那部分去掉，先从评优开始。多表扬工作优异的员工，"负激励"变成了"正激励"。争强好胜的欧美员工很乐意被表扬和赞赏，这种方法正好激发了员工的自尊心，起到了很好的作用。本地化的管理模式更好地适应当地文化，产生了很好的管理效果。

（根据网络资料整理）

从引例可以看出，将母公司的优秀管理方式进行创新与改良，以适应当地文化，是海尔集团在跨文化人力资源管理中的一个成功举措。

随着世界经济全球化、多元化和一体化的不断发展，企业的跨国经营活动日趋频繁。企业将自己拥有的技术、管理、资本等优势与东道国拥有的人力资源、自然资源及市场需求等优势结合起来，利用跨文化优势展开经营，在全球范围内实现优势互补。爱因斯坦曾说，西方科技如果缺少东方智慧，就会变成盲人；东方智慧如果缺少西方科技，就会变成肢体残疾人。这充分说明了东西方文化融合与文化互补的重要性。

在跨文化背景下，各国的政治经济体制与文化历史背景的差异成为影响企业跨国经营管理的关键因素。大量研究证实，许多跨国公司并购或经营的失败往往都因为忽略了文化差异。在跨文化人力资源管理中，企业要充分正视文化差异，承认单一模式不能解决所有问题；从全球分配的战略角度思考，进行跨文化培训、沟通、招聘和薪酬激励等管理体系的有效整合，并在执行中不断探索创新。企业只有这样做才能节约成本，使经济和社会效益最大化。因此，推进有效的跨文化人力资源管理是国际企业在跨文化背景下成功运营的保证，这对于深度融入全球经济的中国企业更具有现实意义。

10.1 文化与文化差异心理

10.1.1 文化与跨文化概述

1. 文化的含义

文化是一个民族在长期的共同生活中形成的行为习惯、思维方式等的综合。有学者将文化定义为"一种观念"，它为人们聚集、自省及面对外部世界提供了一个有益的环境，并代代相传。文化是一个广义的概念，不仅包括音乐、舞蹈、绘画、时装等一些具体的表现形式，还包括价值观和基本信念等一些抽象的表现形式。从心理学的角度讲，在某种文化背景下成长起来的人会以特定的方式对外界环境做出反应。文化影响着人们的兴趣、行为方式及对人和事物的判断。在被同一文化认可的基础上，人们确立了在生活、学习、工作中的行为方式。文化的形成受地域、种族、传统文化背景等因素的影响，不同文化的人群可能在思维与行为方式方面存在较大差异。文化的这种特点决定了它不能像技术那样简单地移植，文化差异是人们在生活和工作中不得不面对的问题。文化差异容易导致人们在工作和生活适应方面存在难以被理解或接受的情况。当文化差异未受到合理控制或管理时，就会发展成文化冲突，并对企业造成负面影响。

2. 文化的分类

根据从具体到抽象的文化层次理论，文化可分为表层文化、中层文化和核心层文化。

1）表层文化

表层文化是我们通常能够看到的。例如，日本人的和服与鸟居，印度人艳丽的服装、独特的音乐和华丽的装饰等。这些表层文化表现出来的文化特征往往对人们产生强烈的直接影响，让人感受到文化的存在和力量。

2）中层文化

中层文化就是一个社会的规范和价值观。社会规范是指一个群体中的多数人在某种情形下都会做的事。例如，中国人见面时握手问好；印度人见面时双手合十，身体微微前倾等。价值观是指人们对客观事物主次轻重或对错的认识及评价标准体系。如果想要更好地解释一个国家和民族的特殊行为，预测其成员可能做出什么反应，我们就必须深入了解其社会规范和价值观体系。

3）核心层文化

核心层文化是一个社会关于人为什么存在的共同假设，触及该社会中最深刻且不容置疑的东西，如人的固有权利、人存在的价值及人与人之间的关系。我们能观察到的通常都是表层文化，了解中层与核心层文化才是解决问题的根本。

3. 跨文化的含义

跨文化又称交叉文化，关注不同文化背景下的个体在行为和心理特征上的差异，以及这些差异如何影响人与人之间的关系。由于不同文化间的差异是客观存在的，当一种文化与另一种文化产生相互作用与相互影响时，就产生了跨文化的心理、行为及差异。从广义上讲，跨文化是指跨越不同国家文化、不同宗教文化。从狭义上讲，还包括同一国家内部跨地区文化、跨民族文化、跨行业文化和跨企业文化，以及跨职能群体文化、跨年龄文化等领域。本章更侧重广义的跨文化研究范畴，该层面的研究更具典型性和鲜明性，由此形成了跨民族、跨地域等文化差异研究的理论基础。了解文化差异和跨文化理论，有助于跨国企业中人力资源管理的有效开展。

10.1.2　文化差异的识别维度及内容

1. 文化差异的含义

文化差异是指人类不同民族及群体的文化差别。文化最大的特点是差异性。不同文化背景下特定群体的价值评价标准和行为准则不同，因此对特定事物表现出不同态度和行为。各种文化自从形成后就在不断发展的历史进程中同时经历着其他文化的影响和渗透，在此基础上形成了不同的文化类型和模式，并造就了不同群体及其民族文化的特殊性。例如，在表达个人观点时，西方人喜欢一针见血、直接表达；中国人喜欢旁征博引、委婉意会。

2. 文化差异的识别维度

霍夫斯泰德在1967—1973年进行了一项关于国家与民族文化在管理中的影响的经典研究。其研究资料来自对11.6万名IBM公司员工进行的与工作相关的态度和价值观调查，调查范围遍及40个国家，调查对象是使用20多种语言的该跨国公司各分公司中的员工。根据研究，霍夫斯泰德将文化分为四个基本维度。在后来的一项研究中，他又增加了第五个维度（1993年）。通过对这五个维度的识别，人们可以快速了解某种文化的特征及该文化与另一种文化的差异。

1）权力距离

权力距离维度用于描述社会文化如何处理等级化的权力关系，即人们对权力分配不平等这一事实的认可程度，也可理解为员工与管理者的社会距离。低权力距离的社会文化努力降低权力和财富的不平等程度，所有人相互依赖，即使处于不同的权力地位，人们也相互信任，很少感到有威胁；高权力距离的社会文化努力维系已有的权力和财富不平等程度，等级秩序严格，掌权者拥有特权，有权和无权者之间存在潜在的冲突。

2）不确定性规避

不确定性规避维度用于描述社会成员规避风险等不确定因素的程度。不确定性规避具有强与弱的显著差异。在不确定性规避程度较低的社会文化中，个体在社会化过程中认可不确定因素的合理性，因此更容易接受不同的观点，不认为偏离是威胁，有较大的容忍度等；在不确定规避程度很高的社会文化中，个体更注重通过技术、法律及政治等手段来确保社会的稳定程度，这种文化也为社会成员提供了清晰的行为规则。

3）个人主义或集体主义

个人主义或集体主义维度用于描述社会成员之间的关系强度，即社会成员的行为作为个体而不是群体成员的程度。在个人主义程度较高的社会文化中，社会结构较为松散，人们只关心自己和自己最亲密的家庭。"我"的意识占统治地位，社会期望个体具备更多的自立性，而不应当获取群体的过多保护。在集体主义程度较高的社会文化中，社会结构严密，"我们"的意识占统治地位，社会期望个体更多地顾及社会的整体利益，同时社会给予个体的支持也更为广泛。

4）男性度或女性度

男性度或女性度维度用于描述社会成员的行为在性别划分上的取向，代表在社会中"男性"优势的价值程度。在男性度的价值观中，人们往往自信，认可地位、权力、成就等传统上属于男性化价值观的事物，不关心他人，不强调生活质量或人，显得较为激进。在女性度的价值观中，人们认可并推崇传统上属于女性化价值观的事物，如和睦的人际关系、对他人的敏感与帮助、人与环境的和谐，以及社会中的性别角色不是固定的，两性间应该平等，同情不幸者等，显得较为保守。

5）长期取向或短期取向

以长期取向维度为特征的文化更注重未来，社会成员持有并认可的事物往往不能立即为他们带来收益。东方国家更多地属于这类社会，人们习惯于节俭、储蓄，以确保持久性。以短期取向维度为特征的文化更注重过去与现在的事物，看重立刻可以获取的收益，并且推崇对传统的尊重。西方国家更多地属于这类社会。

3. 文化差异的内容

1）沟通方式

沟通方式的差异主要表现在语言和非语言沟通的运用和展示上。语言是人们主要的交际手段。不同的国家或地区往往有不同的语言系统，这决定了其交际风格的差异。语言是文化的镜子，它不仅是一种简单的字符排列，还包含丰富的知识、历史、情感和态度。稍有不慎，人们就会产生对语言的误解。另外，面部表情、手势等非语言行为在不同文化中也可能表达不同的含义。非语言行为是一种超越语言并被接收者视为有意义的有意或无意的行为，往往只可意会，不能言传。

例如，东方人的人际交流方式是微妙的、含蓄的、非语言的、感性的，他们那些充满隐喻的、含蓄的语言往往蕴含着深层次的含义，需要反复思考或推敲才能真正领悟。西方人在语言沟通中更倾向于采用直截了当、富有逻辑性的表述。东方人总是避免直接否定他人，他们保持沉默代表的是不同意，而在西方人看来，这是默许的意思；东方人总是很谦虚，不轻易接受表扬，而在西方人看来，这有时是虚伪的表现。

2）民族与宗教

世界各地有许多民族和各种宗教，在中东、东南亚、非洲和拉丁美洲等地区，宗教更是渗透到个人、家庭、社会群体的方方面面，体现了一个国家的历史和文化。每种宗教都有自己的偏好和禁忌，这些偏好和禁忌决定了人们在认识方式、行为准则和价值观上的差异。研究当地的民族和宗教有助于跨国或跨区域组织的管理者更好地了解当地人与自己行为的差异，并据此做出正确的决策。例如，西方文化建立在古希腊文明的传统上，欧美国家的传统文化深受古希腊宗教、基督教的影响。亚洲地区的传统文化深受东方宗教和哲学思想的影响，如佛教、印度教、儒家思想、道教等。

3）教育与思维方式

教育在文明的传播中起着关键作用，各国不同的教育制度和教育水平也应引起企业管理者的重视。在人力资源管理过程中，教育水平对人才的招聘和培养有重要影响。许多企业在教育水平较低的国家投资建厂时，往往找不到足够的技术人员和管理人员。因此，为了使分公司的管理水平和生产技术水平达到母公司的要求，企业必须投入大量的时间和金钱对当地员工进行系统培训。

思维方式是指一个人的思维习惯或思维程序。人们在自己的文化氛围中形成了独具特色的看待问题和认识问题的习惯方式。东西方在思维方式上也存在明显差异，西方文化建立在古希腊文明的传统上，其思维方式以亚里士多德的逻辑和分析思维为特征；以中国为代表的东方文化则建立在深受儒家思想和道教影响的东方传统上，其思维方式以辩证和整体思维为主要特征；西方文化重分析，东方文化重综合。

4）社会关系

文化差异也反映在社会关系中。每个社会都有自己的社会组织，人和人出于某种特殊关系结合在一起。以血缘关系为基础的典型社会组织是家庭。不同文化背景下的家庭角色差异很大，会对跨国公司的管理活动产生负面影响，如亚洲某些国家的家族企业更喜欢雇用家庭成员；而欧美人在工作上则将个人关系放在一边。

5）风俗习惯

不同的国家、地区或民族有着各自独特的风俗习惯，并表现出独特的消费传统、偏好和禁忌。在跨文化管理过程中，管理者必须"入乡随俗"，方能"适者生存"。例如，中国人通常在朋友见面时客气地问："吃了吗？"其实这只是中国人打招呼的一种客套话，就像"你好"一样，但是西方人听到了却以为是要请他吃饭。本章引例中海尔集团美国公司的本地化原则，也是针对中美风俗习惯差异做出的应对。

6）价值观

不同的文化有着不同的价值观，它们支配着人们的行为，影响着人们对事物的感知。例如，由于地区（或民族）的差异，审美标准和时间观念呈现出不同的特点。这些价值观的差异往往给跨国或区域经营管理者带来困惑和苦恼。又如，东西方的价值观差异主要体现在个人主义和集体主义上。东方国家强调个人服从组织，重视全局和集体精神。西方国家强调个人的独特性，并以个人利益为先。东方传统思想强调"和为贵"等中庸思想，这在实践中有利于发挥团队力量去实现组织目标，但也容易引起人在管理过程中的惰性，导致员工的积极性不高。而西方国家强调个人创新，刺激每个人的工作积极性，从而提高了工作效率，但又会导致自由主义泛滥和各自为政。

10.1.3 不同国家的企业文化差异

不同的国家一般有不同的文化传统和社会规范体系，下面简要介绍几个主要国家的企业文化差异。

1. 中国的"仁义"和"中庸"文化

中国古代有许多成功的管理经验，也形成了丰富的、独具特色的管理思想。以"仁义"为核心的儒家管理思想强调"仁义礼智信"，在管理过程中重视自身修养，强调与身边人的人情、信义，注重人与社会的交流。中国企业文化往往更加强调个人利益服从群体利益、企业利益服从国家利益；个人的成就与企业和国家分享。中国企业文化的主要价值取向即"中庸之道"。中国的"中庸"文化不同于不讲原则的折中主义。它认为"过犹不及"，在管理中提倡以中道行事，不走极端，为人处世要把握好分寸，凡事要适中和适度；通过灵活多变的原则，寻求矛盾各方的协调与和谐。中道的标准是仁义之道，即儒家的人道主义和社会公正原则。

2. 德国的"工匠精神"和专家文化

德国企业在工作方式上注重工作的计划性，工作流程清晰，具有周密的计划，注重质量胜过速度；做事严谨，喜欢精雕细琢，具有高度的工匠精神和质疑态度；工作关系表现为规范的流程管理和严格的指导，工作人员接受严格的专业培训和技能资格认证，努力提高职业技能；在生产过程中建立起个人的专业知识和技术等级职务。在这样的专家文化中，工作人员与技术权威保持高度一致，行动听从指挥，遵守严格的技术培训与专业化要求。

3. 日本的"团队"精神及精益生产文化

日本企业典型的文化特征是团队精神、精益生产和高效率。日本企业文化讲究"和"，其内涵是爱人、仁慈、和谐、互助、合作；注重挖掘员工的工作潜力、进取精神、合作能力及小组集体智慧；提倡终身雇用制。

4. 美国的个人价值及合同至上文化

美国企业文化可以描述为直率、清晰而不拘礼节；崇尚个人权利，注重以人为中心的价值追求，强调为了成功和个人价值的最大化而努力。在员工与企业的关系上，注重法律、注重契约的观念渗透到企业管理的各个方面，合同或企业规则及既定的工作计划程序和规定具有至高无上的地位。

10.2 跨文化人力资源管理概述

随着经济全球化的发展，越来越多的跨国公司应运而生，许多外国公司落户中国，许多中国公司也在海外投资建厂。多元文化的人力资源管理日益成为管理界的需要。跨国公司必须超越国界进行管理，同时保持地方的灵活性，这样才能实现全球一体化管理，因此跨国公司的管理模式应具有特殊性。有学者认为："凡是跨国公司的失败，几乎都是忽略了文化差异导致的。"成功的跨国并购及跨文化经营管理都离不开"文化先行"的人力资源培训、薪酬战略及价值观体系的整合等跨文化适应过程。因此，跨文化背景下人力资源管理的培训、沟通、选拔、评价、薪酬等模块也会由于文化的不同而有所变化。

10.2.1 跨文化人力资源管理的重要性

伴随经济的全球一体化，组织的跨国或跨地区经营已十分普遍。为此，组织管理必须充分考虑到不同文化背景下员工在心理与行为上的差异，从而提升人力资源管理的有效性。

跨文化人力资源管理又称国际人力资源管理，或者全球化人力资源管理，是指组织在全球化经营中，对在跨文化条件下存在文化差异的人力资源进行获取、保持、评价、发展和调整等一体化人力资源管理的过程。跨文化人力资源管理是相对于单一文化人力资源管理提出的，这也是经济全球化导致的人力资源全球化的必然结果。

在全球化背景下，企业要进行跨国或跨地区经营，就必须在多元文化共存的环境中，正确认识和利用文化差异，解决或降低文化冲突对跨国经营产生的不良影响，进行人力资源跨文化管理的改革与创新，据此构建组织独特的文化价值体系。只有这样做才能提升组织竞争优势，实现企业的战略目标。因此，推进跨文化人力资源管理尤为重要。

1．经济快速发展需要跨文化资源管理

自改革开放以来，我国经济迅速发展，并日益呈现出三种趋势：一是进入我国的跨国企业和组织越来越多；二是我国向海外拓展的企业和组织越来越多；三是国内跨地区经营的企业和组织越来越多。不同的国家、地区存在文化差异，文化冲突日益频繁。因此，进入我国的跨国企业、向海外拓展的我国企业，以及跨地区经营的企业都迫切需要跨文化人力资源管理。

2．文化差异的存在需要跨文化资源管理

随着网络信息科技的突飞猛进和继续深化，世界经济朝着一体化、全球化方向发展，国家之间、民族之间、组织之间乃至个人之间的相互依存性和共生性日益突出和加强；与此同时，人类个体在生活方式、工作方式和思维模式上的个性化越来越突出，文化差异的问题日益显著。文化差异对人力资源管理的影响日益显著，小至对企业人力资源管理方式、方法产生影响，大至对整个国际化企业的文化产生深远影响，从而左右企业规划、经营运作、决策管理的有效性。跨文化和多元文化引起的冲突，是企业在经营运行过程中必然面对的客观情况，也是企业人力资源管理的难点和热点，因此文化差异的存在是实施跨文化人力资源管理的一个主要原因。

3．企业人力资源管理国际化需要跨文化资源管理

20世纪用来衡量企业竞争力的诸多标志，如产品规模、人员数量、资源供给总量、信息化水平等，逐渐退出了历史舞台。进入21世纪，社会经济发展将主要依靠知识资源驱动，人力资源作为知识的创造者和载体，将取代企业其他物质资源成为最重要的战略性资源和储备力量，成为国际化企业保持竞争优势的核心因素。为了更好地凝聚人才，发挥不同文化在企业发展中的优势，跨文化人力资源管理在企业中的地位日益提升。

10.2.2 跨文化人力资源管理的内容和要求

从总体上看，跨文化人力资源管理既包含一般企业人力资源管理的所有功能，即人力资源的获取、培训、绩效评估、薪酬激励、劳动关系等功能，还包含跨文化培训与开发管理、跨文化冲突与沟通管理等。文化会影响人们的思维方式、日常行为，并最终影响企业战略和绩效目标的实现。文化因素对跨国企业的影响是全方位、全过程的。因此，跨文化人力资源管理与单一文化人力资源管理相比，具有以下新要求。

首先，跨文化人力资源管理的范围更大。跨文化人力资源管理活动在两个或两个以上国家进行，因此涉及的员工类型较多，需要管理者深入了解、正确认识文化差异，并从中寻找管理方式的异同点。其次，跨文化人力资源管理对管理者提出的要求比单一文化人力资源管理更高。在管理者的职能范围之内有许多新内容。跨文化人力资源管理者必须具备更加广阔的视野，需要理解并适应各种文化差异，在此基础上进行整合、超越，以形成一种新的"文化组合"模式，尽可能地发挥各类人力资源的作用。最后，跨文化人力资源管理必须通过对跨文化的理解和参与，以及针对企业或组织中的现实问题进行实践，掌握跨文化人力资源管理的规律。做好跨文化培训和跨文化沟通是跨文化人力资源管理的重要环节，关系到企业跨文化经营目标的实现和管理的成败。

10.2.3　跨文化人力资源管理面临的挑战

跨国或跨地区经营的企业，由于多元文化的存在，必然会产生冲突，要缓和这种冲突，必须实施有效的跨文化人力资源管理。文化冲突源自文化差异，但文化差异不等于文化冲突，文化差异将在一定时期内长期存在，而且文化差异不一定会对企业的管理效率造成负面影响。只有当文化差异未受到合理控制或管理时，才会发展成文化冲突，并对企业的管理效率产生不良影响。所以，如何正确认识并合理利用文化差异是我们的关注重点。

跨文化人力资源管理面临的最大压力和挑战，就是正确认识文化差异、合理利用文化差异，以有效消除或减少文化冲突对跨国或跨地区经营的企业产生的不良影响。因此，需要了解文化冲突的诱因，以及跨文化人力资源管理中的问题，以采取有效的管理策略来应对和处理。

1．文化冲突

1）文化冲突的概念

文化冲突是指不同的文化在相互接触时产生的竞争和对抗的状态，主要表现为不同文化之间的相互排斥和摩擦，这是跨文化管理中的一种普遍现象。跨国企业的兴起和兼并导致了企业内部文化多样性的加剧。企业文化在精神、制度、物质等方面的差异构成了外派人员与东道国人员固有的文化观念、习俗之间的冲突，这实质上是不同文化背景的群体之间的文化冲突。这种冲突既是跨国企业与东道国的文化观念不同而引起的矛盾，也是一个企业内部管理层之间、员工之间的价值观和行为方式的巨大差异引起的矛盾。这不仅是对企业的考验，也是对人力资源管理的考验。

在跨国企业的人力资源管理中，文化冲突表现在招聘、晋升、工会组织、休假、工资和心理活动各个方面。例如，美国员工信仰个人自由，比较适应外派，而亚洲员工喜欢集体归属感，一般不愿意频繁地调动。

2）文化冲突的诱因

当跨国企业管理者进入另一种文化时，往往对陌生的行为感到不安和抱有敌意，其根本原因是双方有着不同的文化、不同的历史背景和不同的生活环境。总体来说，文化冲突的诱因主要有以下四种。

（1）种族优越感。新进入某文化区域的跨国企业管理者往往带有一种种族优越感，认为自己的种族优于其他种族，自己的文化价值体系优于其他文化价值体系，处处以自我为中心，总是将自己的观点强加给当地员工。这种种族中心主义必将遭到抵制，引发冲突甚至怨恨。出现这种情况的主要原因是管理者对自己的管理风格感到自豪和优越，这使他们很难接受当地的生活方式和管理方式。

（2）管理方式不当。在一个国家运行良好的管理方法，在另一个国家不一定运行良好。如果企业的各级管理部门只考虑母公司的文化，而不采纳东道国的文化，势必造成东道国员工的不满和自卑，从而影响员工之间的相互评价和团队的凝聚力。真正有效的管理应该适应当下的国情，与当时当地的具体情况相适应，特别是与东道国的文化相适应。因此，跨国企业的管理者不仅要具备在本土经营和管理公司的能力，更应具备在不同文化环境中从事综合管理的能力。

（3）感性认识不同。一个人独特的感性认识是在自己特定的文化背景下通过个人经历获得和发展的，因此感性认识具有一定的惯性，它的变化总跟不上环境的变化。当进入另一种文化环境时，这种惯性常常导致错误的估计和判断，使企业各成员的思想产生明显的不同，即分歧，从而造成冲突，降低组织运行的效率。

（4）沟通误会。文化差异会造成沟通形式上的差异。人们对于时间、空间、事物、友谊、风俗、习惯、价值观等的不同理解，会给有效沟通带来障碍，从而导致沟通误会，甚至演变为冲突。

2. 跨文化人力资源管理中的问题

从某种程度上说，跨国企业人力资源管理中的问题就是跨文化人力资源管理的问题。跨国企业人力资源管理面临的最大问题就是与企业日常经营管理相伴而生的文化冲突。下面以中外跨国经营企业为例具体分析。

第一，员工配置中的矛盾。首先，跨国企业应在利润最大化的原则下，追求最优的员工规模和最佳的员工配置，而外方为维护组织稳定，倾向于优先雇用母国员工，从而忽视效率原则，造成人员冗余。其次，许多中方员工对心理测试、行为测评等国际常用的方法存在偏见，从而影响这些方法的有效运用。最后，在人才选拔标准上，由于东西方文化差异，中方管理者较注重德才兼备，强调面对上级谦虚谨慎，对待同事和谐融洽，而外方管理者则强调能力第一。

第二，培训与开发中的矛盾。外方以提高生产效率为目的，注重员工的工作技能培训，而忽视其管理水平的提高，员工由于缺少管理知识和管理技能培训，"职业天花板"问题严重。而跨国企业的高薪职位常常被母国外派人员占据，长此以往，中方员工对此不满，从而另谋高就，导致优秀人才流失，员工忠诚度降低。

第三，绩效管理中的矛盾。外方管理者强调规范化和定量化的绩效评估，客观衡量个人的贡献和价值，而中方管理者不愿破坏集体的和睦团结，倾向于传统的以经验判断为主的评估体系，从而导致绩效管理中的矛盾。在东西方文化差异下，一些中方管理者担心影响与下属的关系而不愿给出差的评价，而外方管理者把生产效率作为主要标准，坚持评估的公平性，很少强调维持上下级的关系。例如，有的跨国企业在惩罚制度中出现"第三次迟到就解雇"的规定，中方员工认为该规定是严厉的、极端的和不公平的。

第四，薪酬管理中的矛盾。在工资制定和调整方面，中方管理者偏重工资与其资历和学历等因素直接挂钩，即工资对人不对职；而外方管理者坚持认为工资应对职不对人，工资水平主要与其工作性质挂钩，只有当工作岗位和内容发生变化时，才能调整其工资。在奖金分配过程中，中方管理者认为关系和睦、忠诚比金钱激励更重要，故多发放基于个人和团体的福利，如节日补贴、幼儿免费入托、劳动保险等，而外方管理者更青睐金钱激励和个人奖励。

10.2.4 跨文化人力资源管理差异分析

1. 管理理论应用及文化维度的差异分析

自20世纪60年代以来，美国产生和输出了世界上最多的管理理论，并涉及人力资源管理的一些关键领域，如激励理论、组织管理理论等。具体代表人物及其理论思想有马斯洛的需要层次理论、麦克利兰的成就动机理论、赫兹伯格的双因素理论、弗鲁姆的期望理论等。但是，任何理论的提出都是特定文化环境的产物，必然反映一定的文化背景。因此，美国的理论必然反映了美国一定时代的文化。那么，在一个国家发展起来的理论，在应用于别的国家时会产生什么样的差异或变化？

针对上述问题，国内学者俞文钊和苏永华在2012—2021年进行了系统研究。他们重点以中、美、日三个国家为例，说明了由于文化维度差异，各国在采取激励措施时产生的明显差别，如表10-1所示。

表10-1 不同国家的激励措施及文化维度差异

比较对象		中 国	日 本	美 国
激励措施	动机	生活质量+安全	成就+安全	成就+冒险
	需要	社会需要+安全需要+个人需要	安全需要+成就需要（个人）	成就需要（个人）
	工作	健康的人际关系 降低人际竞争	集体班组成就	工作丰富化 重建个人职业
文化维度	中日比较			
	权力距离	高	高	
	不确定性规避	高	高	
	个人主义或集体主义	集体主义	集体主义	
	男性度或女性度	低	高	
文化维度	中美比较			
	权力距离	高		低
	不确定性规避	高		低
	个人主义或集体主义	强（集体主义）		强（个人主义）
	男性度或女性度	男女平等		中上（男性度）

在动机层面，上述理论的产生与美国的文化传统有密切关系。例如，美国是一个推崇个人主义的国家。美国文化中极高的个人主义倾向，导致需要用自我利益来解释行为，即人的行为动机是获得某种需要的满足。另外，美国较低的不确定性规避和较高的男性度的组合，说明这个国家的成就动机是普遍的。因此，成就动机包括人们既乐意承担风险，又关心自己的成就等内容。

在需要层面，日本认为安全需要第一，而中国认为社会与安全需要第一。在工作的人性化方面，美国是男性度社会，因而注重工作丰富化，重建个人职业。但是，男女平等的中国则强调通过集体合作,降低人际竞争,构建健康的人际关系。

可见,中日两国在社会制度上存在差异,但在文化维度上仍有相似之处,当然日本的集体主义与中国的集体主义在本质上仍有区别。而中美两国在四个文化维度上都存在差异,这说明,中美两国不仅在社会制度上存在本质差异,在文化上的差异也是相当大的。

2．招聘模式的跨文化比较

由于不同国家和地区的历史、地理、风俗习惯、信仰、种族都存在较大的差异,其行为准则和工作方式也有所不同,招聘模式也不同。尽管所有国家和地区的企业都把招聘放在重要的位置,以获取人力资源和降低人力成本为目标,但方式、方法和侧重点却有许多不同。根据俞文钊和陈国海等学者的系统研究,不同国家招聘模式的跨文化比较如表 10-2 所示。

表 10-2　不同国家招聘模式的跨文化比较

比较对象		中　国	日　本	美　国
招聘模式		1．招聘时注重员工的学历和经历,高学历者有获得更高职位的机会 2．招聘者的主观因素会对人才选拔机制产生影响 3．人才选拔标准注重德才兼备	1．招聘的主要渠道是校园招聘和内部招聘 2．终身雇用制是招聘双方的行为准则 3．文化因素在内部招聘中起决定性作用	1．个人能力是招聘的基础 2．工作分析是招聘的重要准备 3．双向选择是招聘的重要特征
个体特征	处世哲学	中庸之道	团队精神	独立与自我精神
	行为表现	言不由衷、谦虚	言不由衷	言行一致
	求稳心理	强	中	弱
组织与思维观念	决策思维	系统与综合	分析与解释	分析
	人际交往	以和为贵,重人情及关系	以和为贵	我行我素
	权威服从	强	中	弱
	集体主义	强	强	弱

由此可见,要有效避免或减少冲突,就必须了解文化差异,正确认识文化差异,并在此基础上认同文化差异,从而实现多元文化的融合和共存。

10.3　跨文化人力资源管理策略

10.3.1　跨文化冲突管理策略及整合同化理论

1．跨文化冲突管理策略

文化冲突会对跨国或跨地区经营的企业产生不良影响。为此,必须采取相应策略将文化冲突降低至最低程度。加拿大著名跨文化组织管理学家阿德勒提出了组织内跨文化冲突的三种管理策略。

1）凌驾

凌驾是指在组织内一种民族或地域文化凌驾于其他文化之上,并扮演着统治者的角色。相对而言,其他文化在组织内的影响微乎其微。凌驾的实质是一种文化占领或统治着其他文化。这种情况往往是跨国公司直接将母公司的企业文化强行注入国外的分公司,消灭国外分公司的当地文化，而只保留母公司的文化。这种策略一般适用于文化强弱对比悬殊，并且当地员工能完全接受母公司的文化的企业，但从实际情况来看，这种策略采用得非常少。

2）妥协

妥协是指两种文化的妥协和折中。妥协不是一方向另一方投降，而是不同文化彼此互动，其实质是让两种文化共存。这种情况往往是国外分公司同时保留母公司的企业文化和当地的文化，两种文化共存，相互容忍对方文化的优缺点，相互协调、相互补充。既不是母公司文化占领导地位，也不是当地文化占领导地位。这种模式一般适用于强强或弱弱文化联合，各自的优缺点都比较明显，并且能够相互补充。这种策略也很少应用，因为两种不同的文化毕竟很难协调，冲突难免发生。

3）融合

融合是不同文化在承认、重视彼此差异的基础上，相互补充、协调，从而形成一种和谐的组织文化，其实质就是创新。这种情况往往是母公司的企业文化与国外分公司的当地文化进行有效的整合，通过各种渠道促进不同文化相互了解、适应、融合，从而在母公司文化和当地文化基础之上构建一种新型国外分公司企业文化，以这种新型文化作为国外分公司的管理基础。这种新型文化既保留了鲜明的母公司企业文化的特点，又与当地的文化环境相适应，既不同于母公司企业文化，又不同于当地文化，是两种文化的有机整合。从具体实践来看，国外分公司大多采用这种策略。

2. 整合同化理论

整合同化理论是我国著名学者俞文钊教授在总结前人研究的基础上提出的。他以莫朗的跨文化管理理论和阿德勒的"文化协调配合论"等理论为基础，经过多年对中外合资企业的实证研究，提出了跨文化管理的"共同管理文化"模式，并进一步发展为整合同化理论。

1）整合同化的层次

整合同化理论主张将企业的多元价值观转变为一个大多数员工认同的共同价值观，即企业核心价值观，并使全体成员接受。该理论是实现多元化管理的有效方法和理论。

该理论认为跨国公司多元化管理的一个重要任务是增强企业的凝聚力，保证组织成员具有一致的工作方向。学习型的跨文化企业必须顺应新变化，作为一个行动者主动推进跨文化管理。该理论从系统论观点出发，提出了宏观、中观和微观三个层面的跨文化管理策略，即整合同化的三个层面。

（1）宏观层面。从跨国公司东道国与母国之间的文化差异来看，跨文化管理需要对文化差异进行了解、适应与调整，达成整合与同化。

（2）中观层面。从跨国公司内部来看，要对组织内部各部门的不同文化氛围和背景进行协调，达到组织之间、团队之间的协同合作，构建和谐而具有弹性的组织网络。

（3）微观层面。具有不同社会文化背景的员工进入跨国公司后，组织应对其实行多元化管理，调动和发挥其潜能。这三个层面既相互独立，又相互影响、相互作用。

2）整合同化的过程

跨国公司文化的整合同化过程可以分为四个阶段：探索期、碰撞期、整合期及创新期。文化冲突的高潮可能发生在碰撞期，也可能发生在整合期。

（1）探索期。该阶段需要全面考察跨文化企业的文化背景、文化差异，以及可能产生文化冲突的一些相关问题，并需要根据考察的结果初步制订整合同化方案。可以利用"公司简讯"和各类会议沟通不同文化团体之间的思想与行为模式差异。

（2）碰撞期。该阶段是跨文化企业进行文化整合的实施阶段，往往出台一系列管理制度。在这一过程中十分重要的是对"障碍焦点"的监控。所谓"障碍焦点"是指文化整合过程中可能成为重大障碍的关键因素，它可以是某个人、某个利益团体或某种文化背景之下的一种制度等。

（3）整合期。该阶段是不同的文化逐步融合、协调、同化的过程，时间较长。该阶段的主要工作就是形成、维护与调整文化整合中的一系列行之有效的跨文化管理制度与系统。这是一个动态的发展过程，"整合同化"在该阶段体现得最为明显。在跨文化管理中，需要采取深度访谈等方式寻找适合不同文化的"共同愿景"。

（4）创新期。该阶段是在文化趋向同化的基础上，跨文化企业整合、创造出新的文化的时期。该阶段的开始点相对于前面三个阶段是比较模糊的，因为很可能文化碰撞的过程就是开拓和创新的过程，而且应该说随着跨文化企业的成长与成熟，创新期的过程会不断延续，找出不同文化中的优点，摒弃不同文化中的缺点或不适应之处，整合形成一个创新的、独具风格的跨文化的管理文化。

10.3.2 跨文化人力资源管理措施

为了减少或消除文化冲突，必须采取有效的措施达到文化协同，以最大限度地实现多元文化的融合。从人力资源管理的角度来说，可以采取如下措施。

1．认识跨文化差异，加强跨文化沟通力

文化冲突多源于企业中存在的文化差异，因而进行跨文化管理先要分析和识别文化差异。认识文化差异有两层含义：一是要认识当地文化如何影响当地员工的行为；二是要认识母国文化如何影响母公司派去的管理者的行为。要认识其他文化，首先必须认识自己的文化。只想了解当地文化而不想了解自己的文化是不够的。把不同类型的文化区分开来，就可以有针对性地提出消除文化冲突的办法。具体应注意三个方面：第一，因管理风格、方法或技能的不同而产生的冲突可以通过互相传授和学习来克服，较容易改变；第二，因生活习惯和风俗的不同而产生的冲突可以通过文化交流来克服，但需要较长时间；第三，因人们基本价值观的差异而产生的冲突，往往较难改变。

同时，实施有效的跨文化沟通也是缓和文化冲突的重要途径。在进行跨文化沟通时，要注重寻求当地员工的认同感，通过跨文化沟通实现多元文化的融合。在跨文化企业中，实现多元文化融合的努力，就是新型的企业文化建设过程。这种企业文化的建设并不排斥员工原有的不同文化，而是要求员工能够求同存异，积极融入具有共识的企业文化，形成跨文化沟通的亲和力，以加强企业内部的文化交流。例如，各种宣传活动、信息发布、交流活动、文体活动、节日聚会等，都有助于加强企业员工之间的沟通，有利于疏导员工的内心冲突，因此应尽可能鼓励所有员工积极参与这些活动。这些活动可以有效避免员工个人行为、个人利益与公司利益的矛盾，积极发挥跨文化沟通的纽带作用和亲和力。

2．建立严格的规章制度，加强跨文化管理强制力

跨文化人力资源管理不仅要注重沟通宣传，而且要有必要的制度保障，以防止变成空

洞的说教。建立和完善各种规章制度，尤其是建立严格的奖惩制度，对于塑造和实践企业文化具有保障作用。这既是组织管理自身的要求，也是跨文化人力资源管理融合特定背景的客观要求。

管理体系的制度化与正规化能够为跨国公司员工提供稳定的企业经营预期，有助于消除信息不对称，提高经营管理效率。首先，应当制定一整套符合中国国情的现代企业管理制度，实现企业的经营权与所有权分离，制定详细、完整、可操作的程序、规则及标准，保证企业日常活动正常、有序地进行。需要明确的制度包括员工激励制度、员工生产规范制度、员工考核制度及员工休假制度等。跨国公司可在公开意见征询之后，将其付诸实施。其次，管理制度的生命在于执行，有效执行既可以避免员工相互推诿责任，也能够消除外国员工对企业制度的误解，有效减少管理者"人治"的行为，是对现代市场文明与契约制度的有效推进。最后，跨国公司应当制定文化冲突管理的特殊条款。企业文化融合是一个循序渐进的过程，对于在文化融合缓冲期出现的不可预见的文化冲突，应当秉持"以人为本"的理念妥善处理，避免激化矛盾。

3. 选拔跨文化管理人员，加强跨文化胜任力

要解决好文化差异问题，搞好跨文化管理，有赖于一批高素质的跨文化管理者。因此，跨国企业在选派管理者，尤其是高层管理者时，除了能够贯彻总部的战略，具有丰富的专业知识、管理经验和较强的管理能力，尤其要具备在多元文化环境下工作的特定素质，即善于控制和调节自身去适应不同的民族文化。在选拔外派员工时，不同类型的员工各有其优缺点，如表10-3所示。

表10-3 跨国企业不同阶段的外派员工类型比较

阶段	外派员工理念	外派员工类型		优点	缺点
起步阶段	完成工作任务	母国外派员工	母国外派员工	1.熟悉母公司的政策和经营方针，能保证管理工作的水准和一致性；2.可以实施更好的控制	1.跨文化适应的困难和压力；2.工作偏重短期效果，缺少长期规划；3.限制东道国员工的晋升机会；4.与东道国员工的待遇差距可能导致东道国员工士气下降，离职率高；5.培训成本高
国际事业部阶段	即兴发挥	母国外派员工；部分是第三国外派员工			
跨国经营的初始阶段	将职业生涯设计和薪酬支付相结合	第三国外派员工和东道国员工	第三国外派员工	1.工资和福利要求较低；2.比总部管理者更了解东道国的环境；3.容易适应不同地域的文化习俗；4.语言优势	1.文化背景不同导致沟通不良；2.难以与东道国员工打成一片；3.需要一定的培训
跨国经营的成熟阶段	在国内和国外都面临更大的职业风险	更多地使用有利于成本节约的东道国员工	东道国员工	1.没有语言障碍；2.没有跨文化适应问题；3.没有昂贵的文化适应等培训开支；4.熟悉当地环境、教育制度、文化习俗、法律和政治、经济状况；5.可以保证子公司管理的连续性	1.文化差异会使总部与子公司之间产生隔阂；2.东道国员工很少有机会获得跨国经营管理的经验，无法晋升至子公司之外的更高职位，职业生涯发展受限；3.职业生涯的限制制约当地子公司的战略决策
全球化阶段	良好的职业生涯设计和归国计划；立足全球网罗人才，不关心国籍问题				

外派员工在跨国企业发展战略中扮演着重要角色。通晓国际政治、社会及文化背景的

跨国管理人才是应对企业文化冲突的根本。跨国管理人才的素质包括企业忠诚度、业务熟练度及实践经验丰富程度，更重要的是能够应对多元文化冲突带来的风险冲击。跨国企业应慎重考虑外派员工的选拔标准和方法，根据外派工作的复杂性和外派影响因素的多重性，预测外派员工的工作胜任特征，制定合适的选拔标准。

我国学者石勘、赵曙明研究指出，外派员工的胜任特征一般包括以下五种：①专业能力。虽然专业能力并不能决定外派员工的工作成功与否，但是跨国企业往往把与工作相关的专业技能作为主要考虑因素。②跨文化适应能力。跨国企业在另一个国家的经营能否成功，在很大程度上有赖于外派员工的跨文化适应能力。这些能力包括文化移情能力（以当地人的思维方式思考问题）、适应性、交往能力、语言能力、生活态度、情绪稳定性和是否成熟等。③家庭因素。最近的研究表明，对美国公司来说，配偶适应性高低是外派员工工作成功与否的最重要影响因素；在外派初期，跨国企业提供的帮助越多，外派员工的配偶对东道国的适应性就越强。因此，跨国企业在选拔外派员工时，应考虑被选拔者的家庭因素，外派员工也应慎重考虑自己配偶的观点。④语言。第二语言能力常与跨文化适应能力有紧密的联系。人们常常认为语言差异是进行有效跨文化沟通的主要障碍。许多跨国企业都把外派员工的语言能力要求排在专业技能和领导才能之后。⑤个性特征。外派员工的个性特征如外向性、宜人性和开放性的水平不同，在东道国的适应性也不同，进而影响其工作绩效。通常在上述三种特征上水平较高的外派员工，其跨文化适应能力较强。

4．开展跨文化培训，提高跨文化组织凝聚力

全球化发展趋势对人员培训的挑战就是企业应如何培训自己的员工，才能使其适应不同的政治、经济、文化、法律背景。跨文化培训是消除文化差异，避免和解决文化冲突问题的最基本、最有效的手段。跨文化培训有两个主要内容：一是系统培训母国文化背景、文化本质和其有别于其他文化的主要特点；二是培训外派人员对东道国文化特征的理性和感性分析能力。

跨国企业一般需要从东道国雇用当地人员，但驻外经营机构的重要管理职务又通常由母国员工来担任。为了使跨国经营人才符合组织需要并顺利融入跨文化交流环境，必须对其进行跨文化培训。因此，跨国企业的人员培训要考虑两个方面的问题：一是如何培训外派员工；二是在他国如何培训当地员工。

1）跨国企业对外派员工的培训

当跨国企业准备派出员工到海外工作时，外派员工常常面对特殊的环境条件，承受着各种压力。这类培训主要包括以下几个方面。

（1）在外派员工出发前，对员工本人和其家属介绍前往国的情况，并进行有关培训，主要包括：①语言。外派员工在他国进行经营管理，遇到的第一个问题就是语言问题。顺利开展工作必须进行有效沟通，而语言是沟通必不可少的工具。②文化环境。每个国家和民族都有自己的传统文化和价值观念，在他国工作、生活、拓展业务，必须对该国的文化、历史有了解，要顺应他们的文化价值观，融入他们的文化，找到企业在该国发展的有效途径和策略。③法律道德。每个国家都有自身的法律道德体系，在该国从事生产经营活动必须遵守他们的法律规定，做到依法经营。④风俗习惯。民族在发展过程中，由于经济、文化、自然条件等因素的作用和影响，逐渐形成了特定的风俗习惯，如宗教上的习俗，生活上的习惯、禁律等。只有充分了解这些特点，尊重当地人的风俗习惯，才能避免与当地人发生冲突，和睦相处。

（2）外派员工到岗后，通过培训使其继续发展与提高。

（3）在外派员工工作期满回国后，对他们进行调整培训，使其进一步发展与提高。

2）跨国企业对当地员工的培训

许多跨国企业在东道国招聘员工时经常存在这样的担忧：①当地员工不适应母公司的企业文化；②母公司的管理制度在执行方面由于文化、道德等差异存在难度；③员工的知识技能水平无法适应工作需要。因此，跨国企业需要花费时间努力通过培训减少或消除使用当地员工带来的一系列问题。开展这类培训可以从以下三方面着手。

（1）企业文化宣传和专题讲座。企业文化是组织在长期生存与发展中逐步形成的，需要组织中全体成员普遍遵循的共同价值观、道德规范与行为准则。它包含指导人们行为的价值观和标准，决定组织的大方向。因此，需要对当地员工就企业文化进行广泛宣传或举行专题讲座。

（2）专业技能培训。跨国企业应加快培养一批熟悉企业产品及服务的本地专业技能人才。跨国企业要在东道国站稳脚跟，并在竞争激烈的市场中占有一席之地，首要的任务是尽快培训当地员工，使其知识技能水平满足生产及服务要求。

（3）管理制度培训。在管理体制方面，除了通过各种培训手段向当地员工讲解有关规章制度，以加强他们对新制度的认同与接纳，还可将当地员工中那些非常有潜力的成员培养成中、高级管理人才。培养当地管理人才的一个有效方法是建立系统的导师方案，即让有经验的外派员工与接受培训的学员共事，以帮助学员适应总部要求的管理办法。

在外派员工的培训中，最常见的培训方法是敏感性训练。敏感性训练是基于情感层次进行的，通过敏感性训练，学员可以更加灵活地表达自己的态度，学会在陌生的行为和价值体系中体会与表达具有情感色彩的态度。文化敏感性训练的目的是加强人们对不同文化环境的反应和适应能力，以促进多元文化融合，提高跨文化组织凝聚力。

5. 探索利益共享机制，建立共同企业文化

跨国企业在海外经营过程中，在追求企业本身利润最大化的同时，还需要通过不断为当地创造就业岗位，通过公益等手段支持东道国公共服务发展等赢得东道国的认可，建立与当地居民的利益联结和共享机制。另外，为了充分实现跨国企业与当地员工的文化融合，跨国企业首先要做的就是明确化、标准化企业的管理体系与管理制度，使管理者提高对不同文化的鉴别和适应能力，并在对文化有共性认识的基础上，建立起与企业跨国经营战略相一致的文化，在此基础上实现与当地文化的契合。利益机制及共同企业文化的培育离不开跨国企业经营的本土化，本土化经营不仅可以促进当地就业，而且能够缓解与当地的文化冲突，有利于跨国企业实现稳定发展。

文化的多元化将为跨国企业增添新的生机和活力。要充分利用个体差异和群体差异提高企业的创造、创新能力及适应环境变化的能力，即通过跨文化人力资源管理，使不同语言、文化和价值观在同一家企业中协调、融合地发展。全球化企业融合了世界上不同的语言、文化和价值观，形成了协同创新的组织，而这种组织产生的创新管理模式超越了非全球化企业的组织模式，必将为全球化企业提高劳动生产率、创造社会财富、提高人们的工作、生活幸福感持续发挥作用。

章节测验

1. 选择题

（1）（单选题）人存在的价值及人与人之间的关系属于（　　）。
　A．跨文化　　　　B．表层文化　　　C．中层文化　　D．核心层文化

（2）（多选题）霍夫斯泰德的文化维度理论包括（　　）。
　A．权力距离　　　B．不确定性规避　　C．个人主义或集体主义
　D．男性度或女性度　E．长期取向或短期取向

（3）（多选题）根据整合同化理论，文化冲突的高潮既可能发生在（　　），也可能发生在（　　）。
　A．探索期　　　　B．碰撞期　　　　C．整合期　　　D．创新期

（4）（多选题）外派员工的胜任特征一般应包括（　　）。
　A．专业能力　　　　　　　　　　　B．跨文化适应能力
　C．有文化刚性，原则性强　　　　　D．外向性、宜人性和开放性

（5）（单选题）下列选项中（　　）不属于文化冲突的诱因。
　A．管理方式不当　B．感性认识不同　C．沟通误会
　D．期望太低　　　E．种族优越感

2. 简答题

（1）谈谈企业文化在人力资源管理中的重要性。
（2）了解跨文化管理对企业人力资源管理活动有何指导意义？
（3）根据你对跨文化的理解，简述人力资源管理还可以采取哪些措施来避免文化冲突。

实训练习

试比较不同地域、不同国家或跨国公司的人有哪些独特的文化和习惯。

要求：

（1）根据个人情况，独立填写表10-4，不要急于与他人展开讨论。

表10-4　不同国家、不同地域及跨国公司的文化差异

不同国家/不同地域/跨国公司	独特的文化、习惯或风俗

（2）全班同学分成5~6人的小组，将自己的观察和体验与小组成员分享，并比较、讨论和分析不同地域、不同国家、跨国公司的人们在文化、习惯或风俗方面有哪些差异。

参 考 文 献

[1] 李小勇. 100 个成功的人力资源管理[M]. 北京：机械工业出版社，2004.
[2] 时勘，时雨. 人力资源管理：心理学的理论基础与方法[M]. 北京：高等教育出版社，2017.
[3] 韦恩·卡西欧，赫尔曼·阿吉斯. 心理学与人力资源管理[M]7 版. 孙健敏，译. 北京：中国人民大学出版社，2017.
[4] 舒尔茨，等. 工业与组织心理学：心理学与现代社会的工作[M]8 版. 时勘，等译. 北京：中国轻工业出版社，2004.
[5] 王新超，吴岩. 人事组织心理学[M]. 北京：人民教育出版社，2000.
[6] 全国十二所重点师范大学联合编写. 心理学基础[M]. 北京：教育科学出版社，2008.
[7] 张杉杉，罗震雷. 人力资源管理心理学[M]3 版. 北京：首都经贸大学出版社，2018.
[8] 北京师大辅仁应用心理发展中心. 身边的心理学[M]. 北京：机械工业出版社，2008.
[9] 陈国海. 组织行为学[M]. 北京：清华大学出版社，2006.
[10] 全国 13 所高等院校编写组. 社会心理学[M]5 版. 天津：南开大学出版社，2016.
[11] 费栋华. 员工脑电波——人力资源心理管理[M]. 北京：中国经济出版社，2006.
[12] 孙健敏. 组织行为学[M]. 上海：复旦大学出版社，2005.
[13] 刘晓宁，赵路. 人力资源管理心理学[M]. 北京：对外经贸大学出版社，2015.
[14] 路桑斯. 心理资本[M]. 李超平，译. 北京：中国轻工业出版社，2008.
[15] 柯江林，孙健敏，李永瑞. 心理资本：本土量表的开发及中西比较[J]. 心理学报，2009，41(9).
[16] 孙科柳. 华为带队伍[M]. 北京：电子工业出版社，2014.
[17] 马斯洛. 动机与人格[M]. 许金声，等译. 北京：中国人民大学出版社，2005.
[18] 麦考密克，伊尔根. 工业与组织心理学[M]. 卢盛忠，译. 北京：科学出版社，1991.
[19] 斯蒂芬·罗宾斯，蒂莫西·贾奇. 组织行为学[M]16 版. 孙健敏，王震，李原，译. 北京：中国人民大学出版社，2016.
[20] 陈立. 工业管理心理学[M]. 上海：上海人民出版社，1988.
[21] 王重鸣. 劳动人事心理学[M]. 杭州：浙江教育出版社，1988.
[22] 苏东水. 管理心理学[M]5 版. 上海：复旦大学出版社，2014.
[23] 俞文钊，苏永华. 管理心理学[M]6 版. 大连：东北财经大学出版社，2018.
[24] 朱永新. 管理心理学[M]4 版. 北京：高等教育出版社，2021.
[25] 时蓉华. 社会心理学[M]. 上海：华东师范大学出版社，2010.
[26] 崔丽娟. 社会心理学[M]. 上海：华东师范大学出版社，2008.
[27] 陈国海. 管理心理学[M]4 版. 北京：清华大学出版社，2020.
[28] 史蒂夫·鲍姆加德纳，玛丽·克罗瑟斯. 积极心理学[M]. 王彦，席居哲，等译. 上海：上海人民出版社，2021.
[29] 尼尔·J. 萨尔金德. 心理学研究方法[M]9 版. 童定，译. 北京：中国人民大学出版社，2020.
[30] 康青. 管理沟通[M]5 版. 北京：中国人民大学出版社，2020.
[31] 刘昕. 薪酬管理[M]6 版. 北京：中国人民大学出版社，2021.
[32] 陈国海，马海刚. 人力资源管理学[M]2 版. 北京：清华大学出版社，2021.
[33] 刘剑. 浅析企业末位淘汰制[J]. 云南电大学报，2005(2)：60-63.
[34] 朱永新. 人力资源管理心理学[M]. 上海：华东师范大学出版社，2010.
[35] 陈丽芬. 员工培训管理[M]. 北京：电子工业出版社，2010.